開発途上国で学ぶ子どもたち

マクロ政策に資するミクロな修学実態分析

關谷武司 編

関西学院大学出版会

はじめに

個々の子どもたちに着目した、修学実態分析の意義

關谷 武司

今日における世界の教育統計

近年の世界的なインターネットの普及および発展により、世界中のいかなる場所においても、各国の教育に関する状況や教育統計についての情報が容易に入手できるようになった。国際連合教育科学文化機関（United Nations Educational, Scientific and Cultural Organization: UNESCO）をはじめとする国際機関の統計情報データベースにアクセスすれば、基本教育統計から2030年を達成期限とした「持続可能な開発目標（Sustainable Development Goals）」のゴールやターゲット指標まで、実にさまざまな種類の教育に関する統計情報を得ることができる。このような状況がもたらされるようになった一つの契機として、1969年から1970年にかけて実施された、ユネスコ国際統計局による調査が挙げられる。

1960年代以前から、UNESCOが主要な役割を果たし、各国の報告にもとづいて就学データは収集されていたが、その教育統計は在籍者数のみを把握したものであった。それまでの国際的な教育状況調査において、留年と中途退学とを明確に識別し、統計的に処理がなされたものは存在しなかった（権藤1977）。在籍者数のみを把握したデータからは、ある時点の1年生の人数と2年生の人数を比較した際、2年生は1年生よりも少なく、3年生はさらに少ない、どうやら学年が上がるにつれて人数が減少していくということは読み取ることができる。しかしながら、それ以上の統計処理はなされていないため、教育への投入の浪費とされる留年や中途退学がどのくらい生じているのか、その実態を把握することはできなかった。そこで、1969年にユネスコ国際統計局は教育における留年と中途退学の統計的評価を目的として、各国に対し初等・中等教育段階において就学者数

だけではなく留年者数まで求めた調査を行った（権藤 1977）[1]。そして、「コーホート再構築法」（Reconstructed Cohort Method）によって、アフリカやラテンアメリカにおける驚くべき留年・退学の実体を明らかにしたのである（United Nations Educational, Scientific and Cultural Organization [UNESCO], 1970; Berstecher, 1970; The UNESCO Office of Statistics, 1972）。

これ以降現在に至るまで、このようなマクロな横断的データを活用する手法で教育状況を概観するのが一般的となっている。2002 年から UNESCO によって定期的に発行されている、グローバル教育モニタリングレポート（旧グローバルモニタリングレポート）は、世界共通の開発目標に沿って世界における教育の普及状況についてその進捗を報告するものであり、そこで用いられているデータも同様の手法で統計処理を行い、教育状況を概観したものである。そして、そこで提示される留年や退学といった課題に対して、教育開発の分野を中心に数多くの研究がなされてきた。

しかしながら、これら横断的データのもととなっているのは、学校から報告された就学情報であり、それらは地区教育委員会や県および州教育委員会等を通して教育省へと集計された値である。横断的なデータとは、さまざまに異なる個々人のケースの融合であり総体として見える姿であって、そこから提示される留年率や退学率はあくまで計算上の平均の姿である。ゆえに、たとえばラテンアメリカや南アジアの国々では小学校 1 年生時に退学が多い（UNESCO, 2011; Eisemon, 1997; McGinn, Reimers, Loera, Soto, & López, 1992）など、全体を捉えた視点からの報告を行うことは可能であるが、横断的に集約されたデータから遡って個々の子どもたちの修学状況を把握することは不可能である。また、それらが形成する母集団の実態について触れられることはない。

教育が基本的人権の一つとして捉えられ、今日に至るまで、万人のための教育（Education for All: EFA）、ミレニアム開発目標（Millennium

---

1　権藤（1977）では、留年の表現として「原級留置」という用語が使用されているが、本章では「留年」に統一する。

Development Goals）、そして、持続可能な開発目標と世界的な初等教育の完全普及を目指したアプローチがさまざまに採られてきた。その結果、世界における初等教育の純就学率は、2015 年においてほぼ 90％にまで到達している（UNESCO Institute for Statistics, 2016）。他方、100％に到達できないその背景には、計算上母集団の大半を占めると考えられる層とは修学状況の異なる子どもたちの存在が考えられる。つまり、世界における初等教育の完全普及のためには、マクロなデータからこぼれ落ち、未だに修学の継続に問題を抱えている個々の子どもたちに着目することが必要とされている。

ミクロな修学実態の解明の必要性

　開発途上国を対象にした教育開発研究が活発になってきた背景には、それまで植民地支配下にあったアジア、アフリカ、ラテンアメリカ等の1960 年代以降の政治的独立が要因の一つとして挙げられよう。開発途上国における教育システムの構築や整備が求められ、先進諸国による国際的な教育援助も始まったことから、開発途上国の教育は徐々にその研究対象となった。1970 年代後半から 1980 年代には、政治学・経済学・社会学・文化人類学等の社会科学の理論や方法が開発途上国の教育研究に適用されるようになり、今日の教育開発研究のベースが形成された（黒田 2005）。

　また、開発途上国の教育に関する調査は、ドナー側の国際的な教育援助を背景に国レベルで教育の現状を把握し、援助の妥当性を検討するものが多く、経済的視点あるいは統計的手法による分析で行われるものが主流である。学校レベルでの質的調査は、効率的なデータ収集が難しく、また、援助機関の調査ニーズに合致しない場合もあることから、開発途上国の教育研究においては、これまでミクロな視点に立った質的調査が不足してきた（澤村 2005）。一口に質的調査といっても、アクションリサーチ、インタビュー、質問紙調査、参与観察やライフヒストリー法等、今日に至るまでさまざまな方法が開発されている（Stringer, 2010; Hatch & Newson, 2010; Marvasti, 2010; Schostak, 2010）。たとえば、ライフヒストリー法は、個人とそれを取り巻くさまざまな社会等の文脈に焦点を当てるところが特

徴であり（Hatch & Newson, 2010）、統計的調査により平均値化された数値からは見えてこなかった事実も明らかにすることが可能となる。

　上述したように、全体の傾向を把握するにあたって、簡便かつ有用なのは横断的データである。他方、事象の因果関係の解明にはパネルデータ等の縦断的デザインが適しているとされる（Ma, 2010）。縦断的研究とは、同一の研究対象を継続的に追跡調査したものであり、同一の実験群を一定以上の期間にわたって継続的に調査し、その実験群の時間経過に伴う変化や成長を明らかにするという目的に適している。そのため、先進国を対象とした諸研究においては、今日まで縦断的なデータが頻繁に使用されてきた（Temple & Polk, 1986; Wilson, 2001; Ou & Reynolds, 2008; Robertson & Reynolds, 2010; Albrecht & Albrecht, 2011）。

　一方、教育システムの整っていない開発途上国においては、先進国のように縦断的なデータを収集することは容易ではない。そのため、先進国と比較して、縦断的データを用いた研究は限られる。インドの郡部において中等教育への進学決定要因を4年間追跡した報告（Siddhu, 2011）や、フィリピンにおいて幼児期の栄養と学歴との関係を追跡した報告（Glewwe, Jacoby, & King, 2001）などの研究例は確認できるが、それらは短い期間の縦断的なデータや、保健分野のデータを利用したものである。また、縦断的研究は非常に多くの労力と時間を必要とするため量産されるものでもない。そのため、現在に至るまで、子どもたちの修学状況を入学から学校を去るまで追跡し、修学の実態や経過を明らかにしたものは見られなかった。

　Sekiya（2014）はこの点に着目し、中米ホンジュラス共和国において、主として学校記録と関係者へのインタビューにより縦断的データベースを構築し、入学から卒業・退学に至るまでの一人ひとりの修学パターンを分析した。そして、最も一般的な修学パターンは留年しないストレートの卒業で、次に多いパターンは入学後1年以内あるいは数年以内の短い修学期間ののちの退学であったことを明らかにした。この研究例から、母集団がこのように望ましい修学パターンと望ましくない修学パターンに二極化した状態であるならば、平均値の妥当性はなくなり、政策判断の根拠とはな

り得ないという示唆が得られる。

　これまで、教育開発に関する諸戦略や政策は、この横断的なデータにもとづき策定され、実施されてきた。2015年には新たな世界共通の目標として持続可能な開発目標が設定され、教育開発分野においては、教育の「アクセス」から「質」へと焦点が移った。世界は「Education 2030」にもとづく新たな行動枠組みの中で、各国の実情に合わせて政策を具現化し、詳細な計画を立て実行すべき段階にある。この状況を踏まえ、本書では平均値に埋もれた個々の子どもたちに着目し、ミクロな修学実態の分析を通して、これまでに報告されることがなかった個々の学習者の修学実態と、そこに横たわる課題解決に資する政策提言を試みる。

本書の構成

　本書はミクロな修学実態をキーワードに、国際機関や多くの研究者が扱うマクロなデータでは把握しきれない新しい知見を提供するものである。対象国は、アジア、アフリカ、ラテンアメリカ地域に位置する10カ国である。

　序章では、子どもたちの修学状況をテーマに、近年注目を集める不就学、教育の内部効率性の問題等のトピックに沿って、国内外でなされてきた研究についてレビューを行う。それを踏まえて、2030年に向けた新たな教育開発目標において注目されている事柄とその課題について把握する。

　第1章で対象とするホンジュラスは、中米5カ国の中でも最貧国と言われ、これまでにも数多くの教育援助が国際援助機関によってなされてきた、いわば「援助の交差点」と表現されてきた国である。近年の初等教育課程における純就学率は94％にまで到達し比較的良好と言える一方、修了率は芳しくなく、教育の内部効率に問題を抱えてきた。そのようなホンジュラスを対象に、本章では子どもたちが初等教育を修了できない状況、そしてその背景にある要因について、個々の子どもたちを追跡した縦断的データを用いた分析を提示する。ラテンアメリカにおける中途退学についての先行文献および縦断的データの分析結果から、初等教育修了を阻む壁を解消するための提言を行う。

　第2章で扱うエルサルバドルは、かつて12年間に及ぶ内戦を経験し、

中米 5 カ国の中でも教育の普及に遅れを取っていた国である。内戦終了後は政府が基礎教育重視の政策を採用し、さまざまな国際援助も入ったことから、修学状況は大きく改善した。ジェンダー格差の解消を目指した国際的な流れを受け、また、当時は同国における女子の不就学の割合が高かったことから、1990 年代前半よりジェンダー不平等の問題に対する国家政策が採用された。本章は内戦を経験しつつも、初等教育の普及を達成したエルサルバドルを対象に、いかなる修学状況の変化を遂げてきたのか、とくに内戦時とその直後に就学していた女子の修学実態に着目する。そして、縦断的データを用いてミクロなレベルからその実態を明らかにすることを試みる。

第 3 章において対象とするボリビアは、南米の多民族国家であり、先住民出身の大統領による長期政権のため、安定した教育政策実施下にある。そのようなボリビアでは、教育における評価方法について近年頻繁に改定がなされてきた。本章では定性的評価の導入以前の留年・退学の動向、さらに転校について統計的に分析し、転校児童の追跡調査を行うことによってそれぞれの転校理由を明らかにする。そして、今後のボリビアにおける教育課題を指摘し、それらを踏まえて教育政策として同国が取り得る方針について提言を行う。

第 4 章は、東南部アフリカの中央に位置し、世界の最貧国の一つとされるマラウイが対象である。マラウイは「援助の実験場」とも揶揄されるほど、これまでに数多くの国際援助がなされてきた過去があり、教育セクターもその例に漏れない。教育の質や教員のモチベーションが低く、学校設備も不十分であるとの指摘が先行文献から頻繁になされているが、とくに中等教育においては就学率の低さおよび退学率の高さが指摘されている。女子は男子に比べてより脆弱な存在として見られ、男子と比較して就学状況も芳しくない。本章はそのような状況にある女子を対象に、彼女らの修学記録を縦断的に追跡し、転校や進学、退学の背景にある個別の事由に着目して分析を行ったものである。個々の事例から読み取れる個々人の教育戦略をもとに、同国の今後の教育開発に対する提言を試みる。

第 5 章は、アフリカ諸国の中でも初等教育へのアクセス普及において優

等生とされるザンビアを対象とする。初等教育の量的拡大は達成間近となったことから、近年ザンビア政府はその焦点を初等教育から中等教育に移した。中等教育段階においては、教育へのアクセスや質の双方において未だきまざまな課題が山積している。一度就学すれば中途退学は少ないものの、その修学期間中に留年や一時的に退学を経験する生徒が存在する。本章はそのようなザンビアを対象に、ストレートに進級できない生徒に焦点を当て、いつ、いかなる問題が個々の生徒に生じているのか、修学パターンを用いてその現状と課題を明らかにすることを試みる。

第6章で対象とするウガンダは、1997年に初等教育の完全普及を目指した政策が導入されたのち、授業料および給食費の無償化、2005年の自動進級制の導入等を通して、教育の質と内部効率性の向上を目的に初等教育への投資が優先されてきた国である。本章では、ウガンダにおける内部効率性を表す指標の動向を分析し、初等教育の提供における内部効率性に影響する要因を明らかにする。

第7章で扱うラオスは、多数派民族であるラオ族と少数民族からなる多民族国家であり、民族間における教育格差が重要な課題の一つとして認識されている。本章はそのようなラオスを対象に、教員と子どもたちの民族親和性に着目する。教員による児童への理解が子どもたちの教育成果にいかなる影響を与えているのかを明らかにし、多民族国家における教育格差を是正するために考えられる施策への提言を試みる。

第8章で対象とするカンボジアは、フランスによる植民地時代から、内戦、クメール・ルージュによる大量虐殺、国際社会からの孤立等、歴史的に困難な時期をいくつも経てきた。1993年の民主主義以降、さまざまな国際援助を受けながら積極的に教育の普及に取り組んできたが、未だ教育の質の低さが問題として残り、多くの子どもたちが中途退学を余儀なくされている。本章はそのようなカンボジアを対象に、子どもたちの初等教育から中等教育への「移行」に着目し、その阻害要因を生徒の語り（ナラティブ）から読み取るものである。都市部、農村部、遠隔地といった居住地域の異なる子どもたちの個別の事例をもとに、就学を継続させるために必要な要素や、教育の供給側が考慮すべき事柄および対応についての提言を行

う。

　第 9 章で取り上げるネパールは、未だ後発開発途上国に位置し、人間開発指数のランキングでは南アジア地域の国の中で最下位のパキスタンに次ぐ。そのような低開発の状態にあるネパールだが、初等教育の純就学率は 2016 年において 96％にまで上昇しているだけでなく、貧困から脱出するための手段として教育が捉えられ、教育熱の顕著な高まりが見られる。とくに 1990 年頃から都市部を中心に私立学校が台頭し、より良い教育を求めて、公立学校から私立学校へ転校する子どもたちの就学の動きが目立つようになってきている。そこで、本章ではこのより良い教育を求める子どもたちの転校を「就学フロー」として定義し、そのフローが発生する教育段階や時期、郊外から街中へといった地域間におけるフローの実態を明らかにする。そして、「質の高い教育」を求めるダイナミズム全体の解明を試みる。

　第 10 章では、2011 年に民政移管がなされ新政権が誕生したミャンマーを対象とする。同国はこれまで制限されてきた国際援助機関による教育援助が活発化し、国際教育開発の分野において今まさに注目を集めている国である。本章では、他国と比較して未だ研究蓄積の乏しいミャンマーを対象に、初等教育の子どもたちの修学軌跡に着目し、社会格差に留意しながら、現状の把握と課題の検討を行う。そして、民政移管後の教育改革の最中にある同国に向けた、より効果的な政策実施に貢献し得る知見を導き出すことを試みる。

　そして、終章では「Education 2030 に向けてミクロな修学実態分析がもたらし得る可能性」として、ミクロな修学実態をキーワードに各国における現地調査を担当いただいた執筆者の方々による、それぞれの章の枠を超えたディスカッションの記録をまとめたものである。ミクロな視点の研究とは一体どういったものか、教育開発研究者としてどうあるべきか、本研究手法を通して新たに見えた知見や課題、既存研究との相違、そして、教育政策の立案、教育プロジェクトの実施および教育開発の学術研究といったそれぞれの場における相違は何か等、さまざまに思案する様子が垣間見えるものである。終章ではあるが、読者の方々には、はじめにこの章に目

を通していただき、著者の声に耳を傾けてから各章を読み進めていただいても構わない。

　最後に、本書は平成 22-25 年度科学研究費補助金（基盤研究 B 海外学術調査）「初等教育以降の縦断的就学・周辺環境調査からみた開発途上国の子どもたちの実態」、および平成 26-30 年度科学研究費補助金（基盤研究 A 海外学術調査）「ポスト EFA 教育政策立案に資する『正コーホート法』による修学実態の国際比較研究」（いずれも研究代表者・關谷武司）の助成による研究成果の一部をまとめたものである。本書の刊行にあたって、関係者の方々に深く御礼申し上げたい。

［参考文献］

Albrecht, C., & Albrecht, D. (2011). Social Status, Adolescent Behavior, and Educational Attainment. *Sociological Spectrum, 31* (1), 114-137.

Berstecher, D. (1971). *Costing educational wastage: A pilot simulation study.* Paris, France: UNESCO.

Eisemon, T. O. (1997). *Reducing repetition: Issues and strategies.* Paris, France: UNESCO.

Glewwe, P., Jacoby, H. G., & King, E. M. (2001). Early Childhood Nutrition and Academic Achievement: A Longitudinal Analysis. *Journal of Public Economics, 81* (3), 345-368.

Hatch, J. A., & Newsom, S. K. (2010). Life History. In P. Peterson, E. Baker, & B. Mcgaw (Eds.), *International encyclopedia of education 3rd ed.* (pp. 430-435). Nederland: Elsevier Science.

Ma, X. (2010). Longitudinal evaluation designs. In P. Peterson, E. Baker, & B. Mcgaw (Eds.), *International encyclopedia of education 3rd ed.* (pp. 754-764). Nederland: Elsevier Science.

Marvasti, A. (2010). Interviews and Interviewing. In P. Peterson, E. Baker, & B. Mcgaw (Eds.), *International encyclopedia of education 3rd ed.* (pp. 424-429). Nederland: Elsevier Science.

McGinn, N., Reimers, F., Loera, A., Soto, M. del C., & López, S. (1992). *Why do children repeat grades? A study of rural primary schools in Honduras* (Bridges research report series No.13). Cambridge: Harvard Institute for International Development.

Ou, A., & Reynolds, A. (2008). Predictors of Educational Attainment in the Chicago Longitudinal Study. *School Psychology Quarterly, 23* (2), 199-229.

Robertson, D., & Reynolds, A. (2010). Family Profiles and Educational Attainment. *Children and Youth Services Review, 32* (8), 1077-1085.

Schostak, J. (2010). Participant Observation. In P. Peterson, E. Baker, & B. Mcgaw (Eds.), *International encyclopedia of education 3rd ed.* (pp. 442-448). Nederland: Elsevier Science.

Siddhu, G. (2011). Who Makes It to Secondary School? Determinants of Transition to Secondary Schools in Rural India. *International Journal of Educational Development, 31* (4), 394-401.

Stringer, E. (2010). Action Research in Education. In P. Peterson, E. Baker, & B. Mcgaw (Eds.) , *International encyclopedia of education 3rd ed.* (pp. 311-319). Nederland: Elsevier Science.

Temple, M., & Polk, K. (1986). A Dynamic Analysis of Educational Attainment. *Sociology of Education, 59* (2), 79-84.

The UNESCO Office of Statistics. (1972). *A statistical study of wastage at school.* Paris, France: UNESCO.

UNESCO Institute for Statistics (UIS). (2018). *UIS.Stat, net enrolment rate, primary, both sexes.* Retrieved January 24, 2018, from http://data.uis. unesco.org

United Nations Educational, Scientific and Cultural Organization (UNESCO). (1970, July). *The statistical measurement of educational wastage (drop-out, repetition and school retardation).* Paper presented at the international conference on education XXXIInd session, Geneva, Switzerland.

UNESCO. (2011). *The hidden crisis: Armed conflict and education. Education for All Global Monitoring Report 2011.* Paris: UNESCO.

Wilson, K. (2001). The Determinants of Educational Attainment: Modeling and Estimating the Human Capital Model and Education Production Functions. *Southern Economic Journal, 67* (3), 518-551.

黒田一雄, 2005, 「第12章 教育開発研究の方法論的課題と実践」黒田一雄・横関祐見子編『国際教育開発論 理論と実践』有斐閣, 224-238.

権藤与志夫, 1977, 「留年と中途退学に関する統計的研究——ユネスコ・『再構成コーホート法』を中心に」『教育と医学』25 (3): 248-256.

澤村信英, 2005,「第15章 教育現場における調査技法」黒田一雄・横関祐見子編『国際教育開発論　理論と実践』有斐閣, 279-294.

目　次

はじめに　個々の子どもたちに着目した、修学実態分析の意義— 3

研究対象国────────────────────── 18

序章　子どもたちを取り巻く、修学状況の変遷──── 19
第1節　今日に至るまでの教育開発目標　　　　　　　20
第2節　近年の子どもたちの修学状況　　　　　　　　21
第3節　2030年に向けた新たな教育開発目標とその課題　26

第1章　小学校でつまずくホンジュラス地方都市の子ども たち ──────────────── 33
第1節　ホンジュラスの初等教育を取り巻く環境　　　36
第2節　小学校を卒業するまでの長い道のり　　　　　40
第3節　小学校卒業に立ちはだかる壁　　　　　　　　44
第4節　修学状況と年齢　何歳で入学すべきなのか　　49
第5節　小学校修了への壁を解消するためには　　　　53

第2章　エルサルバドル地方都市の少女たちの足跡 ─ 59
第1節　エルサルバドルの基礎教育を取り巻く環境　　62
第2節　学校の中の少女たち　　　　　　　　　　　　66
第3節　少女たちはいつ留年し、退学してしまったのか　69
第4節　エルサルバドル学籍簿データの特性と修学当時の社会背景　73
第5節　おわりに　　　　　　　　　　　　　　　　　75

目 次　15

第３章　ボリビア多民族国における児童の転校要因とその特性 ———— 79

第１節　はじめに　82

第２節　エボ・モラレス政権による Ley 070 政策　83

第３節　児童の入退学等の推移　87

第４節　転校児童の追跡調査　93

第５節　今後の展望と課題　97

第４章　「休学」を活用するマラウイの女子生徒たち　マラウイの中等学校の縦断的修学記録から ———— 101

第１節　はじめに　104

第２節　マラウイの中等教育概要　105

第３節　縦断的修学記録の調査方法　107

第４節　調査結果　108

第５節　教育戦略と休学の活用　113

第６節　おわりに　116

第５章　ストレートに進級できない、ザンビア中等教育の生徒たち ———— 119

第１節　ザンビアにおける教育概況　122

第２節　調査概要　125

第３節　個々の生徒たちの修学パターン　127

第４節　ストレートに進級できない生徒たち　130

第５節　修学状況の改善に向けて　136

第６章　ウガンダにおける初等教育の内部効率性 —— 139

第１節　背景　142

第２節　先行研究　143

第３節　分析手法　146

第4節　結果と考察　　148

第5節　結論　　155

第7章　ラオス初等教育における民族・地域格差
小学校におけるラオス少数民族の子どもたち──159

第1節　ラオス少数民族の抱える教育課題　　162

第2節　民族間コミュニケーションが生み出す教育格差　　168

第3節　教員の関わり方とクラス内における個人差　　173

第4節　コーヒー農園における就学の実態　　176

第5節　多民族国家における教育格差是正のために　　179

第8章　カンボジアの初中等教育における就学継続の阻害
要因　生徒の「語り（ナラティブ）」から読み取る　─183

第1節　はじめに　　186

第2節　カンボジアにおける生徒の移行、中途退学、保持の状況　　187

第3節　先行研究　　189

第4節　理論的枠組み　複雑性理論　　192

第5節　研究の方法論　　194

第6節　調査結果　　197

第7節　事例についての横断的考察　　206

第8節　生徒の「保持」に関して潜在的に重要な諸要素　　208

第9節　結び　　210

第9章　ネパールにおける「質の高い教育」を求めるダイナ
ミズムとその背後に潜む影 ──────215

第1節　より良い教育を求める子どもたち　　218

第2節　調査概要　　222

第3節　個々の子どもたちの就学フロー　　226

第4節　「質の高い教育」を求めるダイナミズムとその背後に潜む影　228

第5節　おわりに　　233

目 次　17

第 10 章　ミャンマー初等教育における子どもたちの修学
軌跡　個別の社会経済的地位の違いに着目して ―239

第 1 節　変革するミャンマー教育　　242
第 2 節　ヤンゴン管区域の対象校における子どもたちの特徴　　246
第 3 節　社会経済的地位が異なる子どもたちの修学軌跡　　252
第 4 節　子どもたちの修学軌跡から見えてくるもの　　262

終章　Education 2030 に向けてミクロな修学実態分析が
もたらし得る可能性　座談会での記録から ―――――267

あとがき―――――――――――――――――――295

略語表――――――――――――――――――――298

索引―――――――――――――――――――――300

執筆者略歴――――――――――――――――――303

研究対象国

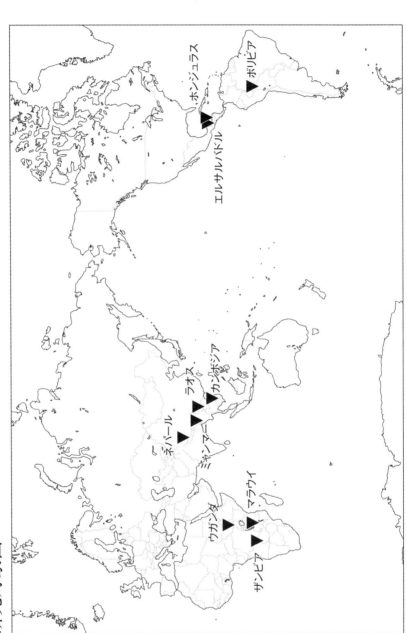

序章

子どもたちを取り巻く、修学状況の変遷

芦田 明美

第1節　今日に至るまでの教育開発目標

　1990 年、タイのジョムティエンにて「万人のための教育（Education for All: EFA）世界会議」が開催された。ここでは、教育が基本的人権の一つとして捉えられ、基礎教育が注目されるようになる。人々が社会の中で等しく生きていくために必要な知識・技能を学ぶ機会を、すべての子ども、青年、成人に対して提供することを目指し、基礎教育の普及・拡充が重視された。この会議のもたらした大きな成果は、すべての人々に基礎的な教育機会を保障することが、世界共通の責務であり目標であるとの国際的な認識と、達成に向けたさまざまな政策を実施または支援するという合意が得られたことである。

　2000 年にはセネガルのダカールにて、「万人のための教育世界会議」のフォローアップとして「世界教育フォーラム（World Education Forum）」が開催された。この国際会議では、1990 年代を通じた各国の努力にもかかわらず、目標の達成は厳しい状況にあることが指摘され、達成のためにはさらなる各国の強い政治的意志による取り組みが必要だとの認識が共有された。その結果、就学前教育の拡大および改善、無償で質の高い義務教育へのアクセス拡大、青年および成人の学習ニーズの充足、成人とりわけ女性の識字率の改善、初等・中等教育における男女格差の解消、基本的な生活技能習得のための教育の質の改善を含む「ダカール行動枠組み（The Dakar Framework for Action）」が、6 つの目標と 12 の戦略として策定されるに至った。

　世界教育フォーラムに続き、同年 9 月に開催された国連ミレニアムサミットでは、ミレニアム開発目標（Millennium Development Goals: MDGs）が採択され、2015 年までに達成すべき 8 つの目標が掲げられた。教育分野からは、初等教育の完全普及の達成と、可能な限り 2005 年までに初等・中等教育における男女格差を解消し、2015 年までにすべての教育レベルにおける男女格差を解消する、といった 2 つの目標が盛り込まれた（国際協力機構 2005）。

第2節　近年の子どもたちの修学状況

不就学の子どもたち

　上述した開発目標の設定、その実現を目指したさまざまな取り組みにより、近年、初等教育は世界的におおむね普及しつつある。ユネスコ統計研究所（UNESCO Institute for Statistics）の推計によれば、低所得国および低中所得国の初等教育課程における純就学率は大幅に改善された。低所得国においては1999年の51.9％から2015年に80.0％へ、低中所得国においては1999年の77.4％から2015年の87.7％にまで上昇している。このように就学率が上昇したことは明らかだが、一方で不就学児童は未だに存在し、その減少は足踏みの状態にある。ユネスコ統計研究所の推計によれば、2016年において就学対象年齢者の約5人に1人が、いかなる教育段階にも就学していない（UNESCO Institute for Statistics, 2018）。とくにサハラ以南アフリカ地域では、どの教育段階においても不就学の割合が高い。初等教育段階に限定すると、その割合はそれぞれ、南スーダン（68％）、リベリア（62％）、エリトリア（57％）、赤道ギニア（56％）、スーダン（44％）、ジブチ（41％）である。そもそも、不就学とはいかなる状態の子どもを指すのか。たとえば、不就学の状態を6つのタイプに分類したLewin（2009）によれば、第一には過去に一度も学校へ就学したことのない児童および生徒、第二には初等教育課程の退学者が当てはまる。第三には初等教育課程においてオーバーエイジの状態にあり、出席状況は不規則、学業達成も低い状態にある児童を指す。第四には初等教育課程を終えたのち、中等教育へは進学しなかった子どもたちであり、第五には中等教育課程での退学者を指す。そして、第六には中等教育課程においてオーバーエイジの状態にあり、出席状況は不規則、学業達成も低い状態にある生徒を指す。この分類から明らかにされたのは、不就学の多くは、一度就学したのち中途退学をし、学校教育から離れてしまった者が含まれているということである。つまり、子どもたちの修学実態について考える際には、この中途退学をしてしまった者の存在について分析していくことが必要不可欠となる。

留年・中途退学

　中途退学の問題は、初等教育の完全修了を妨げるものであり、教育の内部効率性にかかわるものとして留年の問題とともに、これまで多くの研究がなされてきた。ユネスコ統計研究所のデータを用いて、近年の初等教育における留年や中途退学による内部効率性の非効率コストを推定した論文によれば、サハラ以南アフリカ地域はとくに、内部効率性の改善が喫緊の課題である（Mizunoya & Zaw, 2017）。留年および中途退学の研究においてこれまでよく引用されてきたものを見ると、たとえば、Randall and Anderson（1999）はラテンアメリカ地域を対象に、初等教育の留年や中途退学の要因とそれらへの対処案について、教育システムや教授法、学習環境、教育プログラムや教育行政の分権化政策等、あらゆる面から複合的に留年と中途退学の現象について考察している。また、南アジアおよびサハラ以南アフリカ地域を対象に、中途退学の文献をレビューし、教育へのアクセス、公正性、そして移行について検討した研究プロジェクトによれば、就学をやめてしまう子どもたちのその理由にはさまざまなものが考えられる。その中でも共通してよく見られる要因は、学校自体への興味の欠如、教育にかかる費用、学校と自宅間の距離、妊娠、収入活動の機会の有無である（Hunt, 2008）。

　また、退学者にはオーバーエイジの状態にある子どもたちが多く含まれている。オーバーエイジとなる要因には、就学時期の遅れや留年による進級の遅れが考えられる。たとえば、就学時期の遅れにおける男女差を検討した先行研究を見ると、タンザニアにおいては男子よりも女子の就学が早まるとの主張（Bommier & Lambert, 2000）がある一方で、ガーナを対象にした分析結果では男女差はないと報告されている（Hellen, Seshie-Nasser, & Oduro, 2016）。さらに、マラウイにおいて家計特性と就学時期の遅れとの関係を見た結果、母親に関する要因が適切な就学年齢での就学に影響する（Moyi, 2010）と結論付けたものや、ウガンダにおける初等教育の無償化は女子児童と郡部に居住する児童の就学年齢の適正化にポジティブに影響する（Grogan, 2009）と結論付けたものが挙げられる。

　留年による進級の遅れについては、マラウイでは留年によってオーバー

エイジの状態になり、それが退学の増加に繋がると考えられ(Sunnya et al., 2017)、モザンビークにおいては、就学時に高い年齢で就学した児童生徒は、留年率および退学率が高く、修了率は低いと指摘 (Wils, 2004) されている。また、退学のリスクとなる要因として、学校内での学業達成もよく指摘される。たとえば、Zuilkowski, Jukes and Dubeck (2016) はケニアを例に、小学校 5 年生における識字および計算の学力が低い場合には、その後の 2 年間の間に退学に至りやすいことを指摘している。加えて、留年と中途退学の関係に着目すると、Barnes (1999) はラテンアメリカを対象として退学の原因を文献調査した中で、留年を退学の根本的な原因として見ることが重要であるとまとめている。他方、ホンジュラスを対象にした分析結果より、留年は退学の誘因の一つではあるものの主たる原因ではない (Sekiya & Ashida, 2017) と指摘するものもある。

転校、移行

留年や中途退学の問題に限らず、近年は公立および私立問わず学校間における転校や初等教育から中等教育への移行、そして、教育から雇用機会への移行の問題も、注目されている。これまで、転校については国際教育統計にも含まれず、また開発途上国において転校という現象自体があまり注目されてこなかった。そこで、Taniguchi (2017) はマラウイにおける子どもたちの転校率の高さに着目し、転校に影響し得る家庭および学校要因を検討している。その結果、両親の生存や学校の所在地が 5 年生の転校の現象に、また、性差や学業達成、学校への感情、家庭での仕事や学校への距離、授業料の支払い状況が 7 年生の転校の状況に影響し得ることが示唆された。

また、転校は公立学校間に限られるものではない。近年、比較的低価格で私立学校が多くの開発途上国で教育サービスの提供を始め、拡大している。James and Woodhead (2014) はインドを例に、低額私立学校と公立学校間における学校選択に着目し、子どもにとってより良い質の教育を受けさせるために、家計の負担があろうとも低額私立学校を選択する傾向があることを指摘している。さらに、Zuilkowski, Piper, Ongéle, and

Kiminza（2018）はケニアのナイロビにおいて、保護者が低額私立学校を選択する理由は教育の質によるものだと指摘している。

　初等教育の普及がある程度達成されつつあるところでは、初等教育から中等教育への移行、教育から雇用機会への移行についても議論がなされている。たとえば、Gibbs and Heaton（2014）は、メキシコを対象に初等教育から中等教育への移行に着目し、子どもたちはその移行時に教育機会から最も離れてしまいやすいことを指摘している。Chen（2018）はベトナム、カンボジア、ネパールを例に、就学と雇用への移行に着目し、検討している。そして、ベトナムおよびカンボジアにおいては就学によって最初の就職時期は遅れるものの、高等教育を修了していることによってより良い条件の長期の雇用に就くことができる傾向があり、ネパールにおいて就学は雇用への移行を妨げるものではないが、その状況は性別により大きく異なることをまとめている。

貧困層、先住民および少数民族、障がいを持つ子どもたち

　他にも、教育の完全普及に向けて最後の10％、5％にあたる学校教育から疎外されやすい状況にある貧困層、先住民および少数民族、障がいを持つ児童生徒などへの対応が、EFA政策において重要性を増し、注目され始めている（黒田 2008）。そもそも、貧困は地方やへき地で発生するだけではない。そのため、近年は都市部の貧困層の子どもたちに着目した研究が増えてきている（Ejakait et al., 2011; Harma, 2016; Tsujita, 2013）。たとえば、Cameron（2017）はバングラデシュ、ダッカ都市部のスラムに居住する多くの子どもたちが教育機会から疎外されており、たとえ就学できていたとしても家庭の経済状況によって、公立学校や私立学校、非政府組織（NGO）による学校などさまざまであり、好ましい教育機会は享受できていないことを指摘している。

　また、先住民や少数民族の子どもたちは教授言語と生活言語の違いなどから就学機会から疎外されやすい。多民族で構成される国家においては、このような子どもたちへの対処が喫緊の課題となっている。たとえば、Inui（2009）は東南アジアの多民族国家であるラオスを対象に、民族

間に生じている教育格差やその要因について検討を行い、多民族を中心と
した教授言語や文化、慣習が主となっている現状を明らかにした。ラテ
ンアメリカの中で最も先住民人口の割合が高いメキシコでは、Intelectual
Bilingual Education（IBE）と言われるバイリンガル教育の導入によ
り、以前と比較して先住民の子どもたちの教育年数は増加傾向にある。
Santibañez（2016）はこの IBE が質の担保された適切な教員により正し
く実施された場合には、先住民の子どもたちの算数テストの得点が高くな
ることを指摘している。

　障がいを持つ児童生徒の存在は持続可能な開発目標（Sustainable
Development Goals : SDGs）においても注目を集め、そのような子どもた
ちへの教育機会の拡大の努力がなされている。しかしながら、その進捗を
見るための統計情報は、各国において障がいの定義が異なることや状況把
握のための制度的な仕組みが整っていないこともあり、まだ十分なものと
は言えない（黒田 2008; Croft, 2013）。また、提供される教育の質の部分
に関してもさらなる検討や改善が必要である。たとえば、Signal（2016）
はインド郡部の世帯収入の低い家庭において、障がいを持つ子どもたちの
保護者が教育をいかに捉えているのかについて検討を行った。その結果、
母親は教育の期間にかかわらず、教育そのものに価値を置いていると同時
に、提供されている教育の質の低さについても認識をしていた。

教育と武力紛争

　2000 年以降、武力紛争の件数自体は減少しているものの、武力紛争は
未だ世界各地で勃発している（World Bank, 2011）。国内における教育の
発展にあたって武力紛争の悪影響を受けている国々も多くあり、国連教育
科学文化機関（UNESCO）のグローバル教育モニタリングレポート 2011
も、紛争と教育の関係を注目すべきテーマとして取り上げている。たとえ
ば、Moyi（2012）は 1991 年の紛争により教育システムが破壊されてしまっ
たソマリアを例に、2006 年の世帯調査のデータから修学状況の分析を行っ
た。その結果、未だ教育へのアクセスに大きな差が生じていること、その
差はジェンダーや年齢、社会経済的地位、居住地の違いから生じているこ

とを指摘している。また、Shields and Paulson（2015）は、2000 年から 2012 年までの純就学率のデータを用いて、武力紛争との関係を分析した。その結果、武力紛争は初等および中等教育両方における純就学率を低めてしまうと報告した。

このように、世界における教育へのアクセス自体は増加し改善が見られるものの、就学後の留年や中途退学といった教育の内部効率性の問題や、個別の配慮が必要な就学学齢層への対処が課題となってきている。

第 3 節　2030 年に向けた新たな教育開発目標とその課題

2015 年、貧困を解消させ地球を保護し、すべての人々の繁栄を確保するための次の 15 年を見据えた新たな世界共通の開発目標である SDGs が、国連持続可能な開発サミットにて採択された。そして、2016 年 1 月より 17 の開発目標、169 のターゲットが施行され、世界は持続可能な社会の実現を目指して歩みを続けている。

とくに教育分野においては、教育へのアクセスから質、公正性、学びへとその優先事項が移り、目標 4「すべての人に包摂的かつ公正な質の高い教育を確保し、生涯学習の機会を促進する」と掲げ、2030 年までにすべての男女が無償で初等・中等教育を修了できるようになることが目指されている。また、職業訓練の平等な機会を目指し、ジェンダーと貧困による格差を解消することで、世界において質の高い高等教育の機会を提供することも目標に組み込まれている。これは、SDG4 をグローバルレベル、地域レベル、国レベルで着実に実施するための教育 2030 行動枠組み（Education 2030）とも完全に一致しており、UNESCO は SDG4-Education 2030 の主導機関として中心的な役割を果たしている。これまで、グローバル指標の設定における歴史的な文脈の中で、教育の質とそれを測る評価の視点が十分でなかったことから、質的な学習成果やモニタリング、それに関連する指標の必要性が強調されることとなった（King, 2016）。その結果、以前と比較してよりクリアな目標とターゲット設定となった（Rose 2015）とされている。そして、現在、世界はこの SDGs の下、足並みを揃

えて 2030 年までの目標達成に向けて努力をし続けている。

　しかしながら、この新しい目標に対してはさまざまな指摘がなされており、課題点も垣間見える。たとえば、SDG4 は新自由主義の開発モデルの中でのみ機能するものである（Brissett and Mitter, 2017）との指摘がなされている。また、MDGs は 8 目標で構成されていたのに対し、SDGs では 17 目標へと拡大・発展し、その数が多く総花的であるとされる。さらに目標自体が野心的であり、達成が危惧されているところもある。加えて多くの指標が設定されている一方で、それぞれの目標における概念を部分的にカバーしているに過ぎず、国レベル、地域レベルでのターゲットの測定やモニタリングのための代替指標が必要と指摘されている（UNESCO, 2016）。

　King（2017）は、グローバル教育目標とターゲットがグローバル指標に転換されていくその過程において、優先事項の一つである教育の質の観点が現在のグローバル指標にはきちんと反映されていないことを指摘している。また、読解能力や計算能力の到達度を測る指標が必要最低限の基準となっていることで、経済協力開発機構（Organisation for Economic Co-operation and Development）加盟国をはじめとする先進国にとってはあまり意味のないものとなっている一方、中等教育の普及が十分に進んでいない国々にとっては、実現可能性の低い指標となってしまっている。さらに、国内外の学力テストは必ずしも国際比較を可能にするような方法が用いられているわけではない。学習成果を何で測り、示すのか、また、その学習成果は国際比較が可能なものにすべきか、国内のみの比較とするかといった点も、未だ議論の必要なところである（Winthrop, Anderson, & Cruzalegui, 2015）。

表1　持続可能な開発目標

目標4．すべての人に包摂的かつ公正な質の高い教育を確保し、生涯学習の機会を促進する

4.1　2030年までに、すべての子どもが男女の区別なく、適切かつ効果的な学習成果をもたらす、無償かつ公正で質の高い初等教育及び中等教育を修了できるようにする。

4.2　2030年までに、すべての子どもが男女の区別なく、質の高い乳幼児の発達・ケア及び就学前教育にアクセスすることにより、初等教育を受ける準備が整うようにする。

4.3　2030年までに、すべての人々が男女の区別なく、手の届く質の高い技術教育・職業教育及び大学を含む高等教育への平等なアクセスを得られるようにする。

4.4　2030年までに、技術的・職業的スキルなど、雇用、働きがいのある人間らしい仕事及び起業に必要な技能を備えた若者と成人の割合を大幅に増加させる。

4.5　2030年までに、教育におけるジェンダー格差を無くし、障害者、先住民及び脆弱な立場にある子どもなど、脆弱層があらゆるレベルの教育や職業訓練に平等にアクセスできるようにする。

4.6　2030年までに、すべての若者及び大多数（男女ともに）の成人が、読み書き能力及び基本的計算能力を身に付けられるようにする。

4.7　2030年までに、持続可能な開発のための教育及び持続可能なライフスタイル、人権、男女の平等、平和及び非暴力的文化の推進、グローバル・シチズンシップ、文化多様性と文化の持続可能な開発への貢献の理解の教育を通して、全ての学習者が、持続可能な開発を促進するために必要な知識及び技能を習得できるようにする。

4.a　子ども、障害及びジェンダーに配慮した教育施設を構築・改良し、すべての人々に安全で非暴力的、包摂的、効果的な学習環境を提供できるようにする。

4.b　2020年までに、開発途上国、特に後発開発途上国及び小島嶼開発途上国、ならびにアフリカ諸国を対象とした、職業訓練、情報通信技術（ICT）、技術・工学・科学プログラムなど、先進国及びその他の開発途上国における高等教育の奨学金の件数を全世界で大幅に増加させる。

4.c　2030年までに、開発途上国、特に後発開発途上国及び小島嶼開発途上国における教員研修のための国際協力などを通じて、質の高い教員の数を大幅に増加させる。

出所：外務省（2015）。

[参考文献]

Barnes, D. (1999). Causes of dropping out from the perspective of education theory. In Randall, L. & Anderson, J. B. (Eds.), *Schooling for Success: Preventing repetition and dropout in Latin American primary schools* (pp.14–22). New York: M.E. Sharpe.

Bommier, A., & Lambert, S. (2000). Education demand and age at school enrollment in Tanzania. *Journal of Human Resource, 35*, 177–203.

Brissett, N., & Mitter, R. (2017). For function or transformation? A critical discourse analysis of education under the Sustainable Development Goals. *Journal of Critical Policy Studies, 15* (1), 181-204.

Cameron, S. J. (2017). Urban inequality, social exclusion and schooling in Dhaka, Bangladesh. *Compare: A Journal of Comparative and International Education, 47*(4), 580-597.

Chen, S. (2018). Education and transition to work: Evidence from Vietnam, Cambodia and Nepal. *International Journal of Educational Development, 61*, 92-105.

Croft, A. (2013). Promoting access to education for disabled children in low-income countries: Do we need to know how many disabled children there are? *International Journal of Educational Development, 33*, 233-243.

Ejakait, E., Mutisya, M., Ezeh, A., Oketch, M., & Ngware, M. (2011). Factors associated with low achievement among students from Nairobi's urban informal neighborhoods. *Urban Education, 46*, 1056-1077.

Gibbs, B., & Heaton, T. B. (2014). Drop out from primary to secondary school in Mexico: A life course perspective. *International Journal of Educational Development, 36*, 63–71.

Grogan, L. (2009). Universal primary education and school entry. *Journal of African Economies, 18* (2), 183-211.

Härmä, J. (2013). Access or quality? Why do families living in slums choose low-cost private schools in Lagos, Nigeria? *Oxford Review of Education, 39*, 548-566.

Hunt, F. (2008). Dropping out from school: A cross country review of literature. *CREATE PATHWAYS TO ACCESS Research Monograph No.16.* Brighton: University of Sussex.

Inui, M. (2009). *Minority Education and Development in Contemporary Laos.*

Japan: Union Press.

James, Z., & Woodhead, M. (2014). Choosing and changing schools in India's private and government sectors: Young Lives evidence from Andhra Pradesh. *Oxford Review of Education, 40* (1), 73-90.

King, L. (2016). Lost in translation? The global targeting of education and skill: policy history and comparative perspectives. *Compare: A Journal of Comparative and International Education, 46* (6), 952-975.

King, L. (2017). Lost in translation? The challenge of translating the global education goal and targets into global indicators. *Compare: A Journal of Comparative and International Education, 47* (6), 801-817.

Lewin, K. M. (2009). Access to education in sub‐Saharan Africa: patterns, problems and possibilities. *Comparative Education, 45* (2), 151-174.

Mizunoya, S., & Zaw, H. T. (2017). Measuring the holes of the ship: Global cost estimations of internal inefficiency in primary education. *International Journal of Educational Development, 54*, 8-17.

Moyi, P. (2010). Household characteristics and delayed school enrollment in Malawi. *International Journal of Educational Development, 30*, 236-242.

Moyi, P. (2012). Who goes to school? School enrollment patterns in Somalia. *International Journal of Educational Development, 32*, 163-171.

Randall, L., & Anderson, J. B. (Eds.), (1999). *Schooling for Success: Preventing repetition and dropout in Latin American primary schools*. New York: M.E. Sharpe.

Rose, R. (2015). Three lessons for educational quality in post-2015 goals and targets: Clarity, measurability and equity. *International Journal of Educational Development, 40*, 289-296.

Shields. R., & Paulson, J. (2015) 'Development in reverse'? A longitudinal analysis of armed conflict, fragility and school enrolment. *Comparative Education, 51* (2), 212-230.

Seshie-Nasser, H. A., & Oduro, A. D. (2016). Delayed primary school enrolment among boys and girls in Ghana. *International Journal of Educational Development, 49*, 107-114.

Sekiya, T., & Ashida, A. (2017). An Analysis of Primary School Dropout Patterns in Honduras. *Journal of Latinos and Education, 16* (1), 65-73.

Signal, N. (2016). Schooling children with disabilities: Parental perceptions and experiences. *International Journal of Educational Development, 50,* 33–40.

Sunnya, B. S., Elze, M., Chihana, M., Gondwe, L., Crampin, A. C., Munkhondya, M., Kondowe, S., & Glynn, J. R. (2017). Failing to progress or progressing to fail? Age-for-grade heterogeneity and grade repetition in primary schools in Karonga district, northern Malawi. *International Journal of Educational Development, 52,* 68–80.

Taniguchi, K. (2017). Determinants of Student Mobility in Primary School in Rural Malawi: An Event History Analysis. *World Journal of Education, 7* (2), 19–30.

Tsujita, Y. (2013). Factors that prevent children from gaining access to schooling: A study of Delhi slum households. *International Journal of Educational Development, 33,* 348–357.

UNESCO. (2011). The hidden crisis: Armed conflict and education. *Education for All Global Monitoring Report 2011.* Paris, France: UNESCO.

UNESCO. (2016). Education for people and planet: Creating sustainable futures for all. *Global Education Monitoring Report 2016.* Paris, France: UNESCO.

UNESCO Institute for Statistics. (2018). One in Five Children, Adolescents and Youth is Out of School. Fact Sheet No. 48. Retrieved March 14, 2018, from http://uis.unesco.org/sites/default/files/documents/fs48-one-five-children-adolescents-youth-out-school-2018-en.pdf

Wils, A. (2004). Late entrants leave school earlier: evidence from Mozambique. *International Review of Education, 50* (1), 17–37.

Winthrop, R., Anderson, K., & Cruzalegui, I. (2015). A review of policy debates around learning in the post-2015 education and development agenda. *International Journal of Educational Development, 40,* 297–307.

World Bank. (2011). World Development Report 2011: Conflict, security, and development. Washington, DC: World Bank.

Zuilkowski, S. S., Jukes, M. C., & Dubeck, M. M. (2016). I failed, no matter how hard I tried: a mixed-methods study of the role of achievement in primary school dropout in rural Kenya. *International Journal of Educational Development, 50,* 100–107.

Zuilkowski, S. S., Piper, B., Ongéle, S., & Kiminza, O. (2018). Parents, quality, and school choice: why parents in Nairobi choose low-cost private schools over public schools in Kenya's free primary education era,

Oxford Review of Education, 44 (2), 258-274.

外務省, 2015, 「我々の世界を変革する——持続可能な開発のための 2030 アジェンダ(仮訳)」(2018 年 8 月 20 日取得, https://www.mofa.go.jp/mofaj/files/000101402.pdf)

黒田一雄, 2008, 「第9章 障害児と EFA ——インクルーシブ教育の課題と可能性」小川啓一・西村幹子・北村友人編『国際教育開発の再検討 途上国の基礎教育普及に向けて』東信堂, 214-230.

国際協力機構, 2005, 「課題別指針 基礎教育」国際協力機構.

第1章　HONDURAS

小学校でつまずく
ホンジュラス地方都市の子どもたち

關谷 武司／芦田 明美

❖ ホンジュラスの初等教育を取り巻く環境

Education for All
教育へのアクセスの拡大
MDGs

学校教育にアクセスできる子どもたちの数の増加

就学率の上昇

一方、初等教育修了率の改善状況は鈍く、依然、課題として残る。

ホンジュラス

学年途中で退学してしまう子どもたち……

なぜ、多くの子どもたちが小学校を卒業できないのか?

諸文献の述べている通り、留年が多発した結果、退学に至り卒業できないのか?
入学後の子どもたちに何が起こっているのか?

学校内での子どもたちの動向はいかに?

学校内の子どもたちの修学状況を覗いてみよう。

❖ 小学校を卒業するまでの長い道のり

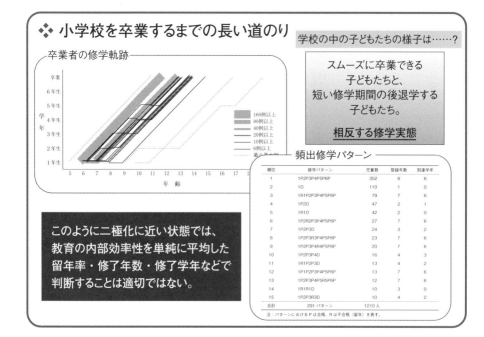

学校の中の子どもたちの様子は……?

スムーズに卒業できる子どもたちと、短い修学期間の後退学する子どもたち。

相反する修学実態

このように二極化に近い状態では、教育の内部効率性を単純に平均した留年率・修了年数・修了学年などで判断することは適切ではない。

第1章 小学校でつまずくホンジュラス地方都市の子どもたち　35

❖ 小学校卒業に立ちはだかる壁

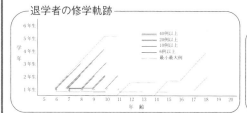

なぜ、小学校卒業に至らないのか？
留年を繰り返すことにより退学に至る
と指摘されてきたが……

留年と退学の関係

頻出順位	修学パターン	児童数	男子	女子	留年回数
1	1D	110	52	58	0
2	1P2D	47	32	15	0
3	1R1D	42	21	21	1
4	1P2P3D	24	14	14	0
5	1P2P3P4D	16	8	8	0
6	1R1P2P3D	13	9	9	1

注：修学パターンの数字は学年を示す。
「D」は退学、「P」と「R」は学年末評価における「合格」と「不合格（留年）」を示す。

入学後、1年未満での退学が多く発生

必ずしも、留年や一時的な退学の経験を通して、完全な退学に至っているわけではない。

さらに、1年未満の退学に着目をしてみると……

修学パターン	児童数	卒業者	％
1D	137	7	5.1
1年間通学	1073	640	59.6
1P	716	496	69.3
1R	357	144	40.3

注：「D」は退学、「P」と「R」は学年末評価における「合格」と「不合格（留年）」を表す。

1年目の修学結果がもたらす影響

修学を継続させる可能性のある手だてとして、
入学後1年未満の退学を防止する工夫
は重要。

学年末に待ち受ける
最初の評価で合格できるような対策
が望まれる。

❖ 修学状況と年齢 ―― 何歳で入学すべきなのか

諸文献はオーバーエイジで入学することが、
その後の修学状況に影響を及ぼすと指摘。

就学時年齢と教育達成

5-6歳で入学したものは、68.5％が卒業、
9歳以上の場合には卒業者はわずか10.5％

年齢と退学の関係
10歳、11歳あたりで退学する者が多い。

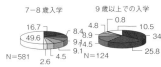

これまでの報告と同様、
オーバーエイジで入学することにより、
低い学年で退学する傾向が強く、
小学校課程修了には至りにくいことが読み取れる。

第1節　ホンジュラスの初等教育を取り巻く環境

1990 年以降の国際機関による初等教育重視の潮流と現在

1990 年、タイのジョムティエンにおいて「万人のための教育世界宣言
（Education for All: EFA）」が採択され、初等・基礎教育開発を中心とし
た活動が世界中で実施されるようになった。次いで、2000 年には新たに
2015 年を達成期限としたミレニアム開発目標（Millennium Development
Goals: MDGs）が設定され、教育分野からは初等教育の完全普及の達成が
掲げられるようになる。2000 年からの 15 年間の世界における教育の進捗
状況をまとめた EFA Global Monitoring Report 2015 によれば、2012 年に
はラテンアメリカ地域における初等教育課程の純就学率は 95% に上昇し、
中米最貧国と言われるホンジュラス共和国（以下、ホンジュラス）におい
ても 94% に到達した（United Nations Educational, Scientific and Cultural
Organization [UNESCO], 2015）。この進捗状況を見ると、世界の開発途
上国に分類される地域の中でも、ホンジュラスを含む中米地域の初等教育
就学率は比較的良好と言える。一方、初等教育修了率の改善状況は芳しく
なく、ホンジュラスでは 2011 年時点で 73.4% と報告されていた（UNESCO,
2015）。中米地域では、依然、課題として修了率をはじめとする教育の内
部効率性の問題が残る。とくに、ホンジュラスでは、多くの子どもたちが
一度小学校へ入学したにもかかわらず、卒業にまで至らず退学してしまう
現状にあった。

ホンジュラス共和国基礎情報

本章で取り扱うホンジュラスは、中央アメリカ中部に位置しグアテマラ、
エルサルバドル、ニカラグアと国境を接する。カリブ海と太平洋の両方に
面しており、面積は 112,492 平方キロメートルと日本の約 3 分の 1 の大き
さである。人口は 808 万人、その民族構成はヨーロッパ系および先住民の
混血（メスティーソ）が 91% を占め、先住民 6%、アフリカ系 2%、ヨー
ロッパ系 1% である。首都はテグシガルパ、スペイン語を公用語とし、主

な宗教はカトリックで、信教の自由は憲法上保障されている。コーヒーやバナナ、養殖エビが主な産業であり、2015 年における一人当たり GDP は 2,529 ドル、経済成長率は 3.6%、2016 年の失業率は 7.4% である（外務省 2017）。人間開発指数は 0.625、188 カ国中 130 位と中位程度に位置する（United Nations Development Programme, 2015）。

　国際協力に関して言えば、援助の受け手側の国としてホンジュラスはメジャーな国の一つである。とくに教育分野においては、日本の国際協力機構（Japan International Cooperation Agency: JICA）による技術協力プロジェクトの一つとして、ホンジュラス教育省と協働する形で 2003 年から 8 年間にわたって実施された「算数指導力向上プロジェクト」が挙げられる。本プロジェクトでは、算数科国定教科書とその指導書の開発、それに伴う教員研修の実施がなされ、そのプロジェクト立案過程における調査とロジックの明確さ、そして質の高い成果物は他ドナーからも高い評価を得た。当時、援助協調が盛んに叫ばれ始めた時期であり、他ドナーの資金参画も得て、本プロジェクトの効果は全国規模に波及し、のちに他の中米 4 カ国へと拡大発展するに至った。

　JICA の他にも、ホンジュラスではスペイン国際開発協力庁（Agencia Española de Cooperación Internacional para el Desarrollo）やアメリカ合衆国国際開発庁（United States Agency for International Development: USAID）等の開発ドナーによって、フォーマル教育およびノンフォーマル教育双方を含む教育分野への援助が数多く行われてきた。

なぜ、ホンジュラスでは多くの子どもたちが小学校を卒業できないのか

　国際機関等により教育分野に対する援助が活発に行われてきたこともあり、ホンジュラスにおける初等教育の普及は達成されつつある。他方、2000 年代前半に残っていた課題として、先述した修了率の問題が挙げられる。ホンジュラス教育省発行の報告書には、初等教育修了を阻害する要因として就学年齢、就学前教育の不足、子どもの欠席、留年、退学、すべての学年のクラスを提供できる体制にない不完全な状態の学校、教員の質とマネジメントといった要因が挙げられていた（Secretaría de Educación,

2002)[1]。また、ホンジュラス郡部においては、かつて USAID の援助の下、ハーバード大学による Bridge Project において留年や退学の原因に関する研究が行われたことがある。その研究報告の一つである McGinn, Reimers, Loera, Soto, and López（1992）は、留年に影響する要因を横断的なデータから検証したものであるが、結論として、学業達成の低さが留年の主な原因であること、退学する児童の多くは留年を1回以上経験していること、退学は留年の結果として生じていることをまとめている。同様に、Alexander, Entwisle, and Dauber.（1994）は、留年者の退学率は高くなる傾向にあること、Marshall（2003）は留年経験の有無が、落第の予測要因として影響することを指摘した。また、Barnes（1999）はラテンアメリカ地域を対象として退学の原因を文献調査しており、結論として留年を退学の根本的な原因として見ることが重要であると述べている。

　そもそも、ホンジュラスにおける退学の問題を考える際には、退学の現象を2つに分けて捉える必要がある。それは、学年途中で修学を放棄すること（Temporary Dropout）と、完全に学校教育から離れてしまうこと（Total Dropout）である。ホンジュラス教育省は、学年途中での修学放棄は完全退学へと繋がるものであると説明している（Secretaría de Educación, 2002）。ラテンアメリカ地域を対象とした多くの先行研究によれば、留年が多発した結果、子どもたちは退学に至り卒業することができないと考えられてきた。しかしながら、本当に子どもたちは留年を繰り返した結果、退学に至っているのであろうか。

　ホンジュラスでは近年、学校へのアクセスの問題は解決されつつあると報告されている。実際に多くの保護者が学校年度の開始時期に、子どもたちの入学のため学校への登録を行っている。それにもかかわらず、一度は

　1　本報告書は、世界銀行および IMF 主導で実施された EFA-FTI のために用意されたものである。「ファスト・トラック・イニシアティブ（Fast Track Initiative: FTI）」とは、2002 年に始まった基礎教育分野への新しい資金援助の枠組みであり、この枠組みでは支援要件を設定し、対象国を選別することで、限られた援助資金をより効果的かつ効率的に初等教育分野へ供給しようとした。2011 年には教育のためのグローバル・パートナーシップ（Global Partnership for Education）へと改称され、2017 年 6 月現在の対象国は 65 カ国にのぼる（http://www.globalpartnership.org/about-us/developing-countries）。

第1章　小学校でつまずくホンジュラス地方都市の子どもたち　39

入学することができた子どもたちが退学に至る背景には一体何が生じているのであろうか。このような問題意識の下、Sekiya（2014）や Ashida（2015）は、同国地方都市の対象校における学校記録を用いて、学校内での子どもたちの修学実態に着目し、研究を進めてきた。本研究は、修学をパターンとして捉えることにより、卒業、留年、退学といった学校内での修学に関する現象をそれぞれ分析し、それらの実態の解明や背景を検証したものである。本章では、縦断的データを用いて行った分析によりこれまで明らかになった事例を通して、小学校卒業の実現に繋がり得る具体策の提示を試みる。

研究対象データおよび研究方法

　対象地域は、1980年代後半において、初等教育課程における就学率は高いが修了率は低い状態にあったホンジュラスである。調査対象が偏ったものとなることを避けるため、社会的・教育的な指数（Programa de las Naciones Unidas para el Desarrollo, 1998）がホンジュラス国内の中位程度にあるエル・パライソ県を選定し、同県の中規模都市であるA市およびその近郊に位置する小学校計6校を対象とした。対象校の選定にあたっては、調査対象期間中の担当教員が特定でき、インタビューへの協力が得られる学校に限定した。

　データソースは、1986年から2010年までの学校における学籍登録簿と成績一覧表である。これら学校保管の記録から、対象校への登録、退学、転校、および教員による学年末評価の情報を個人単位で縦断的に追跡し、データベースを構築した。その際、教員への半構造化インタビューを実施し、データの整合性などを確認した。また、必要に応じて本人、家族、地域の関係者へも事実確認のためのインタビューを実施した。各分析では、卒業、退学、転校等により対象校における在籍が完全に認められなくなり、分析過程で必要となった個別確認が終了した者全員を分析対象としている。[2]

　2　なお、引用する論文により分析に用いた対象データ数にはばらつきがある。詳細は各論文を参照されたい。

40

第2節　小学校を卒業するまでの長い道のり

子どもたちのフローダイアグラムと頻出修学パターン

　教育の内部効率性に関する研究は、留年や退学といった個々の要因に焦点を当て、世界中で数多くなされてきた。しかしながら、Hunt（2008）が退学についての文献をレビューした中で指摘しているように、退学に影響し得る要因を検討した論文は多く確認されるが、退学に至るまでのその過程、つまり修学の軌跡について分析した論文は数少ない。ライフコース分析等の質的研究法を用いて対象者を追跡し、経過を見ようとする研究例（たとえば、Ames, 2012）はあるが、このような研究手法には収集できるサンプル数に限界があり、その結果から事象の一般化を試みることは容易ではない。そこで、Sekiya（2014）は修学記録のデータを1つのコーホートとして、正コーホート法[3]を用いて対象校内での修学状況を分析した。図1は、コーホート内における修学状況を把握するため、転出した子どものデータも含め、対象校に入学した子どもたち1,377人の修学軌跡をまとめた児童フローダイアグラムである（Sekiya, 2014）。

　ホンジュラスにおける上級学年への進級可否の判断は、学年末の教員による総合評価でなされる。対象校において1年目に1年生に登録した者は1,377人であり、そのうち139人が学年途中で退学し、45人は転校した。これらの数を引いた1,193人が1年間対象校に在籍し、794人が合格、399人が不合格の評価を受けた。そして、2年目に2年生に登録した者は754人、1年生に登録した者は451人であった。

　そもそも、再構築コーホート法[4]を用いる時の一般的仮定では、「合格＝

　3　残存率の計算方法における3つの代表的な計算方法（正コーホート法、簡易コーホート法、再構築コーホート法）の一つ。正コーホート法とは、対象校に入学した児童および生徒の進級、留年、退学の記録を卒業あるいは退学に至るまで追跡するものである。多大な労力とデータ量を必要とするため、データ収集および管理のための環境が整っていない開発途上国を対象としたものはあまり見られない（手法についての詳細は、小川・野村 2009 を参照のこと）。

　4　再構築コーホート法とは、内部効率を表す進級率、留年率、退学率を一定の値

第1章　小学校でつまずくホンジュラス地方都市の子どもたち　41

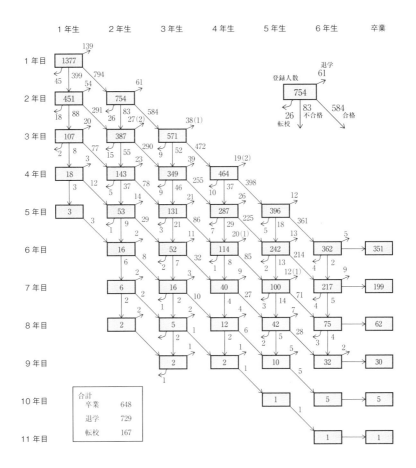

図1　児童フローダイアグラム
　　　　出所：Sekiya（2014）をもとに、本章に合わせて著者修正。

進級（次学年）」であり、「不合格＝留年（原級留置）」と考える。しかしながら、学校記録を縦断的に収集した実際のデータには、その仮定は完全には当てはまっていない。これは個々の子どもたちの記録を辿ることでは

にて仮定し、架空のコーホートを構築する方法である。必要とするデータが少なく、あるコーホート内の残存率の計算および内部効率の把握において非常によく用いられる（小川・野村 2009）。

じめて説明がつくのだが、たとえば、1年生を合格したにもかかわらず2年目も1年生に登録した者が35人いた。これは学年末成績簿の記載ミスではなく保護者あるいは児童本人の希望によるものであることが、教員へのインタビューから確認できている。このようなケースは、McGinn et al.（1992）や Marshall（2003）をはじめとするホンジュラスを対象とした他の先行文献においても指摘されており、ホンジュラスにおいては特異なケースではない。また、合格したにもかかわらず2年目に対象校に登録しなかった者が5人いた。これらの数字を1年目の合格者794人から差し引くと、2年目に2年生に登録した754人と一致する。

　このように個々人の修学経過を丹念に追跡していくと、分析対象である1,377人から167人の転校者数を除いた1,210人に対し、卒業できた者は648人であり、その割合は53.5％に相当する。その中で、ストレートに6年間で卒業できたのは351人のみであり、同様に1,210人に対する割合を計算すると29.0％に留まっていた。

　次に、児童フローダイアグラムで明らかになった子どもたちの修学状況を、入学から卒業あるいは退学に至るまでの修学軌跡としてパターンによって捉えてみたい。修学パターンの見方は、各数字が学年を表し、数字の後のアルファベットが進級可否の評価を表している。修学パターンの出現頻度をカウントし、上位のものを表1に示した（Sekiya, 2014）。

　その結果、修学パターン数は全部で291通り確認することができた。そのうち10人以上が該当するパターンは15通りしかなく、213通りのパターンはいずれも1人のみのケースであった。このことから、子どもたちの修学実態は多岐にわたることが分かる。最頻出のパターンは留年せずストレートで卒業するパターンであり、次に多いパターンは入学したのちその年の学年末までに退学したパターンであった。修了学年においては、卒業と1年生未修了という正反対のパターンが頻出上位を占めていた。

　Sekiya（2014）が修学状況をフローダイアグラムで表した上で子どもたちの修学をパターンで捉え、学校の中の子どもたちの修学状況を観察した結果明らかになったのは、スムーズに卒業できる子どもたちと、短い修学期間ののち退学する子どもたちという、両極端な修学実態である。仮に、

第1章　小学校でつまずくホンジュラス地方都市の子どもたち　43

表1　修学パターン順位

順位	修学パターン	児童数	登録年数	到達学年
1	1P2P3P4P5P6P	352	6	6
2	1D	110	1	0
3	1R1P2P3P4P5P6P	79	7	6
4	1P2D	47	2	1
5	1R1D	42	2	0
6	1P2R2P3P4P5P6P	27	7	6
7	1P2P3D	24	3	2
8	1P2P3R3P4P5P6P	23	7	6
9	1P2P3P4R4P5P6P	20	7	6
10	1P2P3P4D	16	4	3
11	1R1P2P3D	13	4	2
12	1P1P2P3P4P5P6P	13	7	6
13	1P2P3P4P5R5P6P	12	7	6
14	1R1R1D	10	3	0
15	1P2P3R3D	10	4	2
合計	291 パターン	1210人		

注：パターンにおける P は合格、R は不合格（留年）、D は退学を表す。

このように母集団が二極化に近い状態では、単純に平均値として見る留年率・退学率・修了年数等は集団の姿を的確に表しているとは考え難い。

卒業者の修学軌跡

　さらに卒業者に着目し、その修学軌跡を在学学年（縦軸）と年齢（横軸）の関係で視覚化して、修学実態を明らかにすることを試みた（図2）。

　その結果、最も例数が多いのは、同国の法令で定められた正規の就学年齢である6歳で入学し、留年せずにストレートで卒業するパターンであった（189例）。次に多いのが、正規の就学年齢を1年過ぎて入学し、ストレートで卒業するパターンである（131例）。3番目に多い事例は、6歳で入学したが不合格となり2年目も同じ1年生に登録したのちストレートに卒業したパターンである（48例）。修学事例の広がり自体は、5歳入学でストレー

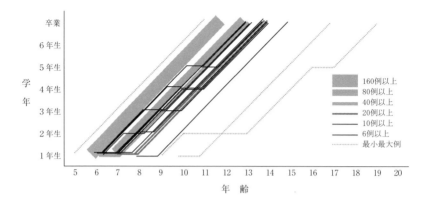

図2 卒業者の修学軌跡
出所：Sekiya（2014）をもとに、本章に合わせて著者修正。

トに卒業したパターンから、11歳入学でストレートに卒業したパターン、あるいは9歳で入学し四度も留年を経験したのち18歳で卒業したパターンなど広範囲にわたる。しかしながら、13歳までに卒業した者が全卒業者の86.0%を占めていることが分かった。

　ホンジュラスにおける初等教育の就学学齢層は6歳から11歳にあたる（UNESCO, 2016; UNESCO International Bureau of Education, 2011）。このことからも、初等教育の就学学齢層に近い年齢で就学することで卒業に至りやすく、ゆえに、それが重要だということが分かる。他方、卒業に至らなかった子どもたちはいかなる修学の軌跡を辿っているのであろうか。次節では、退学者に着目をし、卒業に至らなかった原因について検討を進める。

第3節　小学校卒業に立ちはだかる壁

退学者の修学軌跡

　諸文献は留年が多発した結果、子どもたちは退学に至り卒業することが

第1章　小学校でつまずくホンジュラス地方都市の子どもたち　45

できないと指摘している。しかしながら、Sekiya（2014）が修学状況に着目し修学をパターンとして捉えて分析した結果、卒業できる子は留年をせずにストレートで卒業し、できない子はすぐに辞めてしまう状況が確認できた。なぜ、多くの退学者は一度入学したにもかかわらず、卒業にまで至ることができなかったのだろうか。まず、卒業に至るパターン同様、Sekiya（2014）は退学者の修学軌跡を在学学年（縦軸）と年齢（横軸）の関係で視覚化した（図3）。

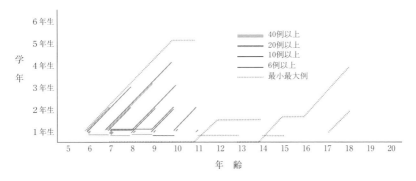

図3　退学者の修学軌跡
出所：Sekiya（2014）をもとに、本章に合わせて著者修正。

その結果、最も例数が多いのは、7歳で入学しその学年末までに退学したパターン（47例）であり、次に多いのが正規の就学年齢である6歳で入学し、その学年末までに退学したパターン（25例）であった。3番目に多い事例は、8歳で入学しやはりその学年末までに退学したパターン（17例）である。いずれのパターンも修学期間は1年に満たず、学年末の教員による進級可否のための評価も受けていない。修学事例の広がり自体は、6歳入学でストレートに5年生まで進級したのち退学したパターンから、17歳入学で2年生まで進級したのち退学したパターンまで広範囲にわたる。しかしながら、2年生に進級できなかった者が退学者全体の34％を超え、4年生以前に退学した者が87％を占めていた。この、就学直後の第1学年時に退学が多く発生する状況は、たとえば、ボリビアにおける学年ご

との退学率を比較した結果（UNESCO, 2011）とも似た傾向を示している。

高い教育達成を妨げるもの

　子どもの学業達成や教育達成に影響する要因についてのこれまでの先行研究の議論を見ると、学校特性や家庭環境等の要因が重要であると考えられている。

　たとえば、学校特性として、各学校が高学年の授業を開講しているか否かが、子どもたちの修学の継続に影響するとの報告があり（Gomesneto & Hanushek, 1994）、また、Marshall（2011）はグアテマラ郡部を対象に、退学に繋がる要因は学校内の学習や生活の環境を表す学校特性であると指摘している。他にも、授業日数、教員の持つ知識や教授方法が子どもたちの学業達成に強く影響していると考えられる（Marshall, 2009）。

　他方、家庭環境等の要因として、家族構成が学業達成や教育達成に影響すると考えられている。Ilahi（2001）はペルー郡部を対象に兄弟間順位が教育達成に与える影響について分析し、女子の場合には出生順位が早いほど教育達成は高くなる傾向にあること、他方、男子にはその傾向は見られないことを指摘している。また、家庭の経済状況もよく注目される側面である。親による海外への出稼ぎと子どもの教育達成の関係について検討された論文によれば、仕送りによって教育にかかる費用が相殺され、結果として退学は減少すると報告されている（Taylor & Mora, 2006; Edwards & Ureta, 2003）。対して、Davis and Brazil（2016）は、グアテマラを対象に海外への出稼ぎによる父親の不在が、子どもの教育達成にネガティブに影響すると述べている。Intemann and Katz（2014）は、エルサルバドルを例に少なくとも両親のうち1人が出稼ぎにより海外へ移住している場合、子どもの修学年数自体は長くなる傾向にあるが、親は子どもの学習の様子を監督できる環境にあるわけではないため、学習の成果が上がることを意味するわけではないと報告している。さらに、Gibbs and Heaton（2014）はメキシコにおける初等教育から前期中等教育への移行時における退学に影響する重要な要因として、両親の教育歴や父親の雇用状態といった社会経済的な要因を挙げ、これらが退学に繋がりやすいと指摘している。加え

第1章　小学校でつまずくホンジュラス地方都市の子どもたち　47

て、Bedi and Marshall（2002）は、出席日数および頻度が学業達成の主な決定要因となり、その後、留年や退学の結果に繋がるとしている。

このような議論を踏まえて、Ashida（2015）は、ホンジュラスにおける修学の継続を阻害する要因の構造とその中における欠席、留年、退学および教育達成の因果関係を明らかにするため、教育達成を目的変数に、学校特性や家庭環境に関するものを説明変数として設定し、共分散構造分析を実施した。その結果、変数「留年」から「教育達成」への影響は見られず、「退学」から「教育達成」への影響は有意であるが、大きくはなかった。そして「教育達成」へ最も強い関係を示したのは、欠席やオーバーエイジといった「学校へのアクセス」状況を表す変数であった。この学校へのアクセス状況の背景には、保護者の主たる職業や地域の産業構造といった家庭および社会背景にかかわるものが根本の要因として位置していることが確認された。このことから、Ashida（2015）は、子どもたちは必ずしも留年や退学の経験を介して教育達成を低めてしまうのではなく、学校への日々のアクセス状況が原因でいきなり学校に通うことを辞め、低い教育達成へと繋がる可能性が高いと結論付けた。

留年と退学の関係

第1節で提示したように、いくつもの先行研究が留年と退学の関係を指摘し、退学は留年の結果として生じていること（McGinn et al., 1992）、そして、留年を退学の根本的な原因として見ることが重要である（Barnes, 1999）と述べている。他方、Eisemon（1997）は留年をいかに減少させるかを主眼に文献研究を行った結果、退学する者と留年する者の特性は異なること、そして留年を減らす対策は退学の原因に直接対処するものにはならないことを述べている。また、教育達成に影響する要因の構造を分析したAshida（2015）の結果においても、留年変数から退学変数への顕著な影響が見られない。

そこで、Sekiya and Ashida（2017）は因果関係の解明に有効である縦断的データを用いて、留年と退学の関係性を検討した。留年と退学との関係を個々人の修学パターンから直接的に検討するため、表2では対象校を

表 2　退学者の修学パターン頻出順位

頻出順位	修学パターン	児童数	男子	女子	留年回数
1	1D	110	52	58	0
2	1P2D	47	32	15	0
3	1R1D	42	21	21	1
4	1P2P3D	24	14	14	0
5	1P2P3P4D	16	8	8	0
6	1R1P2P3D	13	9	9	1

注：修学パターンの数字は学年を示す。
　　「D」は退学、「P」と「R」は学年末評価における「合格」と「不合格（留年）」を示す。
出所：Sekiya & Ahsida（2017）をもとに、本章に合わせて著者修正。

卒業できなかった者の修学パターンを、その頻出度の高い順に示している。

その結果、最も多く見られたパターンは、「入学した年の学年末までに中途退学」したものである。2番目には「1年生を合格後、2年生で中途退学」したもの、3番目には「1年生を不合格後、翌年1年生に再登録（留年）した後に中途退学」したパターンが続いている。6つの頻出修学パターンの中で、退学に至るまでに留年を含むのは3番目と6番目のパターンであるが、これら2つのパターンを示す児童数は合計しても55人であり、最頻出の入学後1年未満で中途退学してしまう児童数（110人）の半分に過ぎない。このことから、退学者には留年経験者が含まれるものの、留年せずいきなり退学してしまう子どもたちが多く存在していることが分かった。このように縦断的に直接検証した結果、「留年と退学は別もの」と捉えられることから、Sekiya and Ashida（2017）は「留年は退学の誘因の一つではあるものの、主たる原因ではない」と結論付けている。

さらに、退学の問題で注目すべきは、入学後1年未満での退学が多く発生していることである。表3は、この1年未満の退学に着目し、入学初年度の修学結果がその後の修学状況にもたらす影響を示している（Sekiya, 2014）。

その結果、「入学した年の学年末までに中途退学」したパターンでは、翌年以降に復学してくるケースはあるものの、その後卒業に至った者はそ

第1章　小学校でつまずくホンジュラス地方都市の子どもたち　49

表3　1年目の修学結果がもたらす影響

修学パターン	児童数	卒業者	%
1D	137	7	5.1
1年間通学	1073	640	59.6
1P	716	496	69.3
1R	357	144	40.3

注：「D」は退学、「P」と「R」は学年末評価における「合格」と「不合格（留年）」を表す。
出所：Sekiya（2014）をもとに、本章に合わせて著者修正。

のパターン内の5%に過ぎない。他方、1年生の学年末まで修学を継続していた者は、その60%近くが卒業に至っていた。また、1年目の教員による評価に注目すると、不合格の場合にはその40%が卒業に至るのに対し、合格の場合にはその70%近くが卒業することができている。このことから、修学を継続させるためには、入学後1年未満の退学を防止する手立てが重要であることが考えられる。とくに、1年目の評価で合格した者の69.3%が卒業に至っていることから、学年末に待ち受ける最初の評価で合格できるような対策が求められる。

第4節　修学状況と年齢　何歳で入学すべきなのか

就学時の年齢と教育達成

　就学年齢は、留年、退学の他に、これまで先行文献により頻繁に言及されてきた修学状況に影響を及ぼす要因の一つである。規定の就学年齢と異なるオーバーエイジの状態となる原因には、就学時期の遅れと留年による進級の遅れが考えられるが、たとえば、正規の就学年齢を超えてオーバーエイジの状態で入学することが、その後の修学状況に好ましくない影響を及ぼし、留年や退学の原因となり得ると指摘されている（UNESCO, 2011; McGinn et al., 1992）。ラテンアメリカ以外の地域を対象にしたものではあるが、就学の遅れがその後の修学状況にもたらす好ましくない影響が

他の文献においても指摘されている（Bommier & Lambert, 2000; Seshe-Nasser & Oduro, 2016）。また、ペルーを対象に、初等教育への就学の開始時期がその後の修学状況においても重要であることが指摘され、近年就学前教育から初等教育への移行に着目した研究もなされている（Ames, 2012）。さらに、留年との関係で言えば、留年によってオーバーエイジの状態になりそれが退学の増加に繋がるとの指摘（Sunnya et al., 2017）や、就学時にオーバーエイジの状態で就学した場合、留年率および退学率は高くなり、他方修了率は低くなるとの指摘（Wils, 2004）を考慮しても、就学年齢は重要な視点である。

そこで、就学の開始時期に着目し、就学時の年齢グループごとに修学状況の違いを観察した（図4）。

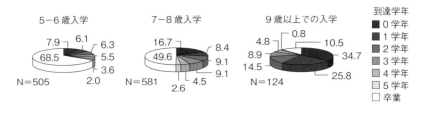

図4　就学時年齢グループ別の修学状況

出所：Sekiya（2014）をもとに、本章に合わせて著者修正。

その結果、5、6歳の年齢で入学した者はその68.5%が対象校を卒業できたのに対し、7、8歳で入学した者で卒業に至った者は49.6%であった。9歳以上での入学となると、卒業できたのはわずか10.5%に留まり、34.7%が一度も進級できずに対象校を去っている。

また、修学パターンの頻出順位を集計すると（表4）、5、6歳入学では、ストレート卒業（1P2P3P4P5P6P）が最頻出となり、続いて1年生時に不合格ののち卒業に至るパターン（1R1P2P3P4P5P6P）、3番目に1年未満での退学（1D）が位置していた。7、8歳入学では、ストレート卒業（1P2P3P4P5P6P）の次に1年未満での退学（1D）が2番目に多いパターンとなっている。一方、9歳以上で入学したグループでは、1年未満での

第1章　小学校でつまずくホンジュラス地方都市の子どもたち　51

表4　就学時年齢別の修学パターン頻出順位

	5-6歳入学			7-8歳入学			9歳以上での入学		
順位	修学パターン	児童数	%	修学パターン	児童数	%	修学パターン	児童数	%
1	1P2P3P4P5P6P	190	37.6	1P2P3P4P5P6P	156	26.9	1D	28	22.6
2	1R1P2P3P4P5P6P	41	8.1	1D	61	10.5	1P2D	20	16.1
3	1D	21	4.2	1R1P2P3P4P5P6P	36	6.2	1R1D	10	8.1
4	1P2P3R3P4P5P6P	15	3.0	1R1D	22	3.8	1P2P3D	7	5.6
5	1P2R2P3P4P5P6P	11	2.2	1P2D	17	2.9	1P2P3P4P5P6P	6	4.8
合計	169パターン	505	100.0	183パターン	581	100.0	52パターン	124	100.0

注：パターンにおけるPは合格、Rは不合格（留年）、Dは退学を表す。
出所：Sekiya（2014）をもとに、本章に合わせて著者修正。

退学（1D）を筆頭に、3年生の学年末に至るまでに退学するパターンが上位4位までを占めていた（Sekiya 2014）。このように、何歳で入学することができるかにより、卒業に至る割合が顕著に異なることが読み取れる。

年齢と退学の関係

さらに、就学時の年齢と退学時期の関係について退学者に限定して考察を行った結果（図5）、6歳で入学した子どもたちの場合、登録5年目で退学している者が最も多く、次いで入学初年度での退学が多いことが確認できた。7歳で入学した子どもたちの場合には、入学初年度での退学者が最も多く、次いで登録4年目が多い。8歳で入学した子どもたちの場合には、登録2年目での退学者が最も多く、次いで入学初年度であった。9歳で入学した子どもたちの場合には、登録2年目での退学者が最も多く、次いで入学初年度であった。10歳で入学した子どもたちの場合には、入学初年度での退学が最も多い。つまり、就学時の年齢に関係なく、10歳、11歳あたりで退学する者が多い（Sekiya & Ashida, 2017）。

McGinn et al.（1992）によれば、ホンジュラスにおける郡部の子どもたちの退学の主な理由は、児童および生徒やその家族が教育を継続することに価値を見出さないことである。そして、親がもう教育は必要がないと判断する年齢が10歳頃であり、その後農作物の収穫等の仕事に従事するよ

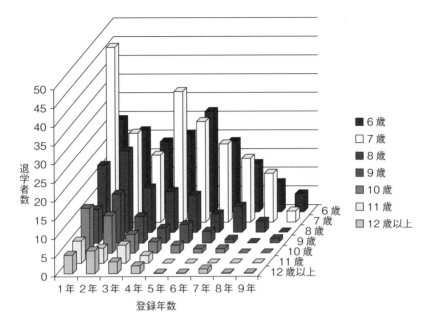

図5 就学時年齢別退学者の登録年数
出所：Sekiya and Ashida（2017）をもとに、本章に合わせて著者修正。

うになると述べている。また、8歳以上のオーバーエイジの状態で入学することによって、機能的識字を身に付ける前に退学するリスクが増え、10歳以上での退学率が高くなるとも指摘されている（World Bank, 1995）。退学をするという判断は本人によってなされるよりも、家庭の経済状況を考慮して家族によってなされるものであることから（Gibbs & Heaton, 2014: Blasco, 2009）、公式の就学年齢を超えたオーバーエイジの状態で入学することにより低い学年で退学する傾向が強く、小学校卒業には至りにくい様子が確認された。

先行文献によれば、就学時の年齢要因だけでなく、留年による進級の遅れによってオーバーエイジとなり、退学に至りやすい。ホンジュラスでは1990年以降、留年者を減らすために政府やドナーが学校に働きかけを行い、学校現場では学年末評価に加えて追試が実施されるようになった。こ

第1章　小学校でつまずくホンジュラス地方都市の子どもたち　53

のことにより、従来は留年と判定され進級できなかったであろう子どもた
ちが、追試によって合格となり遅れずに進級することが可能な状況が設定
されたと言える。また、入学初年度に頻出していた退学と留年の問題への
対処として、1年生に留年や退学をさせないとする呼びかけがなされるよ
うになった。これに伴う具体的なプロジェクト等は実施されていないが、
現場レベルでは、1年生を進級させるよう教育委員会より各学校に対して
指導がなされ、留年の多い学校には教育委員会からその理由を求められる
ようになった。これらを踏まえて、分析対象を2004年度入学者まで広げ、
就学時年齢別の教育達成を入学年代グループに分け比較した結果、近年の
傾向として、7歳以上のオーバーエイジでの入学者が減少し、正規の就学
年齢で入学する子どもたちの割合が増えている傾向が読み取れた（關谷
2018）。このことから、未だオーバーエイジの問題は完全には解消されて
はいないが、改善の傾向にあると言える。

第5節　小学校修了への壁を解消するためには

　ホンジュラス地方都市の小学校における修学記録を用いて個々の子ども
たちに着目し、その修学実態をパターンとして捉え分析した結果から、子
どもたちの小学校卒業を妨げるものとして、就学年齢と入学初年度の1年
生時における退学という要因が顕著に見えた。この点を踏まえ、子どもた
ちの修学状況を改善し、小学校卒業を実現するために欠かせないポイント
として、次の2つが考えられる。一つ目は「適正年齢で就学させる」こと、
二つ目は「入学した後の子どもたちが1年未満で退学してしまわないよう
に学校内に留め、修学を継続させる」ことである。

　Ashida（2015）は共分散構造分析によって修学継続を阻害する要因を
明らかにした結果から、子どもたちが小学校を修了できるように改善する
ためには、出席や適正年齢での就学の推奨が有効であると結論付けている。
これらを実現するためには、地域や保護者の学校教育への理解を深めると

――――――――――
　5　対象地区元教育委員長とのインタビューより。

いった啓発活動の実施が望まれる。たとえば、現在までによく取り組まれている学校運営改善プロジェクトのような、保護者や地域を巻き込んで学校の現状改善を目指す取り組みに留まらず、保護者そのものをターゲットとして、学校を通して保護者への啓発を行うことが重要であると考えられよう。

また、初等教育へのレディネスを身に付けさせるものとして、近年世界的に就学前教育が注目を集めており、持続可能な開発目標の目標4では、少なくとも1年間の就学前教育の義務教育化が奨励されている。ホンジュラスでは、2012年2月より義務教育制度が変更され、就学前教育は義務教育となった（Secretaria de Educacion, 2012）。この取り組みは適正年齢での就学に貢献し得ると考えられる。

次に、入学後の子どもたちが1年未満で退学してしまわないように「学校内に留め修学を継続させる」ためには、留年と退学の関係性を考察した結果を踏まえて Sekiya and Ashida（2017）は、退学をさせないための入学後のサポートが必要であると述べている。そして、オーバーエイジ、両親の教育に対する理解、家庭の経済的な理由、児童労働といった修学の継続を妨げる複数の要因に対する対策を講じなければ、退学を減少させることは難しいであろうと指摘する。たとえば、両親の教育に対する理解度の低さからオーバーエイジの状態となって退学に至る子どもたちの発生を防ぐためには、先の適正年齢での就学の奨励と同様、就学の開始時期を判断する保護者に対する啓発活動を行うことが考えられる。

たとえば、明治時代の日本で実施された、学事関係者による講話を通じて保護者の啓蒙に努力した「幻灯会」や「通俗教育懇談会」、学事熱心な保護者に対する「表彰」等の具体的な活動が参考になるのではないかと考えられる。これらの活動は明治期における日本の初等教育就学率および修了率を上昇させるにあたって実際に成果を上げた（国際協力機構 2005）。

さらに、一度入学した子どもたちを学校内に留めて学年末まで修学を継続させ、かつ1年目の評価で合格できるように指導することが重要であろ

6　過去には、一時的な自動進級は中南米を対象に実施されてきたことがあるが、その効果に対する評価は賛否両論である（Randall & Anderson, 1999）。ホンジュラ

第1章　小学校でつまずくホンジュラス地方都市の子どもたち　55

う。たとえば、1年生時のみ自動進級制を導入[6]することも一つの方法である。ただし、合格レベルに達していない児童を進級させるのみでは、次年度での不合格に繋がり得ることは十分に考えられる。このことから、自動進級をさせた上での補習の実施等、学習の理解を助けるためのサポートを合わせて実施することも必要であると言えよう。

［参考文献］

Alexander, K. L., Entwisle, D. R., & Dauber, S. L. (1994). *On the Success of Failure: A reassessment of the effects of retention in the primary grades*. New York: Cambridge University Press.

Ames, P. (2012). Language, culture and identity in the transition to primary school: Challenges to indigenous children's rights to education in Peru. *International Journal of Educational Development, 32*, 454-462.

Ashida, A. (2015). Study of factors preventing children from enrolment in primary school in the Republic of Honduras: Analysis using structural equation modelling. *Education 3-13: International Journal of Primary, Elementary and Early Years Education, 43* (5), 579-594.

Barnes, D. (1999). Causes of dropping out from the perspective of education theory. In L. Randall & J. B. Anderson (Eds.), *Schooling for Success: Preventing repetition and dropout in Latin American primary schools* (pp.14-22). New York: M.E. Sharpe.

Bedi, A. S., & Marshall, J. H. (2002). Primary School Attendance in Honduras. *Journal of Development Economics, 69* (1), 129-153.

Blasco, M. (2009). Linking rights with lives: the micropolitics of educational decision making in urban Mexico. *Comparative Education Review, 53* (1), 41- 61.

Bommier, A., & Lambert, S. (2000). Education demand and age at school enrollment in Tanzania. *Journal of Human Resource, 35*, 177-203.

Davis, J., & Brazil, N. (2016). Disentangling fathers' absences from household remittances in international migration: The case of educational attainment in Guatemala. *Intetnational Journal of Educational*

─────────────

スでは、壊滅的な被害をもたらしたハリケーン・ミッチによる自然災害が発生した際、全学年において一時的に自動進級を実施した。

Development, 50, 1-11.

Edwards, A. C., & Ureta, M. (2003). International migration, remittances, and schooling: evidence from El Salvador. *Journal of Development Economics, 72* (2), 429-461.

Eisemon, T. O. (1997). *Reducing repetition: Issues and strategies.* Paris, France: UNESCO.

Gibbs, B., & Heaton, T. B. (2014). Drop out from primary to secondary school in Mexico: A life course perspective. *International Journal of Educational Development, 36,* 63-71.

Gomes-Neto, J., & E. Hanushek. (1994). Causes and Consequences of Grade Repetition-Evidence from Brazil. *Economic Development and Cultural Change, 43* (1), 117-148.

Hunt, F. (2008). Dropping out from school: A cross country review of literature. *CREATE PATHWAYS TO ACCESS Research Monograph No.16.* Brighton: University of Sussex.

Ilahi, N. (2001). Children's Work and Schooling: Does Gender Matter? Evidence from the Peru LSMS Panel Data. *Policy Research Working Paper 2745.*

Intemann, Z., & Katz, E. (2014). Migration and children's schooling and time allocation: Evidence from El Salvador. *Intetnational Journal of Educational Development, 39,* 274-284.

Marshall, J. H. (2003). Grade repetition in Honduran primary schools. *Intetnational Journal of Educational Development, 23* (6), 591-605.

Marshall, J. H. (2009). School quality and learning gains in rural Guatemala. *Economics of Education Review, 28* (2), 207-216.

Marshall, J. H. (2011). School Quality Signals and Attendance in Rural Guatemala. *Economics of Education Review, 30* (6), 1445-1455.

McGinn, N., Reimers, F., Loera, A., Soto, M., & López. S. (1992). Why do children repeat grades? A study of rural primary schools in Honduras. *Bridges Research Report Series No.13.* Cambridge, MA: Harvard Institute for International Development.

Programa de las Naciones Unidas para el Desarrollo (PNUD) [United Nations Development Programme]. (1998). *Informe sobre Desarrollo Humano Honduras 1998* [Report on human development: Honduras, 1998]. Tegucigalpa, Honduras: PNUD.

Randall. L., & Anderson J. B. (Eds.), (1999). *Schooling for Success: Preventing repetition and dropout in Latin American primary schools.* New York: M.E. Sharpe.

Secretaría de Educación [Ministry of Education]. (2002). *Fast Track Initiative, Education for All Honduras 2003–2015.* Submitted to World Bank. Proposal approved. Tegucigalpa.

Secretaría de Educación [Ministry of Education]. (2012). Ley Fundamental de Educación. [Basic Education Law]. Tegucigalpa: Honduras.

Sekiya, T. (2014). Individual patterns of enrolment in primary schools in the republic of Honduras. *Education 3–13: International Journal of Primary, Elementary and Early Years Education, 42* (5), 460-474.

Sekiya, T., & Ashida, A. (2017). An Analysis of Primary School Dropout Patterns in Honduras, *Journal of Latinos and Education, 16* (1), 65-73.

Seshie-Nasser, H. A., & Oduro, A. D. (2016). Delayed primary school enrolment among boys and girls in Ghana. *International Journal of Educational Development, 49,* 107-114.

Sunnya, B. S., Elze, M., Chihana, M., Gondwe, L., Crampin, A. C., Munkhondya, M., Kondowe, S., & Glynn, J. R. (2017). Failing to progress or progressing to fail? Age-for-grade heterogeneity and grade repetition in primary schools in Karonga district, northern Malawi. *International Journal of Educational Development, 52,* 68-80.

Taylor, M. J., Moran-Taylor, M. J., & Ruiz, D. R. (2006). Land, ethnic, and gender change: transnational migration and its effects on Guatemalan lives and landscapes. *Geoforum, 37* (1), 41-61.

United Nations Development Programme (UNDP). (2016). *Human Development Report 2016: Human Development for Everyone.* New York, USA: UNDP.

United Nations Educational, Scientific and Cultural Organization (UNESCO). (2011). *The hidden crisis: Armed conflict and education. Education for All Global Monitoring Report 2011.* Paris, France: UNESCO.

UNESCO. (2015). *Education for All 2000–2015: Achievements and challenges. Education for All Global Monitoring Report 2015.* Paris, France: UNESCO.

UNESCO. (2016). *Education for people and planet: Creating sustainable futures for all. Globl Education Monitoring Report 2016.* Paris, France: UNESCO.

UNESCO International Bureau of Education (IBE). (2011). *World data on education VII ed. 2010/11, Honduras.*

Wils, A. (2004). Late entrants leave school earlier: evidence from Mozambique. *International Review of Education, 50* (4), 17-37.

World Bank. (1995). *Staff appraisal report: Honduras basic education project.* Tegucigalpa, Honduras.

小川啓一・野村真作, 2009, 『教育統計学【基礎編】「万人のための教育」に向けた理論と実践的ツール』学文社.

国際協力機構, 2005, 『日本の教育経験 途上国の教育開発を考える』東信堂.

外務省, 2017, 「ホンジュラス共和国」, (2017 年 12 月 17 日取得, http://www.mofa.go.jp/mofaj/area/honduras/index.html).

關谷武司, 2018, 「EFA/MDGs 前後の初等教育における修学軌跡の変容——中米ホンジュラス共和国における事例」『国際学研究』7 (1): 41-51.

第2章　EL SALVADOR

エルサルバドル地方都市の少女たちの足跡

芦田 明美

❖ エルサルバドルの基礎教育を取り巻く環境

教育における
ジェンダー格差の解消　MDGs
SDGs

→ 基礎教育課程へのアクセスにおける
ジェンダー格差は未だ深刻な状態。
SDGsに向けてさらなる努力が必要。

教育におけるジェンダー格差は、地域によって異なる特徴が見られ、
ラテンアメリカ・カリブ海地域では、ジェンダー格差の問題は解消されつつあるが…

- 科学分野において、女子は男子より低い得点を取る傾向にある。
- 女子の方が家庭内労働に従事しやすい。

エルサルバドル

エルサルバドルは、かつて12年間にも及ぶ内戦を経験し、
中米5カ国の中でも教育の普及に遅れを取っていた。

- 紛争により、女子の就学年数は短くなるとの指摘もある。

1990年代前半より、
ジェンダー不平等の問題に対する国家政策を採用。

- 女性と女子の教育へのアクセス拡大。

↓

個々の修学状況を捉えることが可能な縦断的データを用いて、
紛争時とその直後に就学していた女子の修学実態を
ミクロなレベルから観察し、明らかにすることを試みる。

❖ 学校の中の少女たち

分析データ：
・エルサルバドル地方都市の基礎教育学校1校
・1986-94年度に入学した女子（866名）の学年末成績一覧表

在籍状況

	1年生	2年生	3年生	4年生	5年生	6年生	7年生	8年生	9年生	6年生修了	9年生修了
1年目	866										
2年目	122	527									
3年目	11	142	371								
4年目	3	21	126	304							
5年目	1	2	21	109	256						
6年目			4	19	94	212				207(23.9%)	
7年目			1	4	14	79	75			78(9.0%)	
8年目				1	3	11	17	64		10(1.2%)	
9年目					1	2	2	14	52	2(0.2%)	52(6.0%)
10年目							1	1	13	1(0.1%)	13
11年目										0(0%)	1
合計										298(34.4%)	66

学校の中の
少女たちの様子は…？

頻出修学パターン

順位	卒業パターン	児童生徒数	登録年数	%
1	1P2P3P4P5P6P	128	6	43.0
2	1P2P3P4P5P6P7P8P9P	52	9	17.4
3	1R1P2P3P4P5P6P	33	7	11.1
4	1P2P3P4P5P6P7P8P	10	8	3.4
4	1P2P3P4P5P6P	10	7	3.4
6	1P2P3P4P5P6P7P	9	7	3.0
7	1R1P2P3P4P5P6P7P8P9P	6	10	2.0
8	1P2P3P4P5P6P	5	7	1.7
合計	43パターン	298		

注：パターンにおけるPは合格、Rは不合格（留年）を表す。

入学後、低学年で修学を辞めてしまうか、
課程修了まで続けるか、の相反する修学実態

❖ 彼女たちはいつ留年し、退学してしまったのか

諸文献は留年を繰り返すことにより退学に至ると指摘しているが…

順位	初等教育パターン	児童数	留年回数	%
1	1P	129	0	22.8
2	1P2P	80	0	14.1
3	**1R**	65	1	11.5
4	1P2P3P	30	0	6.7
5	1P2P3P4P	32	0	5.6
6	1P2P3P4P5P	29	0	5.1
7	1P**2R**	23	1	4.1
8	**1R**1P	13	1	2.3
8	**1R1R**	13	2	2.3
10	1P2P3R	11	1	1.9
合計	86 パターン	567		

順位	前期中等教育退学パターン	生徒数	留年年数	%
1	1P2P3P4P5P6P7P8P	10	8	37.0
2	1P2P3P4P5P6P7P	9	7	33.3
3	1P2P3P4P5P6P7P8R	2	8	3.7
3	1P2P3P4P5P6P7R	1	7	3.7
3	1P2P3R3P4P5P6P7P8P	1	9	3.7
3	1R2P3P4P5P6P7P	1	8	3.7
3	**1R**1P2P3P4P5P6P7P	1	8	3.7
3	**1R**1P**2R**2P3P4P5P6P7R	1	9	3.7
合計	9 パターン	27		

注：パターンにおける P は合格、R は不合格〔留年〕を表す。
留年を含むパターンには網掛けがなされている。
また、1 年および 2 年次の留年には下線が引いてある。

――― 課程別修了者の退学パターン

入学後、低学年時の留年および退学が確認できる。
しかしながら、留年が引き金になって学校から離れたと見られるケースはあまり確認できず。

留年せずとも辞める時はいきなり辞める

修了学年	パターン	児童生徒数	留年回数
0学年	1R	65	1
	1R1R	13	2
	1R1R1R	2	3
1学年	1P	129	0
	1P2R	25	0
	1R1P	14	1
	1R1P2R	6	2
2学年	1P2P	85	0
	1P2P3R	12	1
	1P2P	7	1
3学年	1P2P3P	42	0
	1P2P3P4R	10	1
	1R1P2P3P	5	1
4学年	1P2P3P4P	34	0
	1P2P3P4P5R	9	1
	1R1P2P3P4P	5	1
5学年	1P2P3P4P5P	32	0
	1P2P3P4P5P6R	4	1
	1P2P3P4P5R	3	1
6学年	1P2P3P4P5P6P	136	0
	1P2P3P4P5P6P7R	34	1
	1P2P2P3P4P5P6P	10	1
	1P2P3R3P4P5P6P	5	3
7学年	1P2P3P4P5P6P7P	9	0
	1P2P3P4P5P6P7P8R	1	1
8学年	1P2P3P4P5P6P7P8P	10	0
	1P2P3P4P5P6P7P8P9R	1	1
9学年	1P2P3P4P5P6P7P8P9P	54	0
	1P2P3P4P5P6P7P8R9P	1	1
	1P2P3P4P5P6P7P8P9P	3	1

注：パターンにおける P は合格、R は不合格〔留年〕を表す。

――― 修了学年別頻出退学パターン

❖ エルサルバドル学籍簿データの特性と修学当時の社会背景

エルサルバドル学籍簿データは…

・学籍登録簿の保管がなされていなかったため、学年末成績一覧表のみでデータベースを構築。
・最も望ましくない修学パターンである、一度入学したにもかかわらず 1 年間通学できずに途中で退学してしまったパターン(1D)が押さえられていない。

・同年代のホンジュラスの修学実態よりも芳しくない結果であったことから、対象校はとくに修学状況に問題を抱える学校であった可能性がある。

不安定な国内事情、エルサルバドル内戦

・分析対象とした子どもたちは1986年から1994年度の入学生であり、この入学年代グループの一部が在学していた時期は1986年から2002年にあたる。
・**エルサルバドル内戦(1980-1992年)**が生じていた時期を含む。

先行研究によれば、内戦は…

就学年数を短くさせる。

教育支出の削減をもたらし、就学の減少に繋がる。教育システムの破壊を引き起こしやすい。

学力テストの得点を下げ得る。

女子の中等教育への就学を妨げる。

たとえ影響が直接的ではなくとも、
この社会状況が子どもたちの修学に間接的に影響を与えた可能性は否定できない。

第1節　エルサルバドルの基礎教育を取り巻く環境

ラテンアメリカ地域における女子の修学状況

　1990年に開催された万人のための教育世界会議以降、教育におけるジェンダー格差の解消は国連ミレニアム開発目標（Millennium Development Goals: MDGs）に組み込まれ、そして、持続可能な開発目標（Sustainable Development Goals）でも継続されている。ジェンダー格差の問題は、世界が対処すべき重要課題の一つとして長年注目を浴びてきた。しかしながら、2015年までの進捗を振り返ったEFAグローバルモニタリングレポートは、世界の基礎教育課程へのアクセスにおけるジェンダー格差は未だ深刻な状態にあり、SDGsの達成に向けてさらなる努力が必要であることを指摘している（United Nations Educational, Scientific and Cultural Organization [UNESCO], 2015）。

　教育におけるジェンダー格差の問題は、地域によって異なる特徴が見られ、ラテンアメリカ・カリブ海地域では、他地域と比較するとジェンダー格差は解消されつつある。とくに、同地域における不就学の児童生徒は女子に多く見られるが、女子は一度就学すると男子よりも良いパフォーマンスを示すと報告されてきた（UNESCO, 2015）。他方、ラテンアメリカ・カリブ海地域比較調査や国際数学・理科教育調査等の国際学力テスト結果を見ると、女子は男子よりもとくに科学分野において低い得点を取る傾向にある（UNESCO Santiago, 2014）。また、ブラジル、コロンビア、メキシコを対象にした世帯調査の分析結果から、男子と比べて女子の方が家庭内労働に従事しやすい（Understanding Children's Work, 2015）との指摘もあることから、女子は日々の学習環境に問題を抱えやすいと考えられる。本研究で対象とするエルサルバドル共和国（以下、エルサルバドル）では、先述したジェンダー格差の解消を目指した国際的な流れを受け、また、女子の不就学の割合が男子に比べて高い状況にあったことから、1990年代前半よりジェンダー不平等の問題に対する国家政策が採用された。その政策の一つが、第一次女性に関する国家政策（First National Women's

Policy）と呼ばれるものであり、その戦略の中にはフォーマル教育、ノンフォーマル教育問わず、女性と女子の教育へのアクセス拡大が掲げられていた（Edwards, Victoria, & Martin, 2015）。

　このエルサルバドルを含む中米地域は、かつて 1970 年代後半から中米紛争が発生し激化していたところである。EFA グローバルモニタリングレポート 2011（UNESCO, 2011）は、Education for All 達成にあたっての大きな障壁として武力紛争を取り上げ、紛争が教育全体にもたらす望ましくない影響について指摘している。これまでにも、紛争が教育に与える影響についてはさまざまに研究がなされてきた（León 2012; Chamarbagwala & Morán 2011; Justino 2016; Gómez, 2016）。たとえば、グアテマラ群部において、先住民族であるマヤ民族の子どもたちを対象に内戦中の子どもたちの就学年数[1]に着目した Chamarbagwala and Morán（2011）は、就学年数は平均して男子が 4.66 年、女子は 3.83 年であり、女子の方がその年数が短いことを指摘している。

　本章では、かつて 12 年間にわたる内戦を経験し、中米 5 カ国の中でも教育の普及に遅れを取っていたエルサルバドルを事例に、個々の修学状況を捉えることが可能な縦断的データを用いて、内戦時とその直後に就学していた女子児童および生徒の修学実態に着目する。その実態をミクロなレベルから観察し、明らかにすることを試みる。

エルサルバドル共和国概要

　エルサルバドルは中央アメリカに位置し、グアテマラ、ホンジュラスの 2 カ国と国境を接する。太平洋にのみ面し、国土面積は 21,040 平方キロメートルと九州の約半分の大きさにあたる。人口は約 613 万人にのぼり、周辺国と比較して高い人口密度を有する。首都はサンサルバドル、公用語はスペイン語であり、宗教はカトリック、民族はスペイン系白人と先住民の混血約 84％、先住民約 5.6％、ヨーロッパ系約 10％から構成される。主な産業は、輸出向け繊維縫製産業の軽工業、コーヒー、砂糖等の農業である。

　1　英文での先行文献においては、「years of schooling」または「years of education」と表現されている。本章では、就学年数と訳をあて統一する。

2001年の通貨統合法により国内通貨は米ドルとなり、国内経済のドル化が進展。金利は低下し物価上昇率も安定した。1992年のエルサルバドル内戦終了後、二度の大地震や中南米地域に甚大なる被害をもたらしたハリケーン等の自然災害に見舞われながらも、経済はプラス成長を維持している。しかしながら、その経済成長率は2016年において2.4％と中米地域の中では最も低い水準に留まり、失業率は7％と報告されている。

　特筆すべきは、約250万人と言われる在米エルサルバドル人によるエルサルバドル国内の家族への送金である。2016年には7.2％増の約45.8億ドルにのぼり、いまやGDPの17.1％に相当し、エルサルバドル経済の下支えとなっている（外務省2017）。国連開発計画発行の人間開発報告書2016年版によれば、2015年度における人間開発指数は0.680と188カ国中117位にあり、隣国ホンジュラス（0.625）より若干高い（United Nations Development Programme, 2016）。

　日本との関係に目を向けてみると、伝統的に友好関係を保ってきたと言える。高い人口密度、天然資源に恵まれない環境、ハリケーンや地震、火山の噴火など自然災害の多く発生するところが日本と共通することから、エルサルバドルにおける日本の協力は、内戦や災害からの復興など、多岐にわたって多大な援助がなされてきた。また、同国は青年海外協力隊の中南米での最初の受け入れ国でもあり、第2章で紹介されている「算数指導力向上のプロジェクト」が実施された。他にも、「看護教育プロジェクト」、「シャーガス病対策プロジェクト」、「低所得者向け耐震住宅プロジェクト」、「コミュニティ防災プロジェクト」など、さまざまな日本の技術協力プロジェクトが実施されてきた（細野2010）。

エルサルバドルの教育事情

　エルサルバドルでは、12年間にわたる内戦後、天然資源に恵まれない環境であるがゆえ、経済復興を目指すにあたって人的資源の開発が必要不可欠であるとして、とくに基礎教育分野に重点が置かれてきた経緯がある。先の内戦によって641校が破壊されたこともあり、教育施設の絶対数が不足しており、1990年代には日本も学校建設にかかる援助を実施していた。

とくに、集落が広範囲に点在する地方の農村部では、内戦による被害が多く見られた。また、もともと教育施設が整備されていなかったことから公立学校が存在しておらず、教育の普及自体に遅れを取っていた。農村部や貧困地域では、児童生徒が一度就学できたとしても、中途退学ののちに仕事を始め、家庭の農業労働力となる状況にあった。政府の教育予算も不足しており、教育インフラの整備、教員・教材の質的・量的向上、教育制度の改善等は喫緊の課題であった（国際協力事業団 1994）。

　このような教育の実施自体が厳しい状況下において、エルサルバドル特有の学校運営の形が生まれた。内戦中、ゲリラ支配地区において中央政府による教員の派遣や予算の支出が計画通りになされない状態にあったことから、学校での教育が中断されないよう、住民が力を合わせて教員の代理を行い、学校の修理等を実施した。これを受け継ぐ形で、山岳地帯等での住民参加型学校運営として定着した形が、エルサルバドルの EDUCO（Un Programa de Educación para Administrado por la Comunidad en las Zonas Rurales）である（細野 2010）。現在は、農村地域の教員不足および教室不足の緩和、地域住民の組織化推進、コミュニティによる学校運営の参画、地方への派遣教員の登録、給与の補助、児童の栄養改善プログラムの実施など、教育を充実させるための地域住民参加型プログラムとして認識されるようになった。EFA グローバルモニタリングレポート 2009 では、EDUCO は自律的学校運営（School-Based Management: SBM）の一つとして、教育の普及拡大を成功させた例として紹介されている（UNESCO, 2008）。

研究対象データおよび研究方法

　先述した通り、同国は 1980 年から 1992 年の長期にわたる内戦のため、戦闘の激しい地域では学校施設が破壊され、学校記録も消失しているところが多い。そのような条件の下、本研究では戦闘の直撃を免れた地方都市を選定した。そして、女子の修学状況を把握するため、修学記録が保管されており、かつて女子校であった基礎教育学校 1 校を選定した。この対象校は内戦による学校破壊等の直接の被害は免れている。

66

　研究方法は、Sekiya（2014）の正コーホート法を用いた分析手法を踏襲し、卒業あるいは退学により対象校からの離籍が確認できるまで、成績一覧表の情報を個人単位で縦断的に収集した。また、必要に応じて対象校教員へのインタビューを実施した。そして、1）在籍状況、2）修学パターン、3）卒業パターン、4）退学パターン、5）修了学年別の頻出修学パターン、の5つの観点に着目して分析を実施した。同時代のホンジュラスにおける女子の修学状況と対比するためにも、ホンジュラス共和国での修学実態を分析したSekiya（2014）の分析年代と同一の、1986年から1994年の間に入学した女子866人を1つのコーホートとして分析し、子どもたちの修学実態の解明を試みる。

第2節　学校の中の少女たち

在籍状況と頻出修学パターン──学校の中の少女たちの足跡

　まず、分析対象866人の学校内での在籍状況を表1にまとめた。対象校保管の成績一覧表のみでデータベースを構築しているため、一度入学したにもかかわらず、1年間通学できず、学年末評価を迎える前に退学に至った者は本分析に含まれていない。

　1年目に1年生に登録し、1年間在籍した866人のうち、学年末の教員による評価において679人が合格、186人が不合格の判定を受けた。そして、2年目に2年生に登録したのは527人、1年生に再度登録したのは122人である。最終的に6年生を修了できた者は298人、その割合は入学時の人数を100％とすると34.4％に相当する。さらに、9年生を修了できた者は66人、その割合は7.6％であった。

　その中で、留年せずストレートで6年生を6年間で修了できた者は207人で、同様にその割合を計算すると23.9％に留まる。また、留年せずストレートで9年生を9年間で修了できた者は52人で6.0％に相当する。他方

　2　1998年より近隣の男子校と合併し共学化されたが、それまでは女子校として開校されていた。

で、最長 10 年を要して 6 年生を修了した者および 11 年を要して 9 年生を修了した者を、それぞれ 1 人ずつ確認することができた。

同年代のホンジュラス地方都市の女子の場合、6 年生を修了できた者は 51.1%、さらに 6 年生をストレートで修了した者は 31.0% であったことを考えると、ホンジュラスのデータよりもエルサルバドルにおけるこの対象校の卒業者の割合は低いことが確認できる。

表 1　在籍状況

	1年生	2年生	3年生	4年生	5年生	6年生	7年生	8年生	9年生	6年生修了	9年生修了
1年目	866										
2年目	122	527									
3年目	11	142	371								
4年目	3	21	126	304							
5年目	1	2	21	109	256						
6年目		1	4	19	94	212				207(23.9%)	
7年目			1	4	14	79	75			78(9.0%)	
8年目				1	3	11	17	64		10(1.2%)	
9年目					1	2	2	14	52	2(0.2%)	52(6.0%)
10年目						1		1	13	1(0.1%)	13(1.5%)
11年目									1	0(0%)	1(0.1%)
									合計	298(34.4%)	66(7.6%)

出所：データ分析結果をもとに、著者作成。

次に、修学軌跡をパターンで捉えることにより修学実態を観察する。修学パターンの見方は、各数字が学年を表し、数字の後のアルファベットが進級可否の評価を表している（表 2）。パターンについては、全部で 128 通りを確認し、そのうち 10 人以上が該当するパターンは 14 通り、72 通りのパターンは 1 人のみのケースであった。最も多く見られた修学パターンは、入学初年度 1 年生合格後の退学（1P）であり、次いで留年のないストレートでの 6 年生修了（1P2P3P4P5P6P）であった。これら最頻出の 2 つのパターンに加えて、2 年生合格後の退学、1 年生留年後の退学の 4

つのパターンで全体の 46.5％を占める。留年することなくストレートでの
9 年生修了（1P2P3P4P5P6P7P8P9P）は続く 5 番目に見られるが、その割
合は全体の 6.0％に過ぎない。

このように、女子の修学状況を在籍状況と修学パターンで観察した結果、
就学後低学年で修学を辞めてしまうか、課程修了まで続けるか、この相反
する修学実態を確認することができた。ホンジュラスを対象にした分析に
おいて Sekiya（2014）が指摘しているように、このような二極化に近い
状態では、単純に平均した留年率や退学率、修了年数などで教育の内部効
率性を判断することは適切ではない。

表 2　修学パターン頻出順位

順位	修学パターン	児童生徒数	登録年数	％
1	1P	129	1	14.9
2	1P2P3P4P5P6P	127	6	14.7
3	1P2P	81	2	9.4
4	1R	65	1	7.5
5	1P2P3P4P5P6P7P8P9P	52	9	6.0
6	1P2P3P	37	3	4.3
7	1R1P2P3P4P5P6P	33	7	3.8
8	1P2P3P4P	32	4	3.7
9	1P2P3P4P5P	29	5	3.3
10	1P2R	23	2	2.7
合計	128 パターン	866		

注：パターンにおける P は合格、R は不合格（留年）を表す。
出所：データ分析結果をもとに、著者作成。

卒業パターン――どのようにして卒業に至ったのか

次に卒業のパターンに着目し、いかにして初等教育課程または前期中等
教育課程修了に至ったのか検討を行う。初等教育課程および前期中等教育
課程修了の修学パターン順位を見ると（表 3）、最頻出のパターンは留年
のないストレートでの 6 年生修了（1P2P3P4P5P6P）、次いでストレート

での9年生修了（1P2P3P4P5P6P7P8P9P）、頻出3位には一度1年生で留年を経験したのち、ストレートで6年生を修了したパターン（11.1%）が確認できた。この3つの卒業パターンが、修了者全体の71.5%を占める。その中でも、初等教育あるいは前期中等教育課程修了者の60.4%が、一度も留年を経験せずにストレートで進級し続け卒業に至る、理想的な修学パターンを示していた。

表3 卒業パターン頻出順位

順位	卒業パターン	児童生徒数	登録年数	%
1	1P2P3P4P5P6P	128	6	43.0
2	1P2P3P4P5P6P7P8P9P	52	9	17.4
3	1R1P2P3P4P5P6P	33	7	11.1
4	1P2P3P4P5P6P7P8P	10	8	3.4
4	1P2R2P3P4P5P6P	10	7	3.4
6	1P2P3P4P5P6P7P	9	7	3.0
7	1R1P2P3P4P5P6P7P8P9P	6	10	2.0
8	1P2P3R3P4P5P6P	5	7	1.7
合計	43パターン	298		

注：パターンにおけるPは合格、Rは不合格（留年）を表す。
出所：データ分析結果をもとに、著者作成。

第3節　少女たちはいつ留年し、退学してしまったのか

　教育の内部効率性について検討する際、留年や退学は欠かせない視点である。ラテンアメリカにおいて、留年や退学に関する研究は長年研究者の間でさまざまになされ（Randall & Anderson, 1999; Marshall, 2003; Cardoso & Verner, 2007）、そして、数多くの研究報告が、子どもたちは留年を繰り返すことにより退学に至ると指摘してきた（McGinn, Reimers, Loera, Soto, & López, 1992; Alexander, Entwisle, & Dauber, 1994）。これらの議論を踏まえて、Sekiya and Ashida（2017）がホンジュラス地方都

市を対象に退学に至る修学パターンの分析を行った結果、退学者には留年経験者が多く含まれるものの、留年せず突如退学してしまう多数の子どもたちの存在が明らかになった。そこで、本分析においても留年と退学に着目し、退学パターンおよび修了学年別に見た頻出修学パターンから検討を進める。

退学パターン

　まず、初等教育課程非修了者の退学パターンについて見ると（表4）、最頻出のパターンは1年生合格後の退学（1P）、次いで2年生合格後の退学（1P2P）であった。これらは非修了者全体の36.9％を占める。留年を含む退学パターンが見られるのは頻出3位からであるが、非修了者全体の11.5％に過ぎない。それ以降に留年を含むパターンが確認できるのは、頻出7位（4.1％）、8位（同率8位のため、それぞれ2.3％）、10位（1.9％）である。また、留年の発生時期は、1年あるいは2年時の低学年であることが分かる。

　前期中等教育課程非修了者の退学パターンでは、最頻出のパターンは8年生合格後の退学（37.0％）、次いで7年生合格後の退学（33.3％）であった。留年を含む退学のパターンが見られるのは頻出3位からであるが、これは非修了者全体の3.7％に過ぎない。これらの結果から、直前の留年経験が引き金になって退学したと見られるケースは、初等教育段階および前期中等教育段階のどちらを見ても、頻出上位2位までのパターンには確認できなかった。

　今回、分析対象とした子どもたちが対象校を去ったその後についての個別の追跡調査は実施していない。そのため、本分析はあくまでも対象校内での修学軌跡を分析したものであり、1年生合格後の退学（1P）あるいは2年生合格後の退学（1P2P）のような、合格の評価ののちに対象校を去ったパターンの子どもたちについては、他校へ転校した可能性も考えられる。しかしながら、教員とのインタビューによれば、対象校の所在する地域には対象校に代わるような通学可能な学校は近隣になく、転居等をしていない場合には他校へ就学した可能性は低い。また、今回の分析対象者の中に

は、成績一覧表に転校の記載のあった児童生徒は見られなかった。[3]

表4　課程別非修了者の退学パターン

順位	初等教育退学パターン	児童数	留年回数	%	順位	前期中等教育退学パターン	生徒数	登録年数	%
1	1P	129	0	22.8	1	1P2P3P4P5P6P7P8P	10	8	37.0
2	1P2P	80	0	14.1	2	1P2P3P4P5P6P7P	9	7	33.3
3	**1R**	65	0	11.5	3	1P2P3P4P5P6P7P8R	2	8	3.7
4	1P2P3P	38	0	6.7	3	1P2P3P4P5P6P7P7P	1	8	3.7
5	1P2P3P4P	32	0	5.6	3	1P2P3P4P5P6P7R	1	7	3.7
6	1P2P3P4P5P	29	0	5.1	3	1P2P3R3P4P5P6P7P8P	1	9	3.7
7	1P**2R**	23	1	4.1	3	1P**2R**2P3P4P5P6P7P	1	8	3.7
8	**1R**1P	13	1	2.3	3	**1R**1P2P3P4P5P6P7R	1	8	3.7
8	**1R1R**	13	2	2.3	3	**1R**1P2P**2R**2P3P4P5P6P7R	1	9	3.7
10	1P2P3R	11	1	1.9					
合計	86パターン	567			合計	9パターン	27		

注：パターンにおけるPは合格、Rは不合格（留年）を表す。
　　留年を含むパターンには網掛けがなされている。
　　また、1年および2年時の留年には下線がなされている。
出所：データ分析結果をもとに、著者作成。

修了学年別に見た、頻出修学パターン

　次に、頻出修学パターンを子どもたちが修了できた学年別に分類し、各学年における留年の発生状況をより詳細に観察した（表5）。その結果、1学年未修了、つまり修了学年が0（ゼロ）学年の場合、最頻出のパターンは1年生不合格後の退学(1R)であった。1学年修了の場合の最頻出パターンは、1年生合格後の退学（1P）であり、続く2学年修了から9学年修了まで同様に、いずれも最頻出のパターンは留年せずに進級し続けたのちに突如中途退学したパターンであった。0学年修了を除く修了学年の最頻出パターンに留年経験は含まれていない。また、0学年修了を除いて、留年が含まれているパターンはそれぞれの修了学年における頻出2位以降のパ

3　年度途中に転校した場合には、成績一覧表にその旨の記載がなされる。

表5　修了学年別頻出修学パターン

修了学年	パターン	児童生徒数	留年回数
0学年	1R	65	1
	1R1R	13	2
	1R1R1R	2	3
1学年	1P	129	0
	1P2R	25	1
	1R1P	14	1
	1R1P2R	6	2
2学年	1P2P	85	0
	1P2P3R	12	1
	1R1P2P	7	1
3学年	1P2P3P	42	0
	1P2P3P4R	10	1
	1R1P2P3P	5	1
4学年	1P2P3P4P	34	0
	1P2P3P4P5R	9	1
	1R1P2P3P4P	5	1
5学年	1P2P3P4P5P	32	0
	1P2P3P4P5P6R	4	1
	1R1P2P3P4P5P	3	1
6学年	1P2P3P4P5P6P	136	0
	1R1P2P3P4P5P6P	34	1
	1P2R2P3P4P5P6P	10	1
	1P2P3R3P4P5P6P	5	3
7学年	1P2P3P4P5P6P7P	9	0
	1P2P3P4P5P6P7P8R	2	1
8学年	1P2P3P4P5P6P7P8P	10	0
	1P2P3R3P4P5P6P7P8P	1	1
9学年	1P2P3P4P5P6P7P8P9P	54	0
	1R1P2P3P4P5P6P7P8P9P	6	1
	1P2R2P3P4P5P6P7P8P9P	3	1

注：パターンにおけるPは合格、Rは不合格（留年）を表す。
出所：データ分析結果をもとに、著者作成。

ターンであり、その留年回数は1回程度である。つまり、ホンジュラス地方都市を対象とした分析で明らかになった修学実態と同様、留年せずとも、修学を辞める際はいきなり退学していることが分かる。

　ここまでの分析で明らかなのは、同年代のホンジュラス地方都市の女子の修学実態と比べて、エルサルバドルを対象とした今回の分析結果では、修学状況が全体的に好ましくないということである。一般的に、ホンジュラスとエルサルバドルの2カ国を比較した場合、エルサルバドルの方が修学状況は良いと報告されてきた。EFA目標の達成状況を表す指標であるEFA開発指数[4]のスコアを見ても、ホンジュラスは0.870であるのに対し、エルサルバドルは0.909と報告されている（UNESCO, 2015）。次節では、エルサルバドル学籍簿データの特性と社会背景の観点から、この点についての検討を行う。

第4節　エルサルバドル学籍簿データの特性と修学当時の社会背景

エルサルバドル学籍簿データの特性

　今回の分析に使用したデータは、ホンジュラス地方都市を対象とし学籍登録簿および成績一覧表から構築したデータとは異なり、対象校保管の学年末成績一覧表のみでデータベースを構築したものである。ホンジュラスと同様、エルサルバドルにおいても、学校年度の始まりには保護者による学校への通学登録が行われ、学籍登録簿は作成されている。しかしながら、本研究によるデータ収集時点の2014年において、学籍登録簿を保管

　4　EFA開発指数（Education for All Development Index: EDI）とは、EFAによって定められた目標のうち、調整後初等教育純就学率（Primary adjusted net enrolment ratio）、成人識字率（Adult literacy rate）、ジェンダーEFA指数（Gender-specific EFA index）、第5学年までの残存率（Survival rate to grade 5）、の4つの指標から算出される各国のEFA目標の達成度を示す指標。ただし、4つの指標に関するデータが揃っている国のみ算出が可能となるため、教育システムの整っていない開発途上国においては、算出に必要なデータを揃えることは容易ではない。EFAモニタリングレポート2015に用いられた2012年のデータは113カ国のみであった。

しておかなければならないとする法的なルールはなく、保管は学校の裁量次第であった。成績一覧表自体も、一定期間の保管の後は特段の決まりはない。この学籍登録簿がない場合には、最も望ましくない修学実態である、一度入学したにもかかわらず、1年間通学できずに途中で退学してしまったパターン（1D）を押さえることができない。つまり、今回のエルサルバドルの対象校の分析結果には、この最も望ましくない修学パターン（1D）が含まれていない。

それにもかかわらず、今回の分析結果はホンジュラス地方都市を対象とした分析結果より芳しくない結果であったことから、今回の対象校はとくに修学状況に問題を抱えていた学校だったのではないかと推察される。

不安定な国内事情、エルサルバドル内戦

分析対象とした子どもたちは1986年から1994年度の入学生であり、この入学年代グループの一部が在学していた時期は1986年から2002年にあたる。その当時の社会背景を考慮すると、エルサルバドル内戦（1980-1992年）が生じていた。Lai and Thyne（2007）は1980年から1997年の間に内戦を経験した国々のデータを用いて、内戦時と内戦後における教育支出と就学状況を考察した。その結果、内戦は軍事費の増大により教育支出の削減をもたらし、それが子どもたちの就学の減少に繋がることを指摘した。また、教育支出の削減は内戦後にまで悪影響を及ぼし、教育システムの破壊を引き起こしやすいとも述べている。さらに、Gómez（2012）は、コロンビアを対象に内戦が高校生の学業達成にもたらした影響を分析した結果、内戦による影響は数学と国語の得点を下げ得ることを報告している。加えて、内戦が子どもたちの就学年数にもたらす影響についてペルーを対象に分析したLeón（2012）は、成人するまでの就学年数が平均して0.31年短くなることを、グアテマラにおいてはChamarbagwala and Morán（2011）が、男子の平均就学年数は4.66年、女子の場合には3.83年であり、とくに女子の就学年数が短くなることを指摘している。

本分析対象校の教員とのインタビューによれば、対象校は内戦による学校施設の破壊等の直接的な被害は受けていない。また、先述した住民

参加型学校運営（EDUCO）が採用されていた学校にも該当しない。しかしながら、先述した先行文献に加えて、EFA グローバルモニタリングレポートは、武力紛争がとくに女子の中等教育への就学を妨げている現状（UNESCO, 2011）を報告している。本研究の対象校にとって、たとえ影響が直接的でなくとも、この当時の社会状況が女子の修学実態に間接的に影響を与えた可能性は否定できない。

第5節　おわりに

　本章では、エルサルバドル地方都市の基礎教育学校における修学記録を用いて、内戦時およびその直後に就学していた女子児童および生徒に着目し、個々の修学実態を明らかにすることを試みた。その結果、在籍状況と修学パターンの分析から、低学年で修学を辞めてしまうか、課程修了まで続けるか、この相反する修学実態を確認することができた。次に、退学パターンの分析では、留年を含むパターンは初等教育非修了のパターンの頻出上位2位までに含まれておらず、3位で初めて確認できるが全体の11.5％に過ぎない。そして、初等教育課程および前期中等教育課程の双方において、直前の留年経験が引き金になって退学したと見られるケースは、頻出パターンの上位には確認されなかった。修了学年別に見た頻出修学パターンにおいても、0学年修了を除く修了学年の最頻出パターンに留年経験は含まれておらず、留年せずともいきなり修学を辞めてしまう子どもたちの修学実態が明らかになった。これらの分析結果は、ホンジュラスで見られた分析結果（Sekiya, 2014）とも似た様相を示す。

　本分析を通して、内戦時およびその直後において学校に就学した女子が抱えていた課題として明らかになったのは、1年生合格後の退学、1年生あるいは2年生の低学年時での留年である。エルサルバドルは内戦終了後、基礎教育重視の政策を採用しさまざまに国際援助も入ったことから、教育統計を見ると2014年の初等教育段階における修了率は88.4％にまで改善し、女子のみの場合には90.3％にまで到達した。また、前期中等教育段階における修了率は72.5％、女子のみの場合には73.2％と集計されてい

る (UNESCO Institute for Statistics, 2018)。これらの改善状況を踏まえて、今後は個々の子どもたちの修学実態を明らかにすることが可能なこの縦断的研究手法を用いて、内戦後一定期間ののちに就学した子どもたちの修学実態についての分析を進める。Ashida（2018）がホンジュラスを対象に実施したように、修学状況を年代グループに分け比較することで、単なる就学年数の比較に留まらずミクロのレベルでいかなる変化がもたらされ、現在の教育状況の改善にまで到達したのか、個別の教育政策とのつきあわせを行い明らかにすることを、今後の課題としたい。

［参考文献］

Alexander, K. L., Entwisle, D. R., & Dauber, S. L. (1994). *On the Success of Failure: A reassessment of the effects of retention in the primary grades*. New York: Cambridge University Press.

Ashida, A. (2015). Study of factors preventing children from enrolment in primary school in the Republic of Honduras: Analysis using structural equation modelling, *Education 3-13: International Journal of Primary, Elementary and Early Years Education, 43* (5), 579-594.

Ashida, A. (2018). *The Actual Effect on Enrollment of "Education for All": Analysis Using Longitudinal Individual Data*. Japan: Union Press.

Ashida, A., & Sekiya, T. (2016). Changes in the repetition and dropout situation in Honduran primary education since the late 1980s, *Education 3-13: International Journal of Primary, Elementary and Early Years Education, 44* (4), 458-477.

Cardoso, A. R., & Verner, D. (2007). School drop-out and push-out factors in Brazil: The role of early parenthood, child labor, and poverty. *Policy Research Working Paper, No. 4178*. Washington, DC: World Bank.

Chamarbagwala, R., & Morán, H. E. (2011). The human capital consequences of civil war: Evidence from Guatemala. *Journal of Development Economics, 94*, 41-61.

Dabalen, A., & Paul, S. (2012). Estimating the causal effects of conflict on education in Cote d'Ivoire, *World Bank Policy Research Working Paper (6077)*.

Edwards Jr., D. B., Victoria, J. A., & Martin, P. (2015). The geometry of policy implementation: Lessons from the political economy of three education reforms in El Salvador during 1990–2005. *Intetnational Journal of Educational Development, 44,* 28–41.

Gómez, S. C. (2012). Educational achievement at schools: Assessing the effect of the civil conflict using a pseudo-panel of schools. *Intetnational Journal of Educational Development, 49,* 91–106.

Justino, P. (2016). Supply and demand restrictions to education in conflict-affected countries: New research and future agendas. *Intetnational Journal of Educational Development, 47,* 76–85.

Lai, B., & Thyne, C. (2007). The effect of civil war on education, 1980–97. *Journal of Peace Research, 44* (3), 277–292.

León, G. (2012). Civil conflict and human capital accumulation: the long-term effects of political violence in Perú. *Journal of Human Resources, 47* (4), 991–1023.

Marshall, J. H. (2003). Grade repetition in Honduran primary schools. *Intetnational Journal of Educational Development, 23* (6), 591–605.

McGinn, N., Reimers, F., Loera, A., Soto, M., & López, S. (1992). Why do children repeat grades? A study of rural primary schools in Honduras. *Bridges Research Report Series No.13.* Cambridge, MA: Harvard Institute for International Development.

Randall. L., & Anderson, J. B. (1999). S*chooling for Success: Preventing repetition and dropout in Latin American primary schools.* New York: M.E. Sharpe.

Sekiya, T. (2014). Individual patterns of enrolment in primary schools in the republic of Honduras. *Education 3-13: International Journal of Primary, Elementary and Early Years Education, 42* (5), 460–474.

Sekiya, T., & Ashida, A. (2017). An Analysis of Primary School Dropout Patterns in Honduras. *Journal of Latinos and Education, 16* (1), 65–73.

Shemyakina, O. (2012). The effect of armed conflict on accumulation of schooling: Results from Tajikistan. *Journal of Development Economics, 95,* 186–200.

Understanding Children's Work. (2015). Evolution of the relationship between child labour and education since 2000: Evidence form 19 developing countries. *Background paper prepared for the Education for All*

Global Monitoring Report 2015.

United Nations Development Programme (UNDP). (2016). *Human Development Report 2016: Human Development for Everyone.* New York, USA: UNDP.

United Nations Educational, Scientific and Cultural Organization (UNESCO). (2008). *Overcoming inequality : Why governance matters. Education for All Global Monitoring Report 2009.* Paris, France: UNESCO.

UNESCO. (2011). *The hidden crisis: Armed conflict and education. Education for All Global Monitoring Report 2011.* Paris, France: UNESCO.

UNESCO. (2015). *Education for All 2000-2015: Achievements and challenges. Education for All Global Monitoring Report 2015. Regional Overview: Latin America and the Caribbean.* Paris, France: UNESCO.

UNESCO Santiago. (2014). *Latin America and the Caribbean Education for All 2015 Regional Review.* Santiago, Chile: UNESCO.

UNESCO Institute for Statistics (UIS). (2018). UIS.Stat, completion rate, primary and lower secondary, both sexes and female. Retrieved March 15, 2018, from http://data.uis.unesco.org

外務省, 2017,「エルサルバドル共和国」,（2017 年 12 月 17 日取得, http://www. mofa.go.jp/mofaj/area/elsalvador/index.html）.

国際協力事業団, 1994,『エル・サルヴァドル共和国初等・中等学校建設計画事前調査　報告書』国際協力事業団.

細野昭雄, 2010,「第 13 章 内戦・災害からの復興」細野昭雄・田中高編『エルサルバドルを知るための 55 章』明石書店, 80-83.

第3章

BOLIVIA

ボリビア多民族国における児童の転校要因とその特性

石坂 広樹

❖ はじめに

2006～2017年
エボ・モラレス政権

変化のプロセス
(Proceso de cambio)

教育政策については、まずは教育基本法の改定に着手！

Ley1565 → Ley070

教育基本法 Ley070

教育とは……
- 参加型
- 非植民地的
- 地域に根差すもの

重要な教育的価値観
- 内文化性
- 間文化性
- 複言語主義

モラレス政権下における教育政策

新しい教育モデルの採用

「**地域社会・生産・教育モデル（MESCP）**」

地域に根差した教育や伝統文化を取り上げた教育を重視。

- 言語教育
- カリキュラム
- 現職教員研修プログラム
- 社会生産的プロジェクト
- 教師教育システム

教育における評価方法

定量的評価
4つの観点より評価

1) 価値・態度
2) 知識
3) 知識の活用
4) 社会的生産の企画・実施

❖ 調査概要

対象地域：首都ラパス、第三都市コチャバンバ

1) 定性的評価の制度が導入される前の退学・留年の動向、さらに、転校というボリビアの特徴的な現象について統計的に分析する。

2) ボリビアの大きな特徴の一つである「転校」に着目し、転校（ないし転入）した児童の保護者へのインタビュー調査の結果について解説する。

データ1：文献調査

データ2：インタビュー調査

第3章　ボリビア多民族国における児童の転校要因とその特性　81

❖ 児童の入退学等の推移

頻度の高い進級パターン

類型	ケース数	
1P2P3P4P5P	161	
3P4P5P	36	
5P	29	無事に5年生で卒業するケース
2P3P4P5P	28	
4P5P	25	
1P2T	23	
1P2P3T	20	
1P2P3P4P5T	13	
1D	10	
1P2P3P4T	9	途中で転校・退学するケース
1P2D	9	
3D	9	
5D	9	
2D	7	

注：P：進級（卒業）、R：留年、D：退学、T：転校ないし不明

最頻出のパターンは、
ストレートで卒業するケースである。

退学・転校する人数近く毎年編入学があり、在校生全体の3割以上を占めている。

→ボリビアでは転校する子どもが多い。

1995年入学者の留年パターン

	1995年						
年数	1	2	3	4	5	6	7
留年者1	R	T					
留年者2	R	P	P	R	R	T	
留年者3	R	P	P	P	P		
留年者4	P	P	P	R	P	P	
留年者5	P	P	P	P	P		
留年者6	P	P	R	P	P		
留年者7					R	P	
留年者8	P	P	P	P	P		
留年者9	P	P	P	P	R	T	
留年者10	P	R	R	P	T		
留年者11	P	R	P	P	P	R	D

・入学（編入学）初年度が留年となるとその後学校を転校ないし不明となる可能性が高い。

・留年を2年経験すると転校ないし不明となる可能性が高まる。

・留年・転校ないし不明は全学年で発生し得る。

❖ 転校児童の追跡調査

転校児童の進級パターン

No.	登録年	幼稚園	小学校	中学校
1	2010	2P	1P2P3P4D4P5P6E	
2	2009		1P2P3P4P5P6P	1D1P2E
3	2010	2P	1P2D2P3P4P5P6P	
4	2010	1P2P	1P2P3P4P5P6E	
5	2011		1D1P2P3P4P5P6P	1E
10	2010		1P2P3P4P5P6P	1P2E
11	2009		1P2P3P4P5P6	1P2P3E
15	2012	1P2P	1P2P3P4E4E	
16	2012	1P2P	1P2P3P4E	
17	2008	2D	1P2P3P4P5P6P	1P2P3E
18	2012	2P	1P2P3P4P5E	
19	2010	1P2P	1P2P3P4P5E	
24	2011	1P2D2P	1P2P3D3D4D4P5E	
28	2007	2P	1D1P2P3P4P5P6P	1P2P3P4E

注：P：進級（卒業）　D：退学　E：在学中　文字の太さの変化：転校

転校は1回で終わるケースの方が少なく、小学校就学時に限った場合でも2回以上の転校を経験する児童が多い。転校回数の平均値は2.9回である。
同じ学校に出戻るケースも全体の半分を占めており、転校の事情がなくなったり、変化することで、児童と家族が臨機応変な対応を取っていることが推測できる。

転校理由の種類

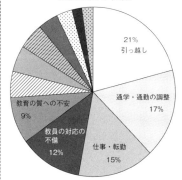

21% 引っ越し
17% 通学・通勤の調整
15% 仕事・転勤
12% 教員の対応の不備
9% 教育の質への不安

児童の転校は、多種多様である。
退学を伴ったり、回数が複数回に及ぶケースが多い。
保護者の仕事や転勤による引っ越しか、あるいは、学校内での教育内容や生活面での問題が主な理由となって起きている。

82

第1節　はじめに

　ボリビア多民族国（以下、ボリビア）では、21世紀に入り、国民の多くがこれまでの伝統的な自由主義的政策・政権運営に失望し、先住民（Indigena）によるガバナンスへの渇仰が強くなる中、先住民出身のエボ・モラレスが政治の表舞台に登場し、ついには2006年に大統領に就任するにまで至った。これが、ボリビアの非常に大きな、政治的・社会的・教育的なターニングポイントになったことは否定できない。モラレス大統領は、自らの政権を「変化のプロセス（Proceso de cambio）」と銘打ち、資源の国有化・公社化、新憲法の制定など、国の重要な政治的事項を国民投票に訴える形で、次々と決断し、その具現化に取り組んできた。

　その結果、モラレス大統領は、支持率が下がることはあるものの安定的な政権運営を行い、大統領を2期務めあげ、3期目に入っている。[1]憲法および選挙法ではこれ以上の再任が許されていなかったため、2016年に国民投票によって再任すべきとの結論を得ることをモラレス大統領は目指していたが、この国民投票で、国民からNOを突き付けられていた。しかし、政権与党である左派の「社会主義運動（Movimiento Al Socialismo: MAS）は、再選を禁じる憲法および選挙法の条項の「違憲性」について憲法裁判所にその判断を仰ぎ、2017年11月についに同裁判所によって、「政治に参加する権利（Derecho político）」を侵害しており、違憲性があるとの判断が出され、モラレス大統領の次期大統領選への出馬が実質的に可能となっている。いずれにしても2006年から2017年（執筆当時）まで10年以上に及ぶ長期政権下にあり、教育政策についても安定的な実施が図られていることは容易に想像することができるだろう。

　モラレス大統領は、第一次政権において、フェリックス・パティを教育大臣に任命した。パティは、まず、教育基本法の改正に着手した。全国規模で教育関係者・ステークホルダーを招集した国民会議を開催し、

　1　正確には、現行憲法（2009年に改訂）では再選は2回まで認めていたが、モラレス大統領は改正前の憲法上で大統領に初めて当選したため、1回目の就任はこれに数えなかった。よって3期目が可能となっている。

これまでの教育基本法である「Ley 1565 de Reforma Educativa（以下、Ley1565）」に代わる新しい基本法の骨格となる内容について議論した。パティはもともと、Ley1565 については非常に批判的であり、植民地的覇権やネオリベラリズムをもたらす教育を推進するものであると見ていた（Patzi, 1999; Howard, 2009; Lopes, 2015）。国民会議での議論の末できたのが、2010 年に制定された教育基本法「Ley de 070 de la Educación "Avelino Siñani-Elizardo Pérez"（以下、Ley070）」である。次節では、モラレス政権下での教育政策の内容について解説していくこととするが、解説するにあたっては、文献資料だけではなく、2016 年から2017 年にかけて実施したインタビュー調査の結果も交えることとする。なお、その他関連するインタビューも含めると対象者は以下の通りである。

(1) 教育省初等教育局職員 A、計 1 人
(2) 小学校教員 B－K、計 10 人（ラパス・コチャバンバ県内勤務）
(3) 転校した児童の保護者・親戚、計 28 人（ラパス県内の小学校 1 校の在籍歴）

第 2 節　エボ・モラレス政権による Ley 070 政策

Ley070（第 1 条第 5 項・第 9 項）では、教育は、参加型（Participativa）で、地域に根差し（Comunitaria）、非植民地的（Descolonizadora）であるべきとしつつ、重要な教育的価値観として、内文化性（Intraculturalidad）、間文化性[2]（Interculturalidad）、複言語主義（Plurilingüismo）が掲げられている（Ministerio de Educación, 2010）。このことは 2009 年に改訂された現行憲法でも明記されている（第 30 条第 2 項、第 78 条第 1 項・第 2 項）。非植民地的ないし非植民地化（descolonización）とは、本来的には、内文化性、間文化性、複言語主義を推進し、他国との平和的関係を築きつつも、自国やボリビアで生きる多様な民族の伝統文化を公平に取り

2　内文化性とは、ボリビアにある多様な民族が個々において、自らの伝統文化を見つめ、その回復・活性化を図ることを意味し、間文化性とは、各民族（他国も含め）の間において文化交流を図ることを意味している。複言語主義については、欧州評議

扱い、回復するという意味合いがある（Ministerio de Educación, 2014c）。
しかし、学校現場において教員の捉える非植民地化の意味は多種多様であり、本来的な意義とは異なり、外国文化の排斥という極端な理解をする教員も少なからずいることが分かっている（Ishizaka, 2017）。モラレス政権下で新しく作られた現職教員研修プログラム、「教員補完研修プログラム（Programa de Formación Complementaria para Maestras y Maestros en Ejercicio: PROFOCOM）」の教材においても、非植民地化の一つの取り組みとして、（明言はしていないが旧宗主国や欧米などの）知識注入型・教師主導の伝統的な教育手法やモデルを捨て、新しい教育モデルである「地域社会・生産・教育モデル（Modelo Educativo Sociocomunitario y Productivo: MESCP）を採用することを宣言している[3]（Ministerio de Educación, 2014a）。MESCP では、地域に根差した教育や伝統文化を取り上げた教育を重視しており、学校で行う教科教育も「社会生産的プロジェクト（Proyecto Socioproductivo: PSP）」という教育活動の枠組みに則り行うことが義務付けられている。PSP とは、1 年ないし 2 年で実現を目指す社会生産的な教育テーマの下に、地域ないし学校が保護者や地域住民と企画から実施に至るまで協働して取り組むプロジェクトのことであり、すべての教科教育の授業は PSP の教育テーマに繋がるように行わなければならないとされる。教科を越えた学習活動である点で、日本の総合的な学習に似ているが、PSP だけのための授業時間がないこと、すべての教

会言語政策局（2007）は「複言語主義は、本質的に複数性を持つ話者主体の概念や、言語的寛容性の基礎となる価値を構成する。言語に対する寛容性は間文化教育の主たる要素である」（p.19）と定義しており、地域において複数の言語が存在していることのみを表しがちな多文化主義や多言語主義と異なる意味合いを見出しているが、ボリビアの憲法・Ley070 などでの定義は必ずしも明らかになっていない。学校現場での取り組みを見る限り、各地域・学校がどの民族の言葉を学習するか決定しており、その意味では属人主義ではなく属地主義であり、欧州評議会言語政策局の定義で言えば、多言語主義に近いものと考えられる。

3　MESCP が批判する旧来の知識注入型・教師主導の伝統的な教育手法やモデルを、現代の旧宗主国や欧米で取る国はほとんどないと言える。また、MESCP では欧米由来の構成主義を批判し社会生産的教育こそが、本来の児童中心の教育、児童発の知識や技能の構築が可能だとし、欧米由来の構成主義では教科教育の枠組みを乗り越えた学習の形成はし得ないと主張している（Ministerio de Educación, 2014c）。

第 3 章　ボリビア多民族国における児童の転校要因とその特性　85

科教育が PSP のテーマに添う必要があることが、大きな相違点として挙げることができよう（Ministerio de Educación, 2014a）。多くの教員は何らかの形で PSP に関わっているが、実際の場面では、すべての教科教育で PSP の学習を行うことは困難であり、単発の催しとしての PSP 学習の成果発表会などに終始することも多いようである。地域住民・保護者のPSP への参加度合いに濃淡があったり、PSP に割く時間の不足などが課題として挙がっている（Ishizaka, 2017）。

　言語教育は、伝統文化や地域に根差した教育を目指す MESCP にとって非常に重要なテーマである。Ley070 でも、学校ではスペイン語と英語以外に母語を教えることが義務付けられ、どの母語を教えるのかは学校ごと地域ごとで、教員および地域住民・保護者が話し合って決めることになっている（第 7 条）。実際の学校現場では、どの学校においても母語教育が行われているが、地域や学校で選ばれた母語が教員の母語でないため一から勉強をしなければならないケースや、選ばれた母語が必ずしも地域に根差した母語でないケースがあり、母語の単語や歌を学習する程度に留まざるを得ないことが多いようである（Ishizaka, 2017）。

　Ley070 によって、教師教育のシステムも大幅に変更されている。教員養成は、これまで国立・私立の大学でも行われてきたが、同法成立後は「教員養成高等学校（Escuelas Superiores de Formación de Maestras y Maestros: ESFM）」でのみ可能となった[4]。ESFM は就学期間が 3 年から 5 年へと変更された。教員研修については、教育省の外局である「教員研修特別ユニット（Unidad Especializada de Formación Continua: UNEFCO）」が中心となって実施してきたが、同法成立後は、PROFOCOM の登場でUNEFCO の存在がやや埋没しつつある。PROFOCOM は、ESFM の就学期間が 5 年になったことや学士号（教員免許）の統一を図る必要性があったことから生まれた暫定的な教員研修制度であり、独自の施設も持っておらず、ESFM の施設を使用している（Ley070 付記規則第 5 番）。しかし、PROFOCOM では新しい教育モデルである MESCP の教員への浸透とい

　4　教職大学院も同法によって新たに設立されたが、これは、教育省管轄下にある教育大学（Universidad Pedagógica）でのみ開講できることになっている（第 39 条）。

う意図があり、そこで働く講師も MAS の党員が多いという政治的性格が色濃い。新しい学士号を PROFOCOM によってほとんどの教員が取得することができたのにもかかわらず、特別修士号を授与するなどの新しいプログラムが PROFOCOM で開始されつつある。教師教育におけるもう一つの課題として、新規教員採用の少なさが挙げられる。学校教員には定年が存在せず、理論的には働きたいだけ働けるようになっている。このため、新しい学士号を持つ教員が大幅に増えたこともあり、新規教員の採用枠が少なくなり、各地の教員養成校でいくつかのコースが一時閉鎖されるという事態も起きている。

　現代のボリビアの学校教育では、国定の教科書や検定を受けた教科書は存在しない。2006 年にモラレス政権が発足した際に、当時使われていた教科書については植民地イデオロギーの影響の可能性があるため使用が一旦禁止された。政権発足以降は学校教育で使えるものは「副教材」としての市販の参考書（教科書）か教員が開発した教材のみとされており、県や地域のみならず、学校、さらには各教員によって使用する副教材が異なることはもちろんのこと、教科書を用いないで授業をする教員も非常に多い。国定の教科書がないもう一つの理由としては、MESCP 自体が地域に根差した教育を目指しており、国で統一した教科書を用いるのではなく、地域、さらには学校ごとで自分たちのニーズにあったカリキュラムを設定しそれに合わせた教材を開発することが期待されていることもある。

　カリキュラムは、2013 年に策定されており、2017 年現在その改訂過程にあるとされる。同カリキュラムでは、新しい教育標準（評価基準[5]）として、①価値・態度（Ser）、②知識（Saber）、③知識の活用（Hacer）、④社会的生産の企画・実施（Decidir[6]）を、新しい教育プロセス（授業展開など）

　5　教育標準（評価基準）とは日本で言えば評価の観点がこれに相当し、①価値・態度、②知識、③知識の活用等は、非常に近似性のある観点であると言える。

　6　Decidir とはスペイン語で、「決める」が本来的な意味であるが、カリキュラム上では、「社会的生産の企画・実施」をこの教育標準の内容としており、ここでは読者の内容理解を促すため「決める」ではなく「社会的生産の企画・実施」を訳語とした。ここでの社会的生産とは、最終的には地域社会に貢献する活動や事柄を意味している。しかし、Decidir はあくまで子どもの教育評価の基準であることから、授業や学校で

の区分として、①実践・実生活（Práctica）、②知識の発見・理論化（Teoría）、③得られた知識の価値付け（Valoración）、④社会的生産（Producción）が採用されている。

　また、教育政策を含めあらゆる公共政策が「よりよく生きる（Vivir Bien）」ことを目指すものとされており、カリキュラムにも明記されている。①価値・態度、②知識、③知識の活用、④社会的生産の企画・実施などの教育標準もこの「よりよく生きる」ために必要な教育活動が実施されているのかについて最終的・究極的に評価するために活用されることとなっている。しかし、この遠大な目標「よりよく生きる」から教育政策や教育活動がどう再分化して企画実施されるのかについては、必ずしも明らかになっていない（Ministerio de Educación, 2014a, 2014b, 2014c）。

第3節　児童の入退学等の推移

　以上の通り、2006年のモラレス政権樹立以降、大きな変革の波に教育界全体、とりわけ学校で何を教えるのかについて劇的な変化が生まれ、学校現場にいる教員も児童生徒もその影響から逃れることはできなかった。他方、児童生徒の入退学については、モラレス政権以前の段階において、正確には2001年から定性的評価が導入され[7]、実質的には留年が激減した。そののち、2005年頃から定量的評価が再導入されたが、留年のいないクラスや学年なども見られるようになっている。モラレス政権樹立以降でも定量的評価は踏襲されているが、上述の評価標準ごとで点数化ないし順位尺度化して各教科の成績がつけられている。つまり、テストによって評価できる単なる知識（モラレス政権下の評価標準で言えば「②知識」）だけでなく、①価値・態度、③知識の活用、④社会的生産の企画・実施など

の「③知識の活用」から学校外・家庭・地域での知識の活用にまで目を向けて何らかの活動を計画する（考える）ことでも十分であると教育省の初等教育局職員Aはインタビュー調査で答えている。

　7　学校によっては、2001年ではない年度から導入したり、2005年以前にすでに定量的評価に戻したりと多少のずれが散見されている。

何らかの定性的な観点が用いられており、仮に②知識に問題のある児童であっても、①③④で評価点を持ち直すことができる（図1）。このことから、児童の総合的な評価点は高くなる傾向にあり、留年する児童が少なくなっていることが容易に想像できよう。

他方、②知識や③知識の活用についてはテストやノートでの評価が比較的容易であるが、①価値・態度については教科の授業や提出物のどの側面を評価するのか曖昧であり、④社会的生産の企画・実施に至っては、教科教育の枠を大きく超えることから、教員の多くがどう評価するのかについて困っているようである（教員B－Kへのインタビュー調査）。

本節ではまず、定性的評価の制度が導入される前の退学・留年の動向、さらに、転校というボリビアに特徴的な現象についても、統計的に分析していくこととする。

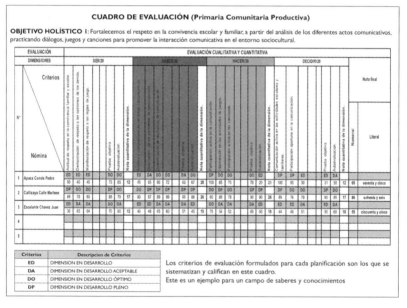

図1　成績表の例

出所：Ministerio de Educación（2014d, 48）

第3章　ボリビア多民族国における児童の転校要因とその特性　89

表 1　進級のさまざまなパターン（1992－2000 年）

年数	さまざまなパターン						
	1	2	3	4	5	6	7
児童 1	P	P	P	P	P		
児童 2	P	T					
児童 3	P	P	D				
児童 4	P	R	P	P	P	P	
児童 5		P	P	P	P		
児童 6		P	R	D			
児童 7				R	T		
児童 8	P	P	D		P	P	
児童 9	P	T		P	P		

注：P：進級（卒業）、R：留年、D：退学、T：転校ないし不明
出所：学籍簿データをもとに著者作成。

　本節では、1993 年から2000 年までの 2 つの学校に通う児童の進級のパ
ターンについて紹介していく。進級のパターンを抽出するにあたっては、
同 2 校の学籍簿を収集し縦断的に個々の児童の進級の推移の追跡を行っ
た。同 2 校（1–5 年生：N ＝ 556、N ＝ 472）はそれぞれ首都ラパス、第
3 都市コチャバンバの市街地に位置している。2000 年当時、5 年生が小学
校における最高学年であったため、就学年齢の児童が順調に進級すること
ができれば、5 年間で小学校を卒業することができる。表 1 は、進級のパ
ターンをいくつか取り上げたものである。P は、進級（卒業）、R は留年、
D は退学、T は転校ないし不明を表している。児童 1 はストレートに進級
し卒業したケースを表しており、児童 2 は 1 年生を無事に終えたものの転
校ないし不明となってしまったケースである。児童 3 は、2 年生までを無
事に終えたもののそのまま退学してしまったケース、児童 4 は、途中で留
年するものの 5 年生を無事に終え卒業したケース、児童 5 は、2 年生から
転入しそのまま無事に卒業したケースである。児童 6 以降についても上記
説明から理解できるものとしてここでは説明を省きたい。
　以上の進級のパターンの頻度にもとづきリスト化したものが、表 2 で

ある。たとえば「1P」とは、1年生を無事に終え進級が保証されたこと
を意味する。ただし、「1P2T」とは、1年生を無事に終えたものの、2年
生の段階で転校ないし不明となってしまったことを表している。一番
頻度の高かった進級のパターンはストレートで進級し卒業したケース
「1P2P3P4P5P」である。その他の上位の頻度の高いケースは、途中転入
した児童が無事に5年生を終え卒業したケースであることが分かる。次に、
無事に進級できるようになっていても退学や転校してしまったケースが多
く、とくに1年生か2年生まで進級し、2年生か3年生で転校ないし不明
となるケースが最も多かった。次いで、退学であるが、退学する場合は入
学ないし転入直後1年未満のケース、「1D」「2D」「3D」「5D」などが多い
ことが分かっている。

　他方、ケースの頻度は高くないものの、留年する児童のケースも散見さ
れている。1993年、1994年、1995年入学者のうち留年経験を持つ児童の

表 2　頻度の高い進級のパターン（1992－2000 年）

類型	ケース数	
1P2P3P4P5P	161	
3P4P5P	36	
5P	29	無事に 5 年生で卒業するケース
2P3P4P5P	28	
4P5P	25	
1P2T	23	
1P2P3T	20	
1P2P3P4P5T	13	
1D	10	
1P2P3P4T	9	途中で転校・退学するケース
1P2D	9	
3D	9	
5D	9	
2D	7	

注：P：進級（卒業）、R：留年、D：退学、T：転校ないし不明
出所：学籍簿データをもとに著者作成。

第3章　ボリビア多民族国における児童の転校要因とその特性　　91

表3　1993年・1994年・1995年入学者の留年パターン

年数	1993年						
	1	2	3	4	5	6	7
留年者1		P	P	R	P	P	
留年者2			R	T			
留年者3	P	P	R	P	R	P	P
留年者4	P	P	P	P	R	P	
留年者5	P	P	P	R	P	P	
留年者6	P	P	P	P	R	T	
留年者7	R	T					

年数	1994年						
	1	2	3	4	5	6	7
留年者1	P	R	P	P	P	P	
留年者2	P	R	P	P	P	P	
留年者3	P	P	R	R	P	P	P
留年者4			P	R	T		
留年者5	P	R	R	T			
留年者6	P	P	P	P	P	P	
留年者7		P	P	P	R	P	

年数	1995年						
	1	2	3	4	5	6	7
留年者1	R	T					
留年者2	R	P	P	R	R	T	
留年者3	R	P	P	P	P	P	
留年者4	P	P	P	R	P	P	
留年者5	P	P	P	P	R	P	
留年者6	P	P	R	P	P	P	
留年者7					R	P	
留年者8	P	P	P	P	R	P	
留年者9	P	P	P	P	R	T	
留年者10	P	R	R	P	T		
留年者11	P	R	P	P	P	R	D

出所：学籍簿データをもとに著者作成。

すべてのパターンをリスト化したものが表3である。特筆すべきは「RT」という留年した年の直後に転校ないし不明というパターンが多いことである。中には、「RRT」や「RRPT」というパターンも存在する。

しかし、注目すべきは、留年者のうち、「T」になっている児童のすべてが、そのまま学校に通わなくなったのではなく、正確な数を算出することは不可能なものの、他校に転入している可能性もかなりあるということである。この推測が成り立つのは、学籍簿調査の対象校2校への転入の多さであり、インタビュー調査での教員B-Kの証言である。たとえば、教員Dによれば、「本校に通わなくなった児童のほとんどは他校に転校しているようである。理由は千差万別だろうが、ボリビアの児童は転校を繰り返し、保護者・児童にとって納得のいく学校・都合の良い学校を探すのが慣習である」と語っている。図2の通り、転校・不明の人数は、留年や退学に比べて圧倒的に多い。また、留年や退学もほぼどの学年でも起きていることが分かる。

1年生の時から学校に入学した児童と途中から転入した児童（転入者）

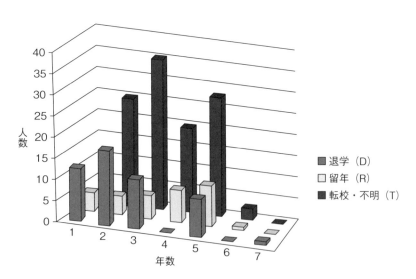

図2　1993-1995年入学者の留年・退学・転校ないし不明の人数の経年推移

出所：学籍簿データをもとに著者作成。

第3章 ボリビア多民族国における児童の転校要因とその特性　93

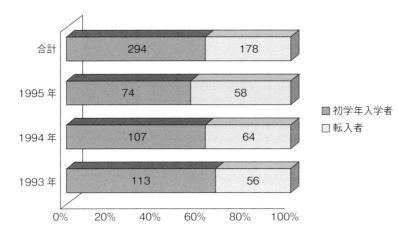

図3　1993-1995年入学者および対応する転入者との比率
出所：学籍簿データをもとに著者作成。

との割合を比較したものが、図3である。在校生に占める転入者の割合は、3割を超えている。

　以上の通り、ボリビアの進級パターンとしては、①就学した児童で一番多いのはストレートで卒業するケースである、②入学（編入学）初年度が留年となるとそののち学校を転校ないし不明となる可能性が高い、③留年を2年経験すると転校ないし不明となる可能性が高まる、④退学は低学年で比較的多い、⑤留年・転校ないし不明は全学年で発生し得る、⑥退学・転校する人数近く毎年編入学があり、在校生全体の3割以上を占めていることなどが学籍簿データから読み取ることができた。

第4節　転校児童の追跡調査

　前節で見てきた進級パターンの分析によれば、転校ないし不明の全体の就学児童に占める割合が3割以上となっていることから、ボリビアの大きな特徴の一つであると言えよう。中でも転校（ないし転入）については、学籍簿データだけでなく教員へのインタビューからもその多さが見て取れた。よって、本節では転校（ないし転入）した児童の保護者・親族へのイ

ンタビュー調査の結果について解説することとしたい。本件インタビュー調査では、上記学籍簿データの調査対象校であるラパスの小学校1校の28人の転校した児童の保護者・親族（祖父母・叔母など）を対象としている。[8]対象となる28人の転校児童の進級パターンは、早い者で2007年から、遅い者で2013年からの学籍簿データが追跡できている。そのうち、21人については幼稚園からの追跡、10人については中等学校までの追跡ができている。進級パターンは千差万別であり、パターンのグループ化をすることはできなかったため、例示すると表4の通りとなる。

　前出の表と異なり、転校ないし不明を表していたTは存在せず、文字の太さの変化がTを表すことで、パターン表示の簡略化を図っている。

表4　転校児童の進級パターン

No.	登録年	幼稚園	小学校	中学校
1	2010	2P	**1P2P3P4D4P5P6E**	
2	2009		1P**2P3P4P5**P6P	**1D**1P2E
3	2010	2P	**1P2D2P3P4P5P6E**	
4	2010	1P2P	1P**2P3P4P5P6E**	
5	2011		1D**1P2P3P4P5P6P**	1E
10	2010		1P2P3P4P5P**6P**	**1P2E**
11	2009		1P2P3P4P5P**6P**	1P2P3E
15	2012	1P**2P**	1P2P**3P4E4E**	
16	2012	1P2P	1P2P**3P4E**	
17	2008	2D	1P2P3P**4P5P6P**	**1P2P3E**
18	2012	2P	1P2P3P4P**5E**	
19	2010	1P**2P**	**1P2R2P3P4P5E**	
24	2011	1P**2D2P**	1P**2P3D3P4D4P5E**	
28	2007	2P	1D**1P2P3P4P5P6P**	**1P2P3P4E**

注：P：進級（卒業）　D：退学　E：在学中　文字の太さの変化：転校
出所：学籍簿データをもとに著者作成。

　8　28人の選定は、学校長が2008年以降の学籍簿上で確認できる転校（転入）した児童の家族と連絡を取り、インタビューの許可の取れた保護者ないし親族が選ばれた形となっており、部分的にランダムに行われたと言えよう。

第3章　ボリビア多民族国における児童の転校要因とその特性　95

　なお、E は在学を表しており、現在でも該当する学年に在籍していることを意味する。たとえば、1番目の児童の例では、幼稚園で他校に所属し、2年生を終えた後、インタビュー対象校の小学校に入学、3年生まで在籍し、4年生で転校するものの退学、再び対象校に再転入し現在6年生ということになる。2番目の児童については、小学校1年生・3年生・4年生の時は対象校に所属するものの、2年生・5年生・6年生ではそれぞれ異なる小学校に所属しており、中等学校に入学した後も、1年生の時退学し、他校に転入して2年生まで同校に所属していることが分かる。

　このように、表4で例示した児童のケースだけを見ただけでも各個ユニークな進級パターンを持っており、それぞれの経緯もまったく異なっている。パターンから読み取れることとして、表5に表したように、転校を経験したことによって、①ストレートで卒業できる児童が少なくなっており（29%）、②退学を経験する率が高くなっている（79%）可能性がある。また、表4の児童の進級パターンからも分かるように、転校は1回で終わるケースの方が少なく、小学校就学時に限った場合でも2回以上の転校を経験する児童が多く、転校回数の平均値も2.9回となっている。また、同じ学校に出戻るケースも全体の半分を占めており、転校の事情がなくなったり、変化することで、児童と家族が臨機応変な対策を取っていることが推測できる。

　具体的な転校理由は、1人の児童であっても複数あり、さらに複雑に絡み合っていたり、1回目と2回目の転校で理由が異なるケースも非常に多かった。転校理由の分析を行うにあたっては、インタビューデータの質的なコーディングを行い、12個に集約した（「その他」も含む）。転校理由（コード）の抽出にあたっては、1人の児童の保護者・親族の言質から複数個出てきている場合も換算し総数を算出した。この結果を表したのが図4であ

表5　インタビュー対象の転校児童の諸傾向

ストレートで卒業	退学歴	転校回数(回)	出戻り歴
29%	79%	2.9	50%

出所：学籍簿データをもとに著者作成。

る。転校理由として最も多かったのは、「引っ越し」(21％)であり、「通学・通勤の調整」(17％)、「仕事・転勤」(15％)が続く。「引っ越し」は、その多くが「仕事・転勤」によるものであり、他県に引っ越す場合はもちろんのこと、県内であっても、歩いて通学できなかったり、保護者の通勤と児童の通学が時間的・経済的に調整不可能な場合は、転校の引き金となることがインタビュー調査から分かっている。よって、これらの3つの理由は実際は重なり合うことが分かっており、転校理由の半分を占めている。その次に重要な理由として挙げられているのは、学校側に由来する理由であり、「教員の対応の不備」(12％)や「教育の質への不安」(9％)である。「教員の対応の不備」には、児童への指導が厳しすぎたり（悪口を言われたという保護者も複数いた）、児童の実情にあった指導をしてもらえないこと（学習障害への対応など）への不満が主なケースとして挙げられた。「教育の質への不安」としては、学校の教育方針や授業内容・教材などに不満があるケースがこれにあたる。その他では、「成績」(4％)についての不安・

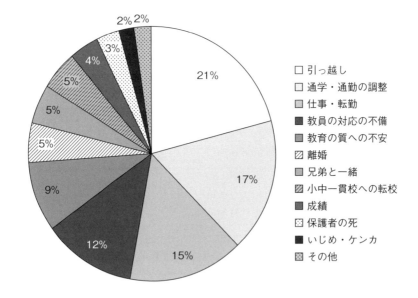

図4　転校理由の種類

出所：学籍簿データをもとに著者作成。

不満や「いじめ・ケンカ」(2%)も数は少ないものの、転校理由として挙がっている。また、他の兄弟（姉妹）が通っている学校に通わせることで時間的・経済的な効率化を意図する転校（5%）や、入学を予定する中等学校が小中一貫校である場合には、入学しやすくなるように小学校段階から（6年生から）入学させるという長期的な展望を持った保護者（5%）がいることも分かっている。

　以上のことから、児童の転校は、多種多様でありそのパターンの類型化は不可能であるが、退学を伴ったり、回数が複数回に及ぶケースが多いこと、また、保護者の仕事や転勤による引っ越しか、あるいは、学校内での教育内容や生活面での問題が主な理由となって起きていることが分かった。

第5節　今後の展望と課題

　モラレス政権下で新しい教育標準による成績評価が導入されることで、留年は減ったものの、退学・転校ないし不明などは依然数多く見られる。とはいえ、退学したまま小学校に戻らないケースが多いというよりは、（進級できたにもかかわらず）当校を退学して他校に転校し、そこで学び続ける児童が数多くいることも本件調査で分かった。さらに、転校は1回で終わるというよりも2回以上繰り返し、場合によってはもともと在学していた学校に再転入するということも珍しくないことも分かった。転校理由の主な理由も、保護者の仕事・転勤による引っ越し、さらに、教員側の対応の不備や教育の質への不安などが挙がっており、家庭的・社会的な課題だけでなく教育上の課題があることも見てとれた。

　他方、モラレス政権下で導入された新しい教育モデル MESCP は、教育内容の大幅な変更と強力な教員研修制度の導入を可能とした。これにより、教員は授業で使う教材（教科書も含む）の開発さえも自ら行い、地域や児童の現状やニーズにあった教育、伝統文化・母語に関する教育を実施する義務を負った。MESCP の学校現場での具現化は、まだ途上にあり、教員による試行錯誤の段階にあると言えるだろう。

以上、学籍簿データの分析、および、関連するインタビュー調査の結果分析から分かったことと、モラレス政権下の MESCP の実現との関係性に鑑み、今後のボリビアにおける教育課題を指摘するとすれば以下の点が挙げられるだろう。

①（退学も含め）転校の多さがもたらす教育の不連続性は、MESCP の実現・浸透を阻む要因となるだろう。なぜなら、MESCP は地域に根差した教育を志向していることから、転校を頻繁に繰り返す児童は転入する学校で、まったく異なる伝統文化・母語教育を享受し、学校ごとに異なる「社会生産的プロジェクト（PSP）」に慣れる必要が出てくるためである。

②上述と関連し、たとえば、算数、理科など系統性が重視される教科教育において、全国で統一された教科書や教材がない中で、個々の学校・教員が異なる内容の教科教育を行っていることから、転校により学びの連続性が壊されてしまっている可能性が高い[9]。

家庭的・社会的な課題（離婚、転勤・転職など）は、社会政策・経済政策による施策を待つしかないが、教育政策として取り得る方針としては、学校や教員に起因する転校を減らすこと、学びの連続性が図れるようにすることであろう。この 2 つを実現するにはたとえば、①教科教育や PSP とは別に、学級運営・生徒指導などの分野での教員の資質・能力の育成、②各地域・学校での教材の開発を促進しつつも全国共通のコアとなる教科書の開発を教育省が積極的に実施すべきものと考える。教育にかかるすべての活動を教員に移譲するのでも、まったく移譲しないのでもなく、段階的な移行を想定した、教員の資質・能力の育成と教科書・教材開発を計画

9　香西・石坂（2016）が実施した、TIMSS（Trends in International Mathematics and Science Study）のサンプル問題を活用した算数のテスト結果によれば、4 年生から 6 年生へと学年が上がることで、数と計算の領域における単純な計算問題の正解率は高まるが、文章問題や図形問題、「応用」や「推論」を問う問題などにおいて大きな改善は見られないことが指摘されている。数と計算の領域については、どの学校でも繰り返しドリル的な学習は行っているため、系統性が確保されているというより、反復学習の効果が表れているだけと思われる。「応用」や「推論」は、「知識」の繋がりを理解し、それをどのように活用するのかというまさに系統性への理解力が問われる場面であり、学びの連続性が重要となる。

することが重要である。このことによって、児童・保護者側の学校・教員への信頼も深まり、転校が絶対的に必要な回数にまで減少することも可能となるものと思われる。

［参考文献］

Howard, R.（2009）. Education reform, indigenous politics, and decolonization in the Bolivia of Evo Morales. *International Journal of Educational Development, 29,* 583-593.

Ishizaka, H.（2017）. Políticas educativas de descolonización en Bolivia en el siglo XXI: Sus luces y sombras. In N. González Ortega（Ed.）, *Bolivia en el Siglo XXI: trayectorias históricas y proyecciones políticas, económicas y socioculturales*（pp. 185-209）. Madrid: Iberoamericana Vervuert.

Lopes, M. T. A.（2015）. Bolivian Teachers' Agency; Soldiers of Liberation or Guards of Coloniality and Continuation? *Education Policy Analysis Archives, 23*（4）, 1-24.

Ministerio de Educación.（2010）. Ley de 070 de la Educación "Avelino Siñani – Elizardo Pérez". La Paz, Bolivia: Ministerio de Educación.

Ministerio de Educación.（2014a）. *La Nueva Educación en Bolivia. Programa de Formación Complementaria para Maestras y Maestros en Ejercicio*（*PROFOCOM*）. La Paz: Ministerio de Educación.

Ministerio de Educación.（2014b）. *Unidad de Formación No.10: Gestión Curricular del Proceso Educativo. Programa de Formación Complementaria para Maestras y Maestros en Ejercicio*（*PROFOCOM*）. La Paz: Ministerio de Educación.

Ministerio de Educación.（2014c）. *Educación Primaria Comunitaria Vocacional: Programa de Estudio Primero a Sexto Año de Escolaridad.* La Paz: Ministerio de Educación.

Ministerio de Educación.（2014d）. *Unidad de Formación No.6: Evaluación Participativa en los Procesos Educativos, Documento de Trabajo. Programa de Formación Complementaria para Maestras y Maestros en Ejercicio*（*PROFOCOM*）. La Paz: Ministerio de Educación.

Patzi, F.（1999）. Etnografía estatal. Modernas formas de violencia simbólica. Análisis de la Reforma Educativa. *Boletín del Instituto Francés de*

Estudios Andinos, 28 (3), 535-559.

欧州評議会言語政策局, 2016, 『言語の多様性から複言語教育へ——ヨーロッパ言語教育政策策定ガイド』山本冴里訳, くろしお出版.

香西武・石坂広樹, 2016, 「TIMSS サンプル問題を活用した算数学力調査結果について——ボリビア, ジブチ, モザンビークの比較分析を通じて」『国際教育協力研究』(10): 111-116.

第4章

MALAWI

「休学」を活用するマラウイの女子生徒たち
マラウイの中等学校の縦断的修学記録から

川口 純

❖ はじめに

● マラウイ中等教育の課題

● 家庭の教育戦略

・学業よりも良い職を優先。
・各家庭で、それぞれの子どもに見合った教育の質や学歴を探求。
・富裕層のみならず、貧困層やマイノリティの家族も、より有利な資本形成による再生産戦略を検討。

マクロデータを横断的に捉えた「傾向」だけを分析していても、上述したような個別の修学状況やその背景にある要因を的確に把捉することは難しい。

そこで本研究では、個人の修学記録を縦断的に追跡して
転校、進学、退学等の背景にある個別の事由を検討し、
横断的データからは導出できない教育開発の示唆を得ることを試みる。

❖ 縦断的修学記録の調査方法

● 調査内容

修学記録調査　家庭環境調査　退学理由調査

過去5年間分の修学記録簿を活用し、生徒一人ひとりの修学記録を縦断的に追跡。
関係者への聞き取り調査も実施。

● 調査対象校の概要

学校名（地域）	生徒数(人)(男／女)	都市部／農村部	エスニックグループ	その他特徴
A リロングウェ女子（首都）	41 (0/41)	都市部	チェワ	マラウイの中でも良質の女子校．SS
B ミトゥンドゥ（首都）	40 (21/19)	農村部	チェワ	CDSS
C ムルングティ（東南部、ゾンバ）	39 (21/18)	都市部	混合	同地域内で最も良質の学校，寮付きSS
D グルンディ（南部、チラズル）	40 (24/16)	農村部	チロムウェ	インクルーシブ学校，質は一般的．SS
E モドザ（南部）	40 (22/18)	農村部	チェワ	CDSS
合計	200 (88/112)			

第 4 章 「休学」を活用するマラウイの女子生徒たち　103

❖ 調査結果

● 退学を経験した生徒のその後の進路
・ 一旦退学したにもかかわらず、のちに復学しているケースが一定数確認された。

学校	生徒（性別、入学年齢）	進学パターン	退学事由
A	D.I（女性、14）	1P2P3D////T3P4P	妊娠
	J.V（女性、16）	1P2P3P4D//4P	学費滞納
	L.N（女性、17）	1P2D////T1P2P3P4P	不明
B	E.H（男性、12）	1P2P3D//3P4P	就職
C	該当者なし		
D	A.Y（男性、13）	1D//2P3D//3P4D	1年次：成績不振、その他：不明
	O.T（女性、15）	1P2P3D//3P4P	妊娠、結婚
E	R.K（女性、19）	1D//////2P3P4P	学費滞納

● 退学や復学事由に関する聞き取り調査から得られた情報
・ 家庭の経済状況の好転によって復学する生徒は少なく、実際には、援助機関が提供する奨学金を活用して復学する生徒が多い。
・ 男子生徒よりも女子生徒の方が一旦退学したのちも復学しやすい。　　etc.

❖ 教育戦略と休学の活用

● 家庭の「教育戦略」と個人の修学

家庭の経済状況 ＋ 社会経済特性　就職状況　家族の状況

複数の要因が絡み合い、総合的に「教育戦略」が決定されている。

● 「休学」を活用する女子生徒たち

休学　　遅い入学
を積極的に活用し……

⬇

奨学金や学費を確保して、修学継続・再開を試みる
<u>強いアフリカ女性の姿</u>が確認された。

一概に、「退学や遅い入学＝悪い結果」と捉えてしまって良いのか…？

「休学や遅い入学の効果」にも目を向ける必要がある。

第1節　はじめに

　本章の対象国は、東南部アフリカの中央に位置し、世界でも最貧国の一つとされるマラウイ共和国（以下、マラウイ）である。「援助の実験場」とも揶揄されるほど、マラウイでは、国際機関や非政府組織（NGO）が多数活動している。教育分野にも、多くの援助が入っており、マラウイ政府の予算は、ほぼ経常経費（教員給与、光熱費、設備維持費）に費やされ、開発資金は100％近く、外部に依存している（Malawi Ministry of Education［Malawi MoE］, 2015）。

　マラウイの教育に関する既存研究では、教育の質や教員のモチベーションが低く、学校設備なども不十分といった「課題」が指摘されることが多い。とくに中等教育においては、就学率の低さや退学率の高さが、課題として指摘されている（Aiden, 2010; Chimombo, Kunje, Chimuzu, & Mchikoma, 2005 ほか）。とりわけ、女子は男子に比べて、より「脆弱な存在」として認識され、男子生徒よりも教育の量、質を表す数値において、女子生徒の方が総じて低い。さらにマクロデータからは、初等、中等、高等と上がるにしたがって、その脆弱性が高まることが示されている（Malawi MoE, 2015）。そして、マラウイでは教育の地域間格差も大きく、都市部の男子生徒と農村部の女子生徒を比較したデータを分析すると、格差問題が深刻であることが窺える（Malawi MoE, 2015）。マラウイだけではないが、アフリカの家庭や地域では、女子生徒よりも、男子生徒を優先的に学校に通わせる傾向にある。マラウイにおいても、中等学校の修了よりも、結婚や出産が優先されるとの指摘がある（Kunje, 2007）。とくに初等教育の後半から中等教育に関しては、早婚が就学の阻害要因として認識されている。Kadzamira and Rose（2003）は、女子生徒は学費未納という経済的な要因に加えて結婚、妊娠により、男子生徒よりも容易に退学に追い込まれやすいという研究結果を示している。

　また、生徒の個人的な問題で就学や進学を決定するのではなく、家庭の戦略により、本人が就学継続を希望しながらも途中で断念したり、家族の誰かに良い働き口があれば、学業よりも優先して引っ越ししたり、職を得

たりする、という指摘もある（Bennell, 2004; 川口 2011）。通常、親が子どもの修学、進学を考える際は、漫然と一番近くの学校に通わせるのではなく、その子どもに適合した教育の質やコストに見合った学歴を得るための「教育戦略」を綿密に立てるとされている。なお、「教育戦略」という概念は、各社会集団の再生産機能の一環をなすもので、意図的のみならず、無意図的な態度や行動をも含み込む幅広い概念である（志水他 2013）。宮島・太田（2005）によれば、富裕層だけでなく、貧困層やマイノリティの家族においても、より有利な資本形成による再生産戦略を、常に探っているとのことである。

　このように考えると、マクロデータを横断的に捉えた「傾向」だけを分析していても、各個別の修学状況やその背景にある要因を的確に把捉していくことは難しい。本研究では、全体的な傾向を読み取るのではなく、個人の修学記録を縦断的に追跡して、転校、進学、退学等の背景にある個別の事由を検討する。そして、分析結果から、横断的データからは、導出できない教育開発の示唆を見出すことを目的とする。

第2節　マラウイの中等教育概要

　マラウイは、1964 年にイギリスから独立したが、独立後もイギリスの教育制度を踏襲し、8・4・4制を採用している。初等学校では 4 年生まで現地語を教授言語とするが、中等学校ではすべて英語で授業がなされる。初等教育卒業試験（Primary School Leaving Certificate Examination: PSLCE）の合格が中等教育の入学要件であるが、2014 年度の PSLCE の合格率は 62.2％（Malawi MoE, 2015）と低く、実際には、PSLCE を保有せずに中等学校に進学する事例も確認される（川口 2011）。

　中等学校の種類は、SS（Secondary School）と呼ばれる大規模校、CDSS（Community Day Secondary School）と呼ばれる小規模校に分けられる。SS は寄宿舎制であり、校数も少ない。一方、CDSS は比較的、地方に散在する小規模な学校が多く、校数も多い。CDSS はもともと、地域社会が建設し、成人教育の一環として、通信制中等教育が実施

されていた遠隔教育センターの施設を活用している場合が多い。政府は生徒をPSLCEの成績順に選抜し、優秀な生徒からSSへ入学を振り分ける。中等学校に2年間通うとJCE（Junior Certificate of Education）という資格を得ることができ、4年目にはMSCE（Malawi Secondary School Certificate of Education）という中等学校卒業資格試験を受験することが可能になる。MSCEは大学受験の際に必要となるだけでなく、教員養成プログラムやマラウイでの企業への就職には欠かせない重要な資格となっている。なお、2014年度のJCEとMSCEの合格率は、それぞれ73.3%、54.9%である（Malawi MoE, 2015）。MSCEを高得点で合格することにより、高等教育への進学が可能となるが、マラウイの大学は国立、私立を合わせて10校ほどであるため、入学定員が限られる。家庭の経済的要因も関係して、MSCEに合格しても大学などの高等教育機関へ進学できる人数はきわめて少ないのが現状である（World Bank, 2010）。

　中等教育は有償であるが、1994年に初等教育の修了者数が増加した影響も受け、就学者数は増加傾向にある（1998年：約6万人、2004年：約18万人、2014年：約36万人（Malawi MoE, 2015））。2014年時点の中等教育への総就学率は約47.3%であり（World Bank, 2014）、純就学率は33%である（World Bank, 2014）。純就学率を男女別に見ると、女子が32.6%であるのに対し、男子は33.3%であり、男子の方がわずかに高い（World Bank, 2014）。退学率は男女別で見ると、女子の方が高く、生徒の平均就学年数は、年を経るごとに伸び続けてはいるが、男子の方が女子に比べて平均就学年数が長い傾向にある（2008年：女子約1.7年、男子約2.1年、2011年：女子約2.0年、男子約2.2年、2014年：女子約2.3年、男子約2.6年（World Bank, 2014））。

　中等学校の学費は、学校施設の維持管理費があるため各学校によって違いがあり、寮付の公立校で米ドル換算すると、年間約170-300ドル、通学の公立校で約20-60ドル、CDSSで約15-40ドルである（South East Education Division, 2014）。中等教育への政府支出は、全支出のうち約5%である。また、教育支出のうち約24%が中等教育への支出となっている（World Bank, 2014）。教員給与以外の学校活動費に関する政府の財政支出

はSSが優先的になされているが、前述の通り、そもそも教育開発予算の多くは、外部資金に依存している。

第3節　縦断的修学記録の調査方法

　調査内容は「修学記録調査」、「家庭環境調査」、「退学理由調査」の3点に大別できる。はじめに、生徒のデータベースを構築した。まず、各中等学校が保存している過去5年間分の修学記録簿を活用し、生徒一人ひとりの修学記録を縦断的に追跡した。そののち、対象生徒の家庭環境（家族構成、両親の職業等）について聞き取り調査を踏まえて、各個人のデータベース化を実施した。そして、最後に退学経験がある生徒のみを対象に、退学理由について、教員、生徒、保護者に聞き取り調査を実施した。とくに、教員を中心に、なぜ該当生徒が通学を止めたのか、その理由、背景を1人ずつ個別に調査した。

　実際に通学記録を5年以上、完全な形で保管している学校は稀少であり、5校、200人を対象とすることが可能であった。対象とした5校の概要は以下の表1の通りである。

　対象校の選定に関しては、記録簿の入手可能性から厳格な特性調整はしておらず、地域、エスニックグループ、学校種別の3点のみを留意して選定している。まず、対象地域はマラウイを代表するように都市部だけでな

表1　調査対象校の概要

学校名（地域）	生徒数（人）（男/女）	都市部/農村部	エスニックグループ	その他特徴
A　リロングウェ女子（首都）	41 (0/41)	都市部	チェワ	マラウイの中でも良質の女子校、SS
B　ミトゥンドゥ　（首都）	40 (21/19)	農村部	チェワ	CDSS
C　ムルングティ（東南部、ゾンバ）	39 (21/18)	都市部	混合	同地域内で最も良質の学校、寮付きSS
D　グルンディ（南部、チラズル）	40 (24/16)	農村部	チロムウェ	インクルーシブ学校、質は一般的、SS
E　モドザ（南部）	40 (22/18)	農村部	チェワ	CDSS
合計	200(88/112)			

出所：著者作成。

108

く、農村部からも 3 校選定した。データの関係で全地域からの選定は困難
であり、中部、東南部、南部からの選定となった。エスニックグループに
関しては、マラウイの中で多数を占めるチェワが多い学校を 3 校選び、残
り 2 校は混合と少数民族であるチロムウェが多い学校である。学校種別は
SS が 3 校、CDSS が 2 校である。SS の割合が高くなったため、対象生徒
の学力、教育の質は、マラウイの中等学校全体の中でも高い方に分類され
ると推測される。対象の 5 校とも公立校であり、私立校は今回の調査では
対象に入っていない。対象校のうち、女子校が 1 校含まれるため、合計す
ると女子が 112 人、男子が 88 人と、女子の方が若干多い。

第 4 節　調査結果

入学時期の男女間格差

　はじめに、生徒の入学時期に関する結果を示す。今回の調査では、半数
以下（46％）の生徒のみがマラウイ政府の定める適齢期（14 歳、15 歳）
に入学していた。入学時期とその後の進級状況、修了率を見ると、適齢期
で入学した生徒集団の方が、適齢期外で入学した生徒集団に比べて良好な
結果を示していた。
　最も若い生徒は、11 歳の時に中等学校に入学していた男子生徒であっ
た。話を聞けば、彼は 4 歳の時に初等学校に入学して、そのまま留年をせ
ずに初等学校を修了して、中等学校に入学したとのことであった。反対に、
一番遅い年齢で入学した生徒は、21 歳で入学した女子生徒であった。彼
女は 7 歳で初等学校に入学して、16 歳で初等学校を修了している。その後、
すぐに中等学校に入らずに、しばらく家庭で家事手伝いをしていたが、21
歳になり、教員を目指して中等学校に入学したとのことであった。
　推奨される入学年齢よりも早く入学する生徒には、男子が多く、逆に遅
くに入学する生徒は女子が多かった。その理由をある教員は以下のように
述べている。

教員 M.V.（E 校、40 代、女性）

　子どもの入学年齢は多様である。20 代後半で入学する生徒も珍しいことではない。ただ、そのような "大人" になってから入学する生徒は、ほぼ女子である。男子は逆に早過ぎる入学のケースが頻繁にある。親の意向で男子だけはすぐに進学させ、女子は結婚してお金を貯めて自分の意志で進学することが多いからだろう。

　この教員によると、家族の意向でやはり男子の方が優先的に中等学校に進学することができるということである。既存研究でも指摘されているように、女子は初等教育を修了しても、そのまますぐに中等学校に通わせるのではなく、家庭の仕事を手伝ったり、結婚、子育てなどの家庭の行事に従事したりすることが多いのではないか、という意見であった。しかし、一方で興味深いことに、20 代後半などの入学適齢期を過ぎた後の中等教育進学に関しては、女性の方が多いとのことであった。自分でお金を貯めたり、時間を作ったり、周りのサポートを得たり、さまざまな要因があるだろうが、女性の「進学意欲」は非常に高いという意見が聞き取れた。

　なお、「入学」と言っても、個別に話を聞いていくうちに、その定義が曖昧であることが判明した。たとえば、今回の調査対象の 5 校において「入学」という位置付けであっても、実際には一度、他の学校を中途退学して、また 1 年生から再入学している生徒も確認された。また、同じ学校で、入学登録をしたものの、入学年度は一度も登校せずに、翌年から通学を開始している生徒も 7 人確認された。当該 7 人に関しては、休学措置をとくに取っておらず、前年の入学登録を経て、翌年からの入学措置という記録になっていた。

　マラウイでは、中等学校だけでなく、初等学校も含めて、学校教育制度、行政の実施は規則に縛られず、非常に大らかに実施されているようである。国レベルでの教育規則は存在するものの、それに捉われず、学校レベルで、適宜、生徒や家庭の事情に鑑み、柔軟に対応しているようであった。

退学経験者の修学軌跡

今回の調査で対象とした200人中、33人が"退学"を経験している。まず、当該生徒の修学記録を整理すると、退学時期により、大きく以下の4パターンに分類される。なお、表中のPは進学をDが退学を意味する。数字は学年を意味する。

表2 退学生徒の頻出順と全体に占める割合

頻出順	進学パターン	生徒数(全体に占める割合)
1	1P2P3D	16 (8%、男8/ 女8)
2	1P2D	8 (4%、男3/ 女5)
3	1P2P3P4D	7 (4%、男3/ 女4)
4	1D	2 (1%、男2/ 女0)

出所：著者作成。

この表2から分かるように、2年間だけ中等学校に通い、JCEを取得してから3年目は退学する生徒が一定数存在した。とくに男女間で有意な差異はなかったが、教員によるとマラウイの中等学校では、他の学校でも多く確認されるとのことである。保護者も教員も、生徒自身もJCE取得を一定の目標にするという認識は根強く残っているとのことである。

次に、「退学」の中身をインタビューなどで1人ずつ検証していくと、退学後、他の学校に通っていたり、復学していたりするなど、退学で終わりではない生徒が、一定数存在することが確認された。以下の表3は、"退学"を経験したのちに、そのまま退学してしまうのではなく、また新たな修学を開始している生徒の修学軌跡を示したものである。表2と同様、数字は学年を、Pは進学、Dは退学、Tは転校を示している。「//」は年数を表している。たとえば、「//////」は3年間、通学していないことを示している。なお、氏名のイニシャルは、すべて仮名である。

前節で入学の定義の曖昧さに言及したが、退学についても同様で、たとえば、D校に所属しているA.Yは、入学後、半年経過した後に退学しているが、その退学から半年後、2年生に進学している。本来なら1年生を

第 4 章 「休学」を活用するマラウイの女子生徒たち　111

表 3　退学を経験した生徒のその後の進路

学校	生徒(性別、入学年齢)	進学パターン	退学事由
	D.I（女性、14）	1P2P3D////T3P4P	妊娠
A	J.V（女性、16）	1P2P3P4D//4P	学費滞納
	L.N（女性、17）	1P2D////T1P2P3P4P	不明
B	E.H（男性、12）	1P2P3D//3P4P	就職
C	該当者なし		
D	A.Y（男性、13）	1D//2P3D//3P4D	1 年次：成績不振、その他：不明
	O.T（女性、15）	1P2P3D//3P4P	妊娠、結婚
E	R.K（女性、19）	1D//////2P3P4P	学費滞納

出所：著者作成。

　もう一度、やり直す必要があるにもかかわらず、このような不思議な進級
が実施されている。また、E 校に所属している R.K は、1 年生で退学して
いるが、その 4 年後に 2 年生で復学している。このような理解に苦しむ修
学軌跡を実際に目の当たりにして、教員にその理由を尋ねても、誰からも
明確な回答は得られなかった。

　彼らのケースは記録上、「退学」と記載されていたが、実質的には退学
なのか、「休学」なのか、その境界は非常に曖昧である。また、マラウイ
の中等教育の場合、学費未納者は一定期間、未納が続くと学校側から停学
措置が取られ、そのまま 2 年間か 3 年間、放置しておくと退学措置が取ら
れる。しかし、退学措置が取られた後でも、学費さえ納入すれば同学年か
らの復学が容易に認められる。教員や校長にも確認をしたところ、学費未
納のケースで退学措置が取られても、1 年生から入学し直すということは、
マラウイでは珍しいということである。

退学事由に関するインタビュー結果

　次に、退学した生徒に関するインタビュー結果を示す。「退学」の定義
が曖昧なため、ここでは「退学経験者」として、その退学事由について、
本人、教員、保護者の 3 者から得られたインタビュー結果を示す。

退学者 R.A.（1年間、B校に通学した後、退学、19歳、女性）

中等学校を退学したのは、成績不振が原因ではなく、姉と弟2人も中等学校に在学中で学費が嵩み、私が時期をずらす必要ができたからです。また、家庭の中でお金に余裕ができたタイミングで通い始めると思います。

上記は現在、退学中の生徒の意見であるが、インタビュー結果から読み取れるように、本人に「退学した」という意識はあまりなく、どちらかというと休学に近い感覚である。このように、今回の調査では「また、折を見て、修学を開始する」という意識を持つ退学経験者が多かった。ただ、既存研究や本生徒が言うように「家庭に余裕ができれば、通学を再開する」という考えは生徒自身が持つ意識のようだが、教員のインタビュー結果によれば、マラウイの家庭で「余裕ができる」ことはあまりないとのことである。

教員 P.K.（B校、47歳、男性）

学費未納者の家庭の経済的状況が好転して、復学する生徒は少ない。実際には、NGO や国際機関の奨学金に採用されたら、通学を再開するのである。奨学金の受給待ちリストはどの学校でも、延びている。あと、経済状況だけでなく、家庭事情も関係している。たとえば、家族の誰かが病気になった時などには、そのお世話のために、女子生徒が通学を見合わせることは頻繁にある。

生徒自身は、修学の可否が家庭の経済状況に起因していると考えるが、実際には、奨学金をはじめとする周囲の支援によるところが大きいとのことである。また、別の教員は、「復学」に関して、男女間で差異があることを以下のように述べている。

教員 B.H.（D校、51歳、女性）

女子生徒は、一旦退学しても復学しやすいが、男子生徒は一度辞め

るとなかなか復学することは難しい。一度、退学すると復学してくる可能性は低い。マラウイでは一旦、職を得ると辞めにくいということもあるだろうし、年下と一緒に"学校に行くことが恥ずかしい"という思いも持ちやすい。

　この教員によれば、マラウイで一度、現金収入を得る仕事に就くと、それを手放してまで学校に通うのは、"リスクが高い"とのことであった。また、男性が20代半ばで復学するというのは、「無職」ということを学校や地域社会に知らしめているようなもので、恥ずかしい行為と感じるとのことである。その点、女性は復学にそれほど、抵抗がないとの意見が複数のインタビュー対象者から聞かれた。

第5節　教育戦略と休学の活用

家庭の「教育戦略」と個人の修学
　本節では調査結果を分析し、結果の背景にある要因を検証していく。まず、個々の修学軌跡や入学年齢を分析していくと、マラウイの中等学校においては、横並び意識がそれほど強くなく、学校へは「行けるタイミングで、行きたい時に行く」という、比較的、柔軟な側面があることが窺えた。とくに、女性は男性よりも、家族の教育戦略に大きな影響を与えることが判明した。自分の生まれた家庭と結婚したのちの家庭事情に鑑み、修学を総合的に判断して決定している様子が窺えた。
　中等学校に修学するということは、就職に繋がる学歴を手に入れる一方で、直接費用と機会費用の双方を払うことになる。世界でも最貧国の一つとされるマラウイにおいて、経済的に直接費用を負担できる余裕がある家庭は多くない。とくに、複数の子どもが同時期に学校に通うようになると時期をずらし、学業成績の良い子どもを選抜して通わせるなどの家庭の「教育戦略」が重要になってくる。また、上述したように、マラウイでは「援助の実験場」とも揶揄されるほど、多くの国際機関やNGOが活動してい

るため、直接費用は自分たちで捻出するものでなく、支援を受けるもの、という認識を持つ保護者が多く存在するようである。奨学金の種類は多種多様である。基本的には、成績優秀者に付与するものが多いが、中には女性限定、へき地の家庭、障がい者がいる家庭等、さまざまな社会経済要因を限定している奨学金も存在する。また、マラウイの奨学金制度は、他の開発途上国でも多く見られる、期間限定型、人数限定型が多い。そのため、上記のインタビュー結果に見られるような「奨学金が取れたら、復学する」ことを計画している生徒、家族は多いが、実際に奨学金を取得できるかどうかはさまざまな要因が関係している。

　次に、機会費用の側面について検討していくと、その額は一定ではなく、兄弟姉妹との兼ね合いや家族の健康状態、自身の新たな家族との関係などによって、変動するものであることが窺える。さらに、生徒自身の社会経済特性によっても、変動するものであろう。たとえば、10代の時には、男子よりも女子の方が家庭内にとっては、家事手伝いの担い手として貴重な存在であるかもしれないが、20代になり、現金収入を得られる職に就いた男性の機会費用は急激に高くなるだろう。どの国においても、機会費用の額は変動するものだろうが、とくに、貧困層の多いマラウイにおいては、その変動額に修学決定が大きく左右することが示唆された。

　つまり、頻繁に既存研究で指摘されている「家庭の経済状況」次第で、復学が決定されるという指摘は一つの側面でしかなく、当該生徒の社会経済特性、就職状況、家族の状況等の要因が複数絡み合い、総合的に決定されると考えられる。また、社会状況として、マラウイでは、初等教育が無償化され、初等教員が不足している。そのため、中等教育修了者は比較的、容易に初等教員への道が開かれている。20代の女性が育児をしながら、現金収入を得るには、初等教員は最適な仕事の一つであり、そのための中等教育修了は需要が高まっていると考えられる。

「休学」を活用する女子生徒たち

　本項では、生徒が退学に至る事由に焦点を当て、考察を進めていく。本調査では、既存研究で脆弱な存在として捉えられていた女子が、「休学」

や「遅い入学」を活用し、奨学金や学費を確保している実態が確認された。そこには、しなやかに、また逞しく学校教育を活用する女子生徒たちの姿が確認された。家族の状況や奨学金の取得状況に鑑み、「行けるタイミング」を長期的に窺っている様子は、横断的データからは読み取れない、強いアフリカの女性の姿であった。

　先進国の研究者や援助関係者が自身の教育観だけで、修学状況を分析すると「学校に行けない女子生徒」という固定観念に縛られがちになるだろうが、現実的には柔軟にかつ強かに修学を計画している実態が確認された。もちろん「休学」にも、「積極的休学」と「消極的休学」の2種類があり、学校に「行かない」のか、「行けない」のか、その境界線は曖昧ではあるが、一概に、「退学＝悪い結果」として把捉するのではなく、休学の効果にも目を向ける必要があるだろう。この年齢で入学しなければならない、4年間、通い続けなければならない、と杓子定規に考えることが、果たして彼女らの教育戦略と合致するのか、奨学金の支給などにおいても異なる角度からの検討が必要となるだろう。

　また、「退学」については、男子生徒よりも女子生徒の方が脆弱な存在である一方、「復学」については、男子生徒の方が戻り難いという側面も垣間見ることができた。男子生徒はマクロレベルでの数値だけ見ると「恵まれている」存在として捉えられるが、実態としては、一旦、退学すると復学し難いという別の側面での脆弱性を有していることが明らかになった。退学を阻止するという観点とともに、「復学を支援する」という新たな視点を持つ必要性を認識させられた。実践だけでなく、教育開発研究にとっても、示唆を与えるものであった。「教育のジェンダー問題」と聞くと、ほとんどの研究者・実践者は女子教育や女性に関する課題を想起するだろう。実際に、研究論文のテーマも男女間格差の問題に関する研究が多い。確かにマクロデータだけを分析対象とするとそのような研究テーマになるだろう。実際に、女子教育の改善は重要な課題であることは議論の余地がない。しかしながらその一方で、本調査の結果からは、男性の「復学」に関する問題も、教育のジェンダー問題の一つとして、着目していく必要性が示唆された。

第6節 おわりに

　本章では、マラウイの中等学校を対象に、縦断的修学記録から読み取れる個別の修学実態について、「退学」を中心に検証してきた。横断的データからでは、読み取ることのできない個人の事情、教育戦略の一端を明らかにすることができた。そこには、マクロデータの分析からだけでは、隠されがちになる個人のさまざまな家庭事情や人生設計との兼ね合いの中での教育戦略が垣間見えた。人生を長期的に捉えて、将来に対する投資を強かに実施している女性を逞しく感じる一方、復学に脆弱な男性像も垣間見ることができた。

　なお、今回の対象校は、データ管理の観点から、マラウイの中でも質の高い学校を対象にしていると言わざるを得ない。本対象校に通学する生徒も、比較的、恵まれた家庭の子どもが多く、「マラウイの代表性」という点では研究の限界、問題を残している。しかし、そのような対象校でも、多くの生徒が退学を経験しながら将来設計や教育戦略を立てていた。より質の低い学校や社会経済特性が低い家庭の子どもにとっては、より厳しい戦略を立てざるを得ないだろう、と推測される。

[参考文献]

Aiden. (2010). *Teacher Training Issue in Anglophone Africa*. World Bank.

Bennell, P. (2004). *Teacher Motivation and Incentives in Sub-Saharan Africa and Asia*. Brighton: Knowledge and Skills for Development.

Chimombo, J., Kunje, D., Chimuzu, T., & Mchikoma, C. (2005). *The SACMEQ II Project in Malawi: A Study of the Conditions of Schooling and the Quality of Education*. Harare: The Southern and Eastern Africa Consortium for Monitoring Educational Quality (SACMEQ).

Kadzamira, E., & Rose, P. (2003). Can free primary education meet the needs of the poor? : evidence from Malawi. *International Journal of Educational Development, 23*, 501-516.

Kunje, D. (2007). *Teacher Issues in Malawi*. Malawi University.

Malawi Ministry of Education (MoE). (2015). *Basic Education Statistic Malawi 2014/2015: Ministry of Education in Malawi*. Lilongwe: Malawi MoE..

South East Education Division. (2014). *Bursary Beneficiaries According to their Banks*. Zomba: South East Education Division.

World Bank. (2009). *Malawi-Data & Statistics*. World Bank.

World Bank. (2010). *The Education System in Malawi* (WORLD BANK WORKING PAPER No. 182).

World Bank. (2014). *Education Statistics: Core Indicator 2014*. Washington, D.C.: World Bank.

World Bank with United Nations Children's Fund (UNICEF). (2009). *Abolishing School Fees in Africa: Lessons from Ethiopia, Ghana, Kenya, Malawi, and Mozambique*. Washington, D.C.: The World Bank.

川口純，2011，「保護者からみた初等学校の機能と価値について——マラウイの公立学校を事例として」『アフリカ教育研究』2: 65-77.

志水宏吉・山本ベバリーアン・鍛治致・ハヤシザキカズヒコ編，2013,『往還する人々の教育戦略——グローバル社会を生きる家族と公教育の課題 ニューカマーと教育』明石書店.

宮島喬・太田晴雄編，2005,『外国人の子どもと日本の教育——不就学問題と多文化共生の課題』東京大学出版会刊.

　　［謝辞］
　マラウイでの調査は、教育省のチコーザ・ピリ氏に大変お世話になった。また、調査にかかる費用は、科学研究費補助金（平成22-24年度 基盤研究（B）「初等教育以降の縦断的就学・周辺環境調査から見た開発途上国の子どもたちの実態」研究代表者：関西学院大学　關谷武司教授）を活用させていただいた。関係各位に伏して御礼を申し上げたい。

第5章

ZAMBIA

ストレートに進級できない、ザンビア中等教育の生徒たち

江嵜 那留穂／中村 聡

❖ ザンビアにおける教育概況

EFA・MDGsの流れにより
初等教育における就学率は
大きく改善。

その中でも、優等生とされるのが
<u>ザンビア共和国</u>

さまざまな取り組みが実施され、
初等教育の量的普及は達成間近に。

"Educating Our Future"
"BESSIP"

ザンビア政府は焦点をシフトさせた。
初等教育→中等教育

中等教育における状況…

(教育への アクセス)   (教育の質)

両方においてさまざまな課題が山積している。

	8年生	9年生	10年生	11年生
留年率	6.5%	12.0%	1.5%	1.6%
退学率	2.3%	3.5%	1.1%	1.3%

+ 妊娠、病気、家庭の事情等の理由により「一時退学」する生徒

これらの数値から見えてくるのは、
「中等教育に進級すれば、留年や一時的な退学を
経験することはあるが、中途退学はしにくい生徒たちの姿」

修学状況を改善するためには、

ストレートに進級
できない生徒
に焦点を当て、

<u>彼らはいつ、
どのような課題に
直面しているのか</u>

を検討する必要がある。

❖ 調査概要

対象地域：東部州チパタ市
対象校　：公立学校4校

中等教育最終学年である
12年生の生徒の修学状況を
縦断的に遡り、

とくに非ストレート進級の生徒の
修学パターンを
詳細に記述することにより、

その現状と課題について
明らかにする。

(School 1 共学校)　(School 2 共学校)　(School 3 男子校)　(School 4 女子校)

第5章　ストレートに進級できない、ザンビア中等教育の生徒たち　121

❖ 9年生に立ちはだかる大きな壁

留年および一時退学パターンに着目すると、9年生において課題に直面しているケースが多いことが分かる。この原因の一つとして9年生修了時に実施される全国統一試験が挙げられる。

特異なパターン1（1学年下の学年から修学し直すパターン）の原因

生徒たちは、本人の学力不足に加え、学校施設の未整備（教室の不足）といった個人の範囲を超えた課題が原因となり、一般的な留年よりも条件の好ましくないパターンに至ってしまうことがある。

❖ 家計を支えながら勉学に励む男子たち

ストレート進級の割合…

男子 54.2%　女子 67.3%

その理由とは？
経済的に厳しい家庭
労働に従事

男子よりも女子の方が高いことが明らかになった。

❖ 生徒たちの経済レベルと出生順位の進級への影響

ストレート進級
27.9% / 32.8% / 39.3%

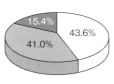
非ストレート進級
15.4% / 41.0% / 43.6%

□ 1-3点
■ 4-6点
■ 7点以上

※所有物の個数に着目

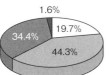
ストレート進級
1.6% / 19.7% / 34.4% / 44.3%

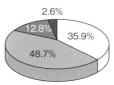
非ストレート進級
2.6% / 12.8% / 35.9% / 48.7%

□ 長子
□ 中間子
■ 末子
■ 一人っ子

経済的に厳しい状況にある生徒たちは、労働に従事するなどの負担がかかるため、経済レベルの高くない家庭の生徒および長子については、ストレートに進級する割合が低くなる傾向にあるものと考えられる。

第1節　ザンビアにおける教育概況

初等教育から中等教育へ──中等教育における課題とは

1990年に採択された「万人のための教育（Education for All: EFA）世界宣言」と、その後継として2000年の国連総会において合意された「ミレニアム開発目標（Millennium Development Goals: MDGs）」により、国際社会全体の課題として、初等（基礎）教育の改善と普及に向けてさまざまな取り組みが行われた。その結果、開発途上国を中心に就学率は著しく改善し、就学状況が芳しくなかったサハラ以南アフリカにおいても大きな改善が見られた（United Nations Educational Scientific and Cultural Organization [UNESCO], 2015）。その中でも、初等教育へのアクセスにおいて優等生とされるのが、本章の対象国であるザンビア共和国（以下、ザンビア）である。

同国は、1996年に教育分野の国家方針として「Educating Our Future」を発表後、上述のEFAの方針にも呼応し、主に基礎教育に焦点を当て、その量的・質的改善に注力してきた。量的拡大の面では、女子就学促進のための女子教育推進プログラム（Programme for the Advancement of Girls' Education）や社会的弱者の出席率向上を目的とした学校給食プログラム（School Feeding Programme）の実施、妊娠した女子に対して出産後の復学を承認する政策（Re-entry Policy）の決定などが行われた。これら個別の取り組みは、基礎教育分野全体を包括的に開発する目的で1999年に策定・開始された「基礎教育分野投資計画（Basic Education Subsector Investment Programme: BESSIP）」において他の施策とともに統合された。BESSIPにおいては、ザンビア国教育省の強いイニシアティブとそれを支援する国内外の国際協力パートナーとの友好な関係の下、財政支援と種々の教育開発プロジェクトが調和的に実施された。また、初等（基礎）教育の無償化（Free Basic Education Policy）の再導入や教育行政の地方分権化など、重要な政策決定も促されることとなり、同国の初等（基礎）教育の普及と質的改善を図っていく上で、同計画は大きな牽引力

第5章　ストレートに進級できない、ザンビア中等教育の生徒たち　123

となった[1]。

　このようなザンビア政府の積極的な取り組みに加え、2000年代中盤には、重債務貧困国に対し課された構造調整目標の達成による援助国の対外債務救済措置の実施や、国際的な需要の拡大による銅価格の上昇によって、同国経済の好転が追い風となり、国家予算における教育予算の割合も増大した。そのため、とくに初等教育における就学状況は大きく改善され、2014年の純就学率は94.3％、修了率は86.2％に達している（Directorate of Planning and Information, 2015）。

　この良好なパフォーマンスは、個々の子どもたちの修学状況にも表れている。著者は、同国東部州の州都であるチパタ市において、初等教育段階における児童204人の修学状況を縦断的に追い、個々の修学パターンを明らかにした（Ezaki & Sekiya, 2017）。その結果、最頻出のパターンは、1年生に入学してから最終学年の7年生まで留年や一時的な退学を経験することなくストレートに進級するパターンであり[2]、全修学パターンの約半数を占めていた。また、最終的に退学した児童であっても、全員高学年まで[3]進級していた。これは、低学年での退学率が高い傾向にある開発途上国が数多く存在する中、同国の対象校における退学者は、それらの退学者よりも長い期間学校にて修学していることを意味する。このように、ミクロな視点からの分析においても、子どもたちの良好な修学状況が示されている。

　上述の通り、同国における初等教育の量的普及は達成間近となったことから、ザンビア政府は焦点を初等教育から中等教育にシフトさせた（UNESCO, 2016）。中等教育においては、教室の不足、有資格教員の不足、教材・教具の不足、生徒の学力の低さ等（Ministry of Education, Science, Vocational Training and Early Education, 2015）、教育へのアクセスと質の両方においてさまざまな課題が山積している。内部効率性に

　1　BESSIP は、そののち他の教育分野も包含したより包括的な教育開発計画（教育省教育開発戦略計画）へと発展した形で策定され、2003年にザンビア国教育省および支援を表明した援助国の間で実施合意がなされた。現在は、ザンビア政府が5年ごとに策定する国家開発計画における具体的な実施計画として位置付けられている。

　2　本章では、一時的な退学を「一時退学」と称する。

　3　ザンビアの初等教育における高学年とは、5年生から7年生までのことを指す。

着目すると、2014／2015 年における留年率は、8 年生は 6.5％、9 年生は12.0％、10 年生は 1.5％、11 年生は 1.6％であり（Directorate of Planning and Information, 2015）、前期中等教育段階において課題を抱えていることが分かる。また、統計上には明示されていないが、現地の教員によると、妊娠、病気、家庭の事情等の理由により、学校を一時的に退学する生徒たちが存在するとのことである。他方、退学率は、8 年生は 2.3％、9 年生は3.5％、10 年生は 1.1％、11 年生は 1.3％であり（Directorate of Planning and Information, 2015）、中途退学は比較的少ないことが窺える。つまり、これらの数値から見えてくるのは「中等教育に進級すれば、留年や一時退学を経験することはあるが、中途退学はしにくい生徒たちの姿[4]」である。

　より多くの生徒たちが留年や一時退学を経験することなくストレートに最終学年まで進級し卒業できるよう修学状況を改善するためには、ストレートに進級できない生徒たちに焦点を当て、彼らはいつ、どのような課題に直面しているのかを検討する必要がある。そのためには、生徒一人ひとりの修学パターンを分析し、その特徴や背景を解明しなければならない。

　そこで、本章では、中等教育最終学年である 12 年生の生徒たちに焦点を当て、彼らの修学状況を縦断的に遡り、とくに非ストレート進級の生徒たちの修学パターンを詳細に記述することにより、その現状と課題について明らかにする。そして、今後の中等教育改善に向けての政策・プロジェクト立案に資する事例を提示することを試みる。

ザンビアの基礎情報と教育制度

　ザンビアは、サハラ以南アフリカに位置する内陸国である。コンゴ民主共和国、アンゴラ、ナミビア、ボツワナ、ジンバブエ、モザンビーク、マラウイ、タンザニアの 8 カ国と国境を接しており、面積は 752.61 千平方キロメートルと日本の約 2 倍に相当する。人口は約 1,547 万人であり（Central Statistic Office, 2016）、73 部族が共生している。公用語は英語だが、その他にベンバ語、ニャンジャ語、トンガ語、ロジ語など 7 つの現地

　4　9 年生の全国統一試験に不合格となり学校を去る生徒たちは「退学」ではないため、この議論には含まない。

語が、現地国営放送ニュースの放送言語や初等教育1年生から4年生までの教授言語として使用されている。主要産業は、鉱業、農業、観光であり、銅の生産に依存するモノカルチャー経済である。同国は、1964年にイギリスから独立して以来、武力紛争を経験しておらず、アフリカにおいて最も平和な国の一つと言われている。その一方で、人間開発指数のランキングでは188カ国中139位に留まっており（United Nations Development Programme, 2016）、このような状況を打破するため、国内産業の多様化による経済開発に加え、教育や保健など、社会開発にも力が注がれている。

　ザンビアの教育制度は、7年間の初等教育（1−7年生）および5年間の中等教育からなり、中等教育は、2年間の前期中等教育（8−9年生）および3年間の後期中等教育（10−12年生）で構成される。同国教育省関係者によると、基本的に同じ教育段階内においては自動進級制が採用されているが、学業不振の子どもがいる場合は、教員が保護者との相談の上で子どもを留年させることがある。また、各教育段階の最終学年（7年生、9年生、12年生）の修了時には、全国統一試験が実施され、同国教育省指定の科目および科目数の試験に合格できた者のみが各段階の修了証（Full Certificate）を取得することができ、その成績によって次の教育段階に進学できるシステムとなっている。

第2節　調査概要

調査対象地域および学校

　本章では、中等学校に在籍している生徒のうち、修学途中において留年や一時退学を経験しストレートに進級することができなかった生徒たちに焦点を当て、彼らはいつ、どのような課題に直面しているのか、その実態を明らかにする。そのため、初等教育段階における児童の修学実態を明らかにした手法を援用し、生徒一人ひとりの修学状況を縦断的に追跡することによって、彼らの修学パターンを類型化し、その特徴や背景について考察を行う。

表 1　調査対象校の概要

調査対象校	学校種	受入学年	全校生徒数
S1	公立男女共学校	幼児クラス - 12 年生	2,564
S2	公立男女共学校	8 年生 - 12 年生	1,760
S3	公立男子校	8 年生 - 12 年生	1,309
S4	公立女子校	8 年生 - 12 年生	997

出所：各校から収集したデータをもとに著者作成。

　東部州の州都であるチパタ市を調査対象地域として初等教育段階における児童に対して実施した修学実態調査（Ezaki & Sekiya, 2017）では、調査対象校において約 75% の児童が中等教育に進級していたことが明らかとなった。このことから、次の課題として中等教育段階における生徒たちの修学状況を明らかにし分析することの必要性が指摘された。

　そのため、継続性の観点から、本章においても東部州のチパタ市を調査対象地域とすることとした。東部州は、標高 1,100 メートルの高地に位置し、マラウイと国境を接する地域である。人口は約 181 万人であり、10 州の中で 4 番目に多い（Central Statistical Office, 2016）。農業が盛んな地域であり、タバコ、トウモロコシ、綿花、小麦等が栽培されている。

　調査対象校は、調査への協力が得られる学校に限定し、偏りをなくすために男女共学校 2 校、男子校 1 校、女子校 1 校の計 4 校を選定した（表 1）。S1 は、就学前教育クラスから中等教育クラスまである大規模公立学校であるが、残りの 3 校（S2、S3、S4）については、中等教育クラスのみ有する公立学校となっている。

調査方法

　本研究では、質問紙および半構造化インタビューを用いて調査を行った。調査対象校に在籍する 12 年生を調査対象とし、単純無作為抽出法を用いて、各学校より 20 人から 25 人を目標として選定した。質問紙調査では、1 年生入学後から現在に至るまでの修学状況および家庭環境（家族構成、きょうだいの数とその中での出生順位、就学前教育の有無、所有物等）

第5章　ストレートに進級できない、ザンビア中等教育の生徒たち　127

に関する情報を収集した。また、必要に応じて調査対象者に対してインタビューを実施した。加えて、追加情報の収集のため、各調査対象校の校長、教員、学校関係者に対してもインタビューを行った。

　これらのデータをもとに、個々の生徒たちの修学状況を学年ごとに進級、留年、一時退学の積み上げとして文字列によって表記し、一人ひとりの修学パターンを明らかにする。[5]そして、ストレート進級と非ストレート進級の割合を把握し、とくに非ストレート進級の生徒たちの修学パターンに焦点を当て、その特徴や背景について考察する。なお、ストレート進級は「飛び級」を経験しているパターンも含み、非ストレート進級は「留年」、「一時退学」、あるいはその両方を含むパターンで進級したものを指すこととする。

第3節　個々の生徒たちの修学パターン

ストレート進級と非ストレート進級

　現地調査にて収集できた100人分のデータを用いて、個々の修学パターンを明らかにし、類型化した。その結果、修学パターンは全部で29パターンあり、修学年数は最短11年から最長14年までの幅があった。現在12年生に在籍する生徒たちの修学年数は、ストレートに進級していれば12年であることから、修学年数が11年の場合には1年間の飛び級を、14年の場合には2年間の留年または一時退学を経験していることを意味する。

　図1には、修学パターンをストレート進級と非ストレート進級に分類し、それぞれの割合を男女別に示した。男女ともにストレート進級の割合が最も高く、それぞれ半数以上を占めている（男子：54.2％、女子：67.3％）。統計的に有意差は確認されなかったが（$\chi^2 = 3.48$, df = 3, P < NS）、その割合は男子よりも女子の方が高い。ストレート進級の次に割合が高かっ

　5　対象者の中には転校を経験している生徒を含むが、本章では非ストレート進級の原因となり得る「留年」および「一時退学」に着目しているため、転校時期については示さないこととする。

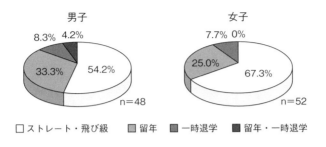

図1　男女別のストレート進級および非ストレート進級の割合
出所：分析結果をもとに著者作成。

たのは、留年を含む非ストレート進級であった（男子：33.3％、女子：25.0％）。そして、一時退学を含む非ストレート進級は、男子が8.3％、女子が7.7％であり、留年と一時退学の両方を経験しているパターンは男子のみに見られた（4.2％）。

生徒たちはいつ、どのような課題に直面しているのか

　ストレートに進級できない生徒たちは、男女合わせて39人にのぼる。そのうち29人が留年経験者、8人が一時退学経験者、2人が留年と一時退学の両方を経験している者であった。ここでは、これらの非ストレート進級のパターンについてさらに細かく分析を行う。

　全留年経験者31人の修学パターンは、全部で17種類確認された（表2）。留年の時期については、前期中等教育段階が18人で最も多く、そのうち8年生在籍時に留年した者は1人、その他は9年生在籍時であった。留年の回数については、1回が28人、2回が3人と、2回以上留年を経験する者は極端に少なくなる傾向にある。また、個々のパターンに着目すると、1）ある学年の学年末評価において不合格になったのち、翌年に同じ学年を繰り返すのではなく、1学年下から修学し直すパターン（No. 6、14）、2）ある学年の学年末評価において合格したにもかかわらず、翌年に同じ学年を繰り返すパターン（No. 4、11）、といった特異なパターンが確認された。たとえば、No. 14の修学パターン「1P2P3P4P5P6P7P8P<u>9F8P</u>9P10P11P12」

第5章　ストレートに進級できない、ザンビア中等教育の生徒たち　129

にあるように、9年生時の学年末評価において不合格となっている
が、翌年は9年生に再度在籍するのではなく、1学年下の8年生に在籍
し2年間の前期中等教育を再修学している。また、No. 11のパターン
「1P2P3P5P6P7P8P9P9P10P11P12」のように、一度9年生時の学年末評価
に合格しているにもかかわらず、翌年も9年生に在籍している。

　全一時退学経験者10人の修学パターンに着目すると、一時退学のパター
ンは全部で9種類確認できた（表3）。一時退学の時期については、初等
教育段階に2人、中等教育段階に7人、そして初等教育段階と中等教育段
階の間に1人であり、留年パターンと同様に、中等教育段階において比較

表2　留年パターン

No.	修学パターン	人数	修学年数	留年回数	留年時期
1	**1**-1P2P3P4P5P6P7P8P9P10P11P12	1	13	1	初等・前期
2	**1F1F**1P2P3P4P5P6P7P8P9P10P11P12	1	14	2	初等・前期
3	1P2P**3F**3P4P5P6P7P8P9P10P11P12	1	13	1	初等・前期
4	1P2P**3P3P**4P5P6P7P8P9P10P11P12	1	13	1	初等・前期
5	1P2P3P**4F**4P5P6P7P8P9P10P11P12	1	13	1	初等・前期
6	1P2P3P**4F3P**4P5P6P7P8P9P10P11P12	1	14	1	初等・前期
7	1P2P3P4P**5F**5P6P7P8P9P10P11P12	1	13	1	初等・後期
8	1P2P3P4P5P**6F**6P7P8P9P10P11P12	2	13	1	初等・後期
9	1P2P3P4P5P6P**7F**7P8P9P10P11P12	2	13	1	初等・後期
10	1P2P3P4P5P6P7P**8F**8P9P10P11P12	1	13	1	中等・前期
11	1P2P3P5P6P7P8P**9P9P**10P11P12	1	12	1	中等・前期
12	1P2P3P4P5P6P7P8P**9F**//9P10P11P12	2	14	1	中等・前期
13	1P2P3P4P5P6P7P8P**9F**9P10P11P12	10	13	1	中等・前期
14	1P2P3P4P5P6P7P8P**9F8P**9P10P11P12	2	14	1	中等・前期
15	1P2P3P4P5P6P7P8P**9F9F**9P10P11P12	1	14	2	中等・前期
16	1P2P3P4P5P6P7P8P**9-9-**9P10P11P12	1	14	2	中等・前期
17	1P2P3P4P5P6P7P8P9P10P**11F**11P12	2	13	1	中等・後期
	合計	31			

注：数字＝学年、「P」＝合格、「F」＝不合格、「//」＝1年間の退学、「-」＝評価なし
出所：分析結果をもとに著者作成。

表3 一時退学パターン

No.	修学パターン	人数	修学年数	一時退学期間	一時退学時期
1	1-////4P5P6P7P8P9P10P11P12	1	12	2	初等・前期
2	1P2P3P4P//5P6P7P8P9P10P11P12	1	13	1	初等・前期後
3	1P2P3P4P5P6P7P//8P9P10P11P12	1	13	1	初等・後期後
4	1P2P3P4P5P6P7P8P//9P10P//11P12	1	14	2	中等・前後期
5	1P2P3P4P5P6P7P8P9F//9P10P11P12	2	14	1	中等・前期
6	1P2P3P4P5P6P7P8P9P//10P11P12	1	13	1	中等・前期後
7	1P2P3P4P5P6P7P8P9P////10P11P12	1	14	2	中等・前期後
8	1P2P3P4P5P6P7P8P9P10-//11P12	1	13	1	中等・後期
9	1P2P3P4P5P6P7P8P9P10P////11P12	1	14	2	中等・後期
	合計	10			

注：数字＝学年、「P」＝合格、「F」＝不合格、「//」＝1年間の退学、「-」＝評価なし
出所：分析結果をもとに著者作成。

的多いことが分かる。一時退学の期間については、1年間は6人、2年間は4人であり、3年間以上は皆無であった。また、2年間の一時退学を経験している生徒のうち、4人中3人が2年連続で通学していない（No.1、7、9）。さらに、一時退学経験者10人のうち8人は、留年を経験せずにいきなり一時的に退学している（No.5以外）。

第4節　ストレートに進級できない生徒たち

9年生に立ちはだかる大きな壁

　留年および一時退学のパターンに着目すると、9年生において課題に直面しているケースが多いことが分かる（表2・3）。9年生は前期中等教育の最終学年にあたり、その修了時に全国統一試験が実施される。初等教育においては最終学年の7年生修了時に実施される全国統一試験が子どもたちにとって障壁となっていたが（Ezaki & Sekiya, 2017）、中等教育においても全国統一試験のある9年生における留年経験者が最も多いことから、

同じ傾向にあると言えよう。

　また、この 9 年生においては、全国統一試験に不合格となり、翌年に留年して 9 年生に在籍するのではなく、1 学年下の 8 年生に在籍しているパターンが確認された。この背景には、学校施設の未整備の問題があると考えられる。上述の通り、中等教育における大きな課題の一つとして教室の不足が挙げられる。もともと教室が不足しているにもかかわらず、9 年生には全国統一試験に不合格となり、留年を希望する生徒が少なくないため、9 年生クラスのスペースはより圧迫されることとなる。対象校の教員によると、このような場合には生徒たちは空きスペースのある 1 学年下の学年に入れられることがある。つまり、生徒たちは、本人の学力不足に加え、学校施設の未整備といった個人の範囲を超えた課題が原因となり、一般的な留年よりも条件の好ましくないパターンに至ってしまうことがある。

　さらに、留年および一時退学の背景をより深く考察するために、9 年生にて留年を 2 回以上、または一時退学を経験している生徒たちに、その理由をインタビュー調査にて確認した。その結果、両者に共通して得られた最も多い回答は「経済的理由」であった[6]。実際の声としては、「家庭が経済的に厳しいため、家業である農業の手伝いに従事しなければならなかった」、「学校に行きながら働いていたため、勉強する時間を十分に確保することができなかった」、「全国統一試験の受験料を支払うことができなかった」といったコメントが聞かれた。次項では、このような背景を有する非ストレート進級の生徒たちの特徴をより詳細に考察する。

生徒たちの経済レベルと出生順位の進級への影響

　ザンビアをはじめ多くの開発途上国では、経済的困窮の状態にある場合、子どもたちが労働力となり家計を助けることは少なくない。その際、きょうだいの中では年長の者の方がこのような労働への参加率が高い（Dammert, 2010; Seid & Gurmu, 2015）と言われている。これは、年長の者の方が身体的および精神的に成長しているため、より多く稼ぐこ

　6　その他の理由としては、きょうだいの世話、妊娠、病気、学業不振等が挙げられている。

とができるとする考えから、保護者がこのような子どもたちに労働をより従事させる傾向があるためである。その結果、多くの開発途上国では、出生順位の早いきょうだいよりも遅いきょうだいの方が高い教育達成に至る（Ejrnæs & Pörtner, 2004; Kumar, 2016）と報告されている。

そこで、ここでは、調査対象者100人の修学パターンをストレート進級と非ストレート進級に分類し、両グループにおける経済レベルと出生順位の構成について比較を行った。その際、経済レベルについては、保護者の収入を基準にすることが好ましいが、対象者の中には保護者の収入を把握していない生徒が含まれるため、各家庭の所有物の個数に着目した。所有物として、電気設備、水道設備、携帯電話、テレビ、ラジオ、冷蔵庫、電子レンジ、コンピューター、インターネット、自転車、バイク、自動車の12点を設定し質問した。そして、所有物の合計点数により1−3点、4−6点、または7点以上の3つのグループに分け、対象者を分類した。

ストレート進級と非ストレート進級における各グループの構成を比較すると（図2）、ストレート進級においては、7点以上の所有物を有している生徒の割合が最も高く、所有物が1−3点の生徒の割合が最も低いことが明らかとなった。他方、非ストレート進級においては、所有物が1−3点の生徒の割合が最も高く、7点以上の所有物を有している生徒の割合が最も低いことから、ストレート進級とは逆の結果が示され、統計的に有意差も確認された（$\chi^2 = 6.73$, df = 2, P < 0.05）。これより、所有物が少ない家庭、すなわち経済レベルが低いと考えられる家庭の生徒ほど非ストレート進級となる可能性が高いことが分かる。

出生順位については（図3）、「長子」と「末子」に着目すると、統計的に有意差は確認されなかったものの（$\chi^2 = 6.88$, df = 3, P < NS）、ストレート進級においては長子よりも末子の割合が高く、非ストレート進級においては末子よりも長子の割合が高い。また、出生順位別に、1）ストレート進級・飛び級、2）留年、3）一時退学、4）留年・一時退学の割合を比較すると（図4）[7]、末子は誰一人として一時退学を経験している生徒がいないことが明ら

7　一人っ子は該当者が2人のため、図4のグラフには分析結果を示さないこととする。

第5章 ストレートに進級できない、ザンビア中等教育の生徒たち　133

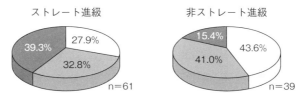

図2　ストレート進級および非ストレート進級における所有物の個数の割合
出所：分析結果をもとに著者作成。

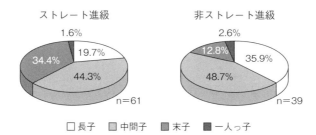

図3　ストレート進級および非ストレート進級における出生順位の割合
出所：分析結果をもとに著者作成。

図4　出生順位別のストレート進級および非ストレート進級の割合
出所：分析結果をもとに著者作成。

かとなった。つまり、末子は、経済的に厳しい状況にあるため、学校に行かずに労働に従事するといった経験がないことが分かる。

上記2点より、やはり経済的に厳しい状況にある生徒たちは、労働に従事するなどの負担がかかるため、経済レベルの高くない家庭の生徒および長子については、ストレートに進級する割合が低くなる傾向にあるものと考えられる。

家計を支えながら勉学に励む男子たち

ザンビア中等教育における男女間格差の問題に関する議論においては、アクセス面については男子の方が優位にあるため、女子に焦点が当てられることが多い[8]。しかしながら、男女別に非ストレート進級の割合を見ると、男子の方がその割合は高い結果となった（図1）。中でも、留年の割合が女子のそれよりも10%以上、上回っている（男子：37.5%、女子：25.0%）。

このような結果に至った理由として、まず、ザンビアにおいては、女子は学業面でネガティブな結果を得た場合、留年よりも退学する傾向が強いこと（IOB, 2008）が挙げられる。つまり、パフォーマンスが好ましくない女子は退学しているため非ストレート進級の割合が低下し、その結果として男子の方が非ストレート進級の割合が高くなったことが考えられる。しかしながら、本研究の分析結果では、女子においても非ストレート進級が全体の約3分の1を占めていることから、このように言い切ることは難しいであろう。

次に、中等教育へのアクセス状況が芳しくない中、とくに後期中等教育に進学している、または進学できる女子は、保護者の教育に対する意識がより高く、比較的経済的に余裕のある家庭の生徒であることが考えられる。そこで、前項にて実施した所有物の個数（経済レベル）の比較を男女別に行った（図5）。その結果、男子は所有物が1-3点の生徒の割合が45.8%

8　たとえば、Masaiti and Chita（2014）や UNESCO（2016）は、ザンビアの教育分野における男女間格差に関して、主に女子における就学率の低さや、彼女たちを退学に導く早期結婚、妊娠、安全でない学習環境などといった課題について記している。

第 5 章　ストレートに進級できない、ザンビア中等教育の生徒たち　135

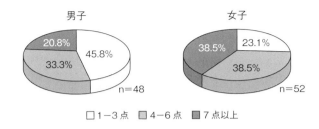

図 5　男女別の所有物の個数の割合
出所：分析結果をもとに著者作成。

と約半数を占めるのに対し、女子はその 2 分の 1 に近い 23.1％に留まっている。他方、所有物が 7 点以上の生徒の割合については、男子よりも女子の方が 17.7％高く、両者における所有物の個数の分布には有意差が認められた（$\chi^2 = 6.57$, df = 2, $P < 0.05$）。このことから、やはり後期中等教育に進学している、または進学できる女子については、比較的経済レベルが低いと考えられる家庭の生徒は少なく、その割合は男子の方が高い傾向にあることが読み取れる。換言すれば、男子については、経済レベルの低い家庭であっても後期中等教育に進学させるインセンティブが働いていることが分かる。

　これまでの考察において、経済的に厳しい状況にある生徒たちは、家計を支えるため労働に従事していることが確認されている。Ministry of Education, Science, Vocational Training and Early Education and United Nations Children's Fund（2014）によると、低所得の家庭においては家庭の収入を増やすために、とくに男子がサトウキビ収穫労働などの臨時仕事に就くよう促される。このような状況下にある生徒たちは、常に分割的注意（divided attention）[9]の状態にあり、ほとんどの時間において疲弊しているため、彼らにとって授業に集中することや良い成績を取ることは容易

　9　マルチタスキングを行う際、複数の作業や情報に対して注意を同時に向けることが必要とされる。「分割的注意」とは、このように分割され配分される注意のことを指す（原田・須藤 2011）。本章では、注意が散漫な状態にあることを意味することとする。

ではない。とりわけサトウキビ収穫を含む農作業は重労働であり、生徒たちへの肉体的負担は大きいと考えられる。

　以上により、男子は女子よりも留年する可能性が高くなる傾向にあるため、中等教育へのアクセス後における修学状況の改善においては、男子にも注意が向けられるべきであることが示唆される。

第5節　修学状況の改善に向けて

　本章では、ザンビアの中等教育最終学年である12年生の生徒たちに焦点を当て、彼らの修学状況を縦断的に遡り、とくに非ストレート進級の生徒たちの修学パターンとその特徴や背景について分析を行った。その結果、非ストレート進級の生徒たちは全体の約40％を占めており、彼らの修学パターンは非常に多様であることが明らかとなった。その中には、留年といっても翌年に同学年に在籍するのではなく1学年下の学年に在籍しているパターンや、一時的に退学し2年後に復学しているパターンなどが存在しており、毎年発表される就学率のような統計データの変化を追うことだけでは決して見えない生徒たちの姿を明らかにすることができた。

　また、「教室の不足」、「留年」、「貧困」といったさまざまな課題がザンビアの教育分野において横たわっているが、本章において実際に個々の生徒たちの姿に光を当てることにより、これらの問題が生徒一人ひとりの修学にどのような影響を与えているのか、具体的に提示することができたと考える。さらに、これらの課題に直面しやすい生徒の特徴は、経済的に厳しい状況にある生徒、長子、男子であることが明らかとなった。

　今後中等学校の建設が進み、より多くの子どもたちが中等教育へのアクセスを獲得することができるようになると考えられるが、本章にて明らかになったように、ストレートに進級できず、さまざまな課題に直面する生徒たちの絶対数も増加し、中等教育を受ける機会から遠ざけられてしまう可能性もあるのではないだろうか。そのような生徒たちには日頃から注意を払い、学校生活でのサポートを行うことが、中等教育段階での修学状況の改善において重要であると言えよう。また、政策・プロジェクト立案の

第5章　ストレートに進級できない、ザンビア中等教育の生徒たち　137

観点からすれば、中等教育の無償化による学費等教育費負担の軽減や学校施設の未整備といった個人の範囲を超える課題の早急な解決が重要となるであろう。

　なお、本研究は、東部州に位置する対象校における修学実態を分析した事例研究であり、分析結果をザンビア全体に当てはめることはできない。今後、地域環境の異なる首都や他州においても同様の調査を実施し、それぞれの傾向を比較検討することが望まれる。

[参考文献]

Central Statistical Office. (2016). *2015 Living conditions monitoring survey report*. Lusaka: Central Statistical Office.

Dammert, C. A. (2010). Siblings, child labor, and schooling in Nicaragua and Guatemala. *Journal of Population Economics, 23* (1), 199–224.

Directorate of Planning and Information, Ministry of General Education, Republic of Zambia. (2016). *2015 Educational statistical bulletin*. Lusaka: Ministry of General Education.

Ejrnæs, M., & Pörtner, C. C. (2004). Birth order and the intrahousehold allocation of time and education. *The Review of Economics and Statistics, 86* (4), 1008–1019.

Ezaki, N., & Sekiya, T. (2017). Study on individual children's enrollment patterns in the Republic of Zambia: Focusing on children who cannot move on to secondary education. *Kwansei Gakuin University Social Science Review, 22,* 19–31.

IOB (Policy and Operations Evaluation Department). (2008). *Primary education in Zambia* (IOB Impact Evaluation. No. 312).

Kumar, S. (2016). The effect of birth order on schooling in India. *Applied Economics Letters, 23* (18), 1325–1328.

Masaiti, G., & Chita, J. (2014). Zambia: An overview of formal education. In C. Wolhuter (Ed.), *Education in East and Central Africa* (pp. 423–454). Bloomsbury Academic.

Ministry of Education, Science, Vocational Training and Early Education. (2015). *Education for all 2015 National review: Zambia*.

Ministry of Education, Science, Vocational Training and Early Education &

United Nations Children's Fund. (2014). *Global initiative on out-of-school children.*

Seid, Y., & Gurmu, S. (2015). The role of birth order in child labour and schooling. *Applied Economics, 47* (49), 5262–5281.

United Nations Development Programme (UNDP). (2016). *Human development report 2016.* New York: UNDP.

United Nations Educational, Scientific and Cultural Organization (UNESCO). (2015). *EFA global monitoring report 2015: Education for all 2000-2015: Achievements and challenges.* Paris: UNESCO.

United Nations Educational, Scientific and Cultural Organization (UNESCO). (2016). *Zambia education policy review: Paving the way for SDG 4 – Education 2030.*

中村聡，2007，「教育行政」広島大学国際理数科技術教育協力実践プロジェクト研究センター編『教育関連叢書 No.1 ザンビアの教育 第1版』7-41.

中村聡，2008，「アフリカにおける教育分野セクタープログラムの分析枠組みについて――ザンビア国基礎教育分野投資計画及び教育省教育開発戦略計画を事例に」『国際協力研究誌』14（1）: 113-125.

原田悦子・須藤智，2011，「注意・制御と高齢化」原田悦子・篠原一光編『現代の認知心理学――注意と安全』北大路書房，130-165.

第6章　UGANDA

ウガンダにおける初等教育の内部効率性

小川啓一／James Wokadala

❖ 背景

ウガンダ政府は、
自国の公立初等学校における
教育の質と内部効率性の向上を目的に
さまざまな施策を講じてきた。

例：自動進級制の導入

効率の程度を示す指標
- 児童一人当たりの教育支出等

内部効率性を示す指標
- 進学率、退学率、留年率等

学校教育の内部効率性に関する先行研究は多様であり、さまざまな推定方法が用いられ、学習成果に影響を与えるいくつかの決定要因が明らかにされてきた。

しかしながら、提示された分析結果も多様であり、一概に拙速な結論付けをすることは難しい。

本研究にて採用する
教育制度の内部効率性に影響を与える要因に関する枠組み

教育政策要因
- 予算
- マネジメント
- アカウンタビリティ

学校要因
- 教員の態度
- 教室のダイナミクス
- 児童の学習意欲
- 教育課程

家庭・地域社会要因
- 親の意識
- 文化
- 宗教
- 機会費用

↓

学校教育に対する関心の低下
- 中途退学
- 留年
- 成績不振

本枠組みは、Hanushek(1996)にもとづくものである。

❖ 調査概要

対象地域：7つの県
（アパク、リラ、キトゥグム、パデル、アルア、マサカ、ムバレ）

内部効率性を示す指標の動向を分析し、

ウガンダの初等教育提供における内部効率性に左右する要因を明らかにする。

一次データ
県教育事務官、校長、児童等へのインタビュー調査

二次データ
ウガンダ教育・スポーツ省より収集したデータ

第6章　ウガンダにおける初等教育の内部効率性　141

❖ 結果 & 考察

教員一人当たりの児童数の推移

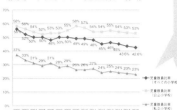

変動の理由：不十分な福利厚生や低い給与水準による高い教員の離職率、高い人口増加率など。

留年率と残存率が一貫して低い傾向は、自動進級制の効果によるものと考えられる。

男女別留年率と残存率の推移

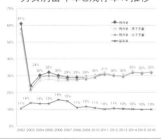

男女別修了率の推移

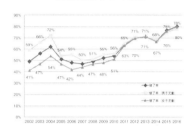

政府教育支出総額に占めるサブセクター別支出割合

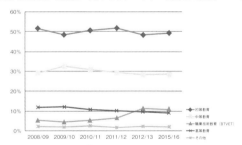

公立・私立学校における家計の教育支出

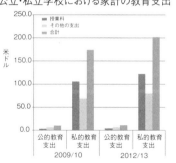

初等教育への支出割合が他のサブセクターと比べて最も高いのは、初等教育段階に在籍する児童数の増加に伴う高い初等教育へのニーズに応えるためであると考えられる。

家計からの教育費支出の平均は、公立学校に比べて私立学校の方が圧倒的に高い。

結論として、修了率、残存率、退学率とともに学校環境の質を向上させるような積極的な施策を講じることが、今後ウガンダにおいて必要になると考えられる。

第1節　背景

　教育はアフリカ、そして全世界において経済成長や個人の幸福の増進にとって不可欠なものである。1990年にタイのジョムティエンで「万人のための教育（Education for All: EFA）世界会議」が開催され、開発途上国における初等教育の普及、またアフリカにおける教育を受けていない若者の減少を目指すといった国際的な目標が掲げられた。また、2000年の国連ミレニアム・サミットで採択されたミレニアム開発目標（Millennium Developmet Goals: MDGs）でも、同様に教育を普及させることの必要性が謳われた。このような国際開発目標が採択された後、他のアフリカ諸国と同じくウガンダにおいても1997年に「初等教育の完全普及（Universal Primary Education: UPE）」といった目標が掲げられ、政府は初等教育段階において、各家庭、4人まで児童の授業料、および給食費を無償化することに努めてきた。

　UPE政策の結果、ウガンダでは無償で教育を受けることができる公立の初等学校により多くの児童が通うようになり、このことはウガンダ政府にとって正にも負にもなり得る影響を及ぼした。初等教育へのアクセスを望むすべての児童を受け入れるため、政府は国家の教育予算を引き上げ、教科書、教室または教員の確保に向けた多額の教育投資を行うことが必要となった。

　ウガンダ政府が初等教育への投資を優先することは、教育戦略投資計画（Education Sector Investment Plan, 1997-2003）と教育セクター戦略計画（Education Sector Strategic Plan, 2003-2015）にも明記されており、これは初等教育の社会的収益率が高等教育より高いという前提にもとづいている。教育セクター戦略計画は政策評価と予算策定の枠組みを提供するが、教育予算総額に対する初等教育予算の割合は過去13年間で50％以上増加したものの、政府支出の総額における初等教育への支出割合は、必要とされる17-20％を大幅に下回っている。初等教育財政の財源不足により、教員数や教員養成の実施に加え、教科書や教室、教員宿舎、トイレ等の設備の確保が依然として不十分な状態にある。

ウガンダ政府は予算が限られる中、自国の公立学校における教育の質と内部効率性の向上を目的に、さまざまな施策を講じてきた。2005年に導入された自動進級制は、留年者数を減少させ、児童が教育課程で取り残されるのを防止することに加え、中途退学者を減少させることに焦点が当てられ、上述のEFAやMDGsといった国際開発目標を達成するためにも非常に重要であった。自動進級制は、ウガンダにおける児童の計算能力と識字能力、両方の学習到達度と正の相関関係にあることが明らかとなっている（Okurut, 2015）。公立学校における内部効率性を改善するためには、政府と家計の双方が費用削減に取り組み、児童の留年率や中途退学率の低下、また修了率の引き上げや教員の質の向上といった共通の目的の達成に向け連携する必要がある。

教室や教材の不足に加え、教員の欠勤などが、ウガンダにおいて初等教育提供の非効率性をもたらしていることが明らかになっている。また、教育投資の便益を得るためには、希少なリソースを最大限に活用し、投入産出を最適化する効率的なリソース配分の状態を実現するべきである。効率の程度を示す指標では経済的な指標が多い。たとえば、児童一人当たりの教育支出や就学中に達成される学習量などがある。中でも、内部効率性を示す指標として頻繁に使用されるのは、修了率、進学率、退学率および留年率である。本研究の目的は、内部効率性を示す指標の動向を分析し、ウガンダの初等教育提供における効率性を左右する要因を明らかにすることである。次節では、初等教育の効率性に関する先行研究を一部紹介する。

第2節　先行研究

学校教育の効率性に関する先行研究は多様であり、大きく分けて内部効率性に焦点を当てたものと外部効率性に着目したものがある。Gonand, Joumard, and Price（2007）やSutherland, Price, Joumard, and Nicq（2007）は学校教育制度と学校が成果を産出する効率性を改善することは、経済成長に必要な質の高い教育を提供する方法の一つであると主張している。また、Chubb and Moe（1990）は、教材の投入と児童の学習到達度の間に

ある線形関係に着目し、Hedges and Greenwald（1994）は教授法の重要性を強調した。これらの先行研究は、政策や教育制度が学習到達度を含む成果を生み出す効率性を明らかにしている。

同様に、ウガンダにおいても Byamugisha（2010）や Nanyonjo（2007）らが、主に最小二乗法を用いて効率性の分析を実施している。これらの研究の結果は、学校教育への親の関与や教員の特徴などが児童の学習到達度に多大な影響を与えていることを明らかにしている。

Okurut（2015）は、ウガンダの初等教育における児童の学習到達度に自動進級制が与える影響を分析し、自動進級制は、3年生と6年生の児童の計算能力と識字能力に関する学習到達度に正の影響を与えることを明らかにした。加えて、Okurut（2018）は「差分の差分」（difference in differences）と傾向スコア（propensity score）の分析手法を用いて、ウガンダにおける自動進級制が中途退学に及ぼす影響を明らかにした。この研究の分析結果によると、自動進級制は児童が3年生で退学する確率に負の影響を及ぼすが、6年生では影響がないことが示された。

加えて、Grosskopf, Hayes, Taylor, and Weber（1997）のテキサス州を事例とした研究では、学校が効率的に運営されているという条件の下では、教育支出を約30％削減したとしても、同じ教育成果が得られることが示された。さらに Grosskopf et al.（1997）は、教育制度の非効率性がリソースの浪費に繋がることを明らかにした。教育制度の効率性の改善は単純なものではなく、教育リソースの増加に伴い教育成果を把握することができていない場合、効率性の低下に繋がることを示す分析結果もある（Hanushek, 1996）。

中国の貧困層が多い農村部における児童の留年と学業成績の関係に関する Chen, Liu, Zhang, Shi, and Rozelle（2010）の研究では、留年は短期間または長期間でも学業成績に正の影響を及ぼさないことが示され、留年が学業成績に正の効果をもたらすとする仮説は棄却された。この結果は、2・3・4年生の児童を対象とした分析で確認された。また、留年した一部の児童の学業成績に関する分析では、留年は学業成績に統計的に有意な負の影響を及ぼすことが示された。Myung, Hughes, Kwok, Puckett, and

Cerda（2013）は、留年した1−5年生の児童は進級した同学年の児童と比べ、学校での学習態度や学業成績が良いことを明らかにした。したがって、留年は児童にとって有利に働くものでも、初等教育段階での中高学年における学業成績の妨げとなるものでもないと考えられる。

　留年に関する過去の研究によると、Ndaruhutse（2008）は、留年した児童が進級した時、留年は学習到達度、出席率、そして学校での適応力や態度に負の影響を及ぼしていると主張している。また、留年した児童は学校での適応力や学業成績が、留年していない児童と比べて平均的に低い傾向にあることが明らかとなった。Brophy（2006）は、留年は相対的かつ一時的な学業成績の改善に繋がると指摘したが、同時にこの結果は、単に留年した児童は当該学年の学齢よりも年長であり、同じカリキュラムを二度繰り返しているために過ぎないと結論付けた。つまり、留年は進級後の学業成績をより満足のいくものとする知識や認知能力の獲得に対して、有利に働くものではないことが示された。Hong and Raudenbush（2005）もまた、留年が禁止されている幼稚園と留年が推奨されている幼稚園を比較した分析結果として、幼稚園での留年の平均的な効果は微小に過ぎないと主張している。

　ウルグアイにおける留年と中途退学に関する研究を行った Manacorda（2006）は、留年は、最初に留年してから4−5年後の児童の学力を低下させると指摘した。Silberglitt, Appleton, Burns, and Jimerson（2006）は横断分析を用いて、留年は1−8年生における識字能力向上に効果をもたらさないことを明らかにした。この結果は、留年していない児童の前年度の学業成績と比較して、留年した児童の学業成績は高くも低くもないことを示している。

　Reynolds（1999）は、留年制度はシカゴのような大都市に住む児童の学習到達度を促進させるのみの不十分な政策でしかないと主張した。この研究は、留年の実施は学校での学業に支援が必要な多くの児童に利益をもたらすものではないとしている。Holmes（1989）は、進級した児童と留年した児童の1−3年後の学習到達度を比較し、留年した児童の平均的な学習到達度は進級した児童と比べ、少なくとも標準偏差が0.4低いことを明

らかにした。加えて、Peterson, DeGracie, and Ayabe (1987) は、留年が児童の学習到達度に長期的な正の影響を与えないことを示した。このように、これまで関連する先行研究では、多様な推定方法が用いられ、学習成果に影響を与えるいくつかの決定要因が明らかにされてきた。提示された分析結果も多様であり、一概に拙速な結論付けをすることは難しい。本研究の目的は、内部効率性に関する指標の動向を分析し、その傾向を説明する要因を明らかにすることである。

第3節　分析手法

本研究では、教育制度の内部効率性に影響を与える要因に関する分析枠組みを採用した。Hanushek (1996)にもとづく本枠組みは、教育政策、学校、家庭・地域社会の3つの要因から構成されている（図1）。

投入されたリソースをいかに学校で効果的に活用しているか、その活用

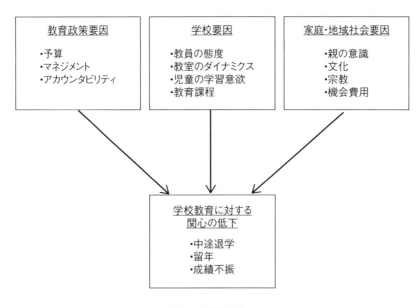

図1　分析枠組み

出所：Hanushek (1996) にもとづき著者らが作成。

第 6 章　ウガンダにおける初等教育の内部効率性　147

方法が教授と教育の質に及ぼす影響は、正にも負にもなり得る。非効率的なリソースの使用は、中途退学、留年、さらに全体的な学業成績の低下といった学校教育への関心の低下に繋がる可能性がある。また、学校教育への関心が低くなることが、修了率の低下をもたらすことも考えられる。本研究は、二次データと一次データを併用して、分析を行う。二次データはウガンダ教育・スポーツ省から得たものであり、一次データはウガンダにおける次の7つの県で収集したものである（北部地域：アパク、リラ、キトゥグム、パデル、西ナイル地域：アルア、中央部地域：マサカ、東部地域：ムバレ）。すべての県に関して、著者らが県教育事務官（District Education Officer）、校長、学校コミュニティに住む世帯主および児童を対象としたインタビュー調査を実施し、データを収集した。

　表1は、県・学校別のインタビュー回答者の概要を示している。本研究では、各地域から少なくとも1つの県が選ばれており、各学校では初等教育高学年の児童数を考慮して、本分析に必要となる十分な数の児童にインタビュー調査を実施している。本調査では、初等教育へのアクセス、留年、中途退学、修了率および全体的な学業成績に関する質的データをさまざまな回答者から得ることができた。

表1　県・学校別インタビュー回答者の概要

県	県別教育事務官への インタビュー回答者数	学校数	児童への インタビュー回答者数
アルア	1	2	29
アパク	2	2	15
リラ	2	2	21
キトゥグム	1	2	19
マサカ	1	2	19
ムバレ	2	2	28
パデル	1	2	19
合計	10	14	150

出所：著者らが作成。

第4節　結果と考察

　本節では、内部効率性に関するさまざまな指標の傾向を明らかにし、ウガンダにおける初等教育提供で効率の良し悪しが生じる要因について考察する。

内部効率性指標の動向

　学校の成果は、効率性の指標と教育への投資水準によって表される。本節における議論は、教員一人当たりの児童数（Pupil-Teacher Ratio）、7年生までの残存率（Survival Rate to grade seven）、修了率（Completion Rate）、留年率（Repetition Rate）、退学率（Dropout Rate）を含む内部効率性の指標にもとづいて行う。また本研究では、これらの内部効率性に関する指標が教育政策、学校、家庭・地域社会の3つの要因とどのように相関しているかを明らかにする。内部効率性に関する指標と学校のモニタリング、運営、管理状況は、学校の成果の重要な決定要因となっている。

教員一人当たりの児童数

　1997年にウガンダでUPE政策が導入されたことにより、より多くの児童が教育にアクセスできるようになったが、内部効率性は低迷していた。UPE政策は、初等教育へのアクセスを促進し、EFAダカール目標やMDGsなどの国際開発目標の達成に貢献するため、ウガンダ政府が講じた施策である。初等学校への入学者数の増加に伴い、教員一人当たりの児童数は平均で56から43へと大幅に低下した（図2）。UPE政策の導入当初、無償教育への需要は政府の予想を大幅に上回り、長期的な持続可能が危ぶまれたため、各家庭で4人の子どもたちにしか無償教育を提供することができなかった。内部効率性や教育の質、その要因に関連する指標を改善するため、政府は教室の増設、教員養成の拡充や教員の増員に加え、教科書の提供などに尽力してきた。

　図2に示す分析結果は、2002年から2016年の間、公立学校の教員一人当たりの児童数は58と53の間で変化してきたことを示しており、私立学

第 6 章　ウガンダにおける初等教育の内部効率性　149

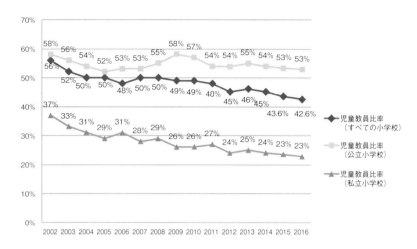

図 2　教員一人当たりの児童数の推移

出所：Education Sector Statistical Abstract（2016）

校よりも公立学校へより多くの児童が入学するようになったことも見受けられる。公立学校の教員一人当たりの児童数が 5 人ほどしか減少していないのに対し、私立学校における教員一人当たりの児童数は約 15 人も減少していることは、教育の民営化政策による私立学校の増加などと関連していると思われる。一方で、公立学校の教員一人当たりの児童数が継続して多い状態にあることは、高い人口増加率や不十分な福利厚生、低い給与水準による教員の高い離職率によるものと推測される。

　留年率

　留年率と残存率は、内部効率性を示す一般的な指標である。ウガンダの教育制度の文脈で留年率は、ある年のある学年に在籍する児童の中で、翌年に再び同じ学年を繰り返す児童の割合である。たとえば、2002 年に初等教育へ入学した児童が、翌年の 2003 年に再び 1 年生に在籍し続けるケースなどが、留年に当てはまる。図 3 によると、ウガンダにおける留年率はそれほど高くはなく、平均して 10％ をわずかに上回っている程度である。留年率は、2011 年以後から 10％ 付近で安定しているが、2006 年をピー

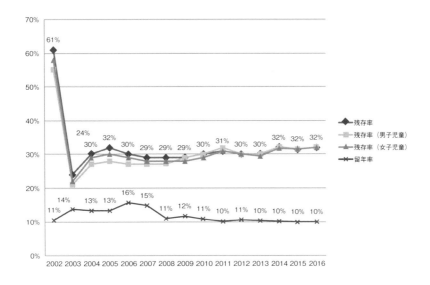

図3　男女別留年率と残存率の推移

出所：Education Sector Statistical Abstract（2016）

クに16％まで上昇したこともあった。留年率が平均して低水準を維持している背景として、2005年に導入された自動進級制があると考えられる。自動進級制は、財政面での政府の浪費を減らし、公立学校におけるUPE政策実施を持続可能とするために施行された。自動進級制下での留年は、私立学校内や、公立学校でも両親が子どもの学習到達度のさらなる改善を望む場合にのみ、見受けられる。

　留年率が最も高かった2006年は、初等教育修了試験のためUPE政策の下で多くの児童が初等教育に留まっていた年であり、自動進級制が開始された年でもあった。この記録的に高い留年率は、教室や教員の不足に加え、教員の能力不足など、ウガンダの初等教育はさまざまな課題に直面していたために生じたと考えられる。

　残存率
　残存率は、単純に初等学校に入学した1年生の児童の中で、留年の有

無にかかわらず、7年生まで到達した児童の割合を表している。7年生までの残存率は、2002年の61％から2003年の24％へと大幅に低下したが、2005年には再び32％まで上昇した。男子児童の残存率は、女子児童と同じく2002年から2009年の間で一貫して低いが、そののち、女子児童の残存率よりもわずかに高くなっている。この結果によると2009年以前は、男子児童よりも女子児童が初等教育に残存していたと考えられる。女子児童の高い残存率は、女子児童が学校で直面している課題を緩和するためのアファーマティブアクションの成果であると推測される。

修了率

修了率は、ある年に7年生を卒業した児童の総数と、人口における卒業予定者の比率を示しており、高い留年率と退学率が修了率改善の障壁になると考えられる。全体的傾向として、2007年以降、修了率は緩やかな上昇傾向にあることが確認された。

2002年における修了率の男女間格差は18％と大きく、男子児童の方が修了率は高かったが、2011年にはその差が2％まで縮小している。たとえば、2002年では女子児童の7年生の修了率は約40％で、男子児童の修了

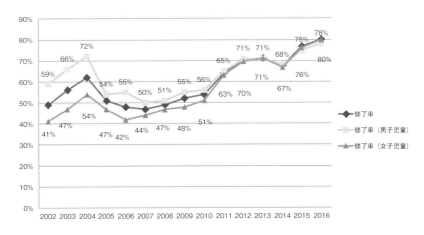

図4　男女別修了率の推移

出所：Education Sector Statistical Abstract (2016)

率よりも 19%低かった。2011 年以前に存在したこの格差は、女子児童の早期妊娠や結婚、また女性が教育を受けることを否定的に捉える文化など、女子児童の中途退学に繋がる負の要因からの影響を受け、生じていたと考えられる。女子児童の修了率は、2006 年に 42%まで低下したのち、男女間格差は縮小し続け、10 年後に最大 80%まで上昇するに至った。

内部効率性の変化の要因

2016 年当時では男女間格差は見受けられないものの、依然として約 20%の児童が初等教育を未修了である。本研究が実施した定性調査で、回答者から報告された学校教育未修了の主要な理由は、親または保護者の死亡、児童の慢性的な病気、農村部における学校へのアクセスの劣悪さ、両親の離婚および児童の早期結婚等であった。両親が死亡した児童は、学校教育機関からの支援が欠如しており、とくに貧困家庭で中途退学する可能性が高い。こうした児童はトラウマやストレス、その他の心理的困難に直面していることが多く、これらの困難を克服できない場合、中途退学するケースが多い。HIV／エイズなどの深刻な病を抱える児童は、効果的な治療やカウンセリングへのアクセスを欠いている場合、中途退学する可能性が高い。また、学校から遠隔地域に位置する特定の農村部に住む児童は、授業に遅刻・欠席するケースが多い。これらの要因も、学校教育を受ける意欲を低下させ、最終的には児童の中途退学に繋がっていると考えられる。さらには、家庭内暴力も児童が学校教育を修了することの妨げになり得る。

予算制約

初等教育の予算は年々不足していく傾向にあるが、依然として初等教育への需要は増加傾向にある。図 5 は、政府の教育支出総額に占める初等教育支出の割合が、2008 年から 2015 年の間で平均して約半分（50%）であったことを示している。初等教育への支出割合が他のサブセクターと比べて最も高いのは、初等教育段階に在籍する児童数の増加に伴う高い初等教育へのニーズに応えるためであると考えられる。高等教育支出の割合は 2010 年の 10.8%から 2016 年の 9.1%まで落ち込んだが、商業・技術・

第6章　ウガンダにおける初等教育の内部効率性　153

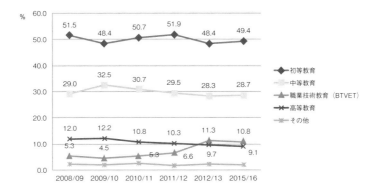

図5　政府教育支出総額に占めるサブセクター別支出割合

出所：Education Sector Annual performance Report（2016）

職業教育訓練（Business, Technical, Vocational Education and Training: BTVET）への支出割合は2010年の5.3％から2016年の10.8％まで増加し、ウガンダ政府がよりスキルディベロップメント重視の教育訓練への投資に力を入れてきたことが分かる。全体的な財政の傾向からは、初等教育へのより一層の財政支出の必要性が示唆される。

　家計の教育支出

　家計からの教育支出の平均は、公立学校に比べて私立学校の方が圧倒的に高く、初等教育財政を維持する上で、依然として家計が大きな負担を抱えていることが読み取れる（図6）。たとえば2009／2010会計年度では、公立学校での家計による教育支出が年間平均で10.2米ドルであったのに対し、私立学校での家計負担は174.2米ドルで、2年後の2012／2013会計年度までに27.8米ドル増加した。子どもを私立学校に送る両親は、公立学校では政府が負担している教員給与分など、追加的な費用をより多く支払う必要がある。民営化政策の下、高学歴化に伴い、公立でも私立でも大学に通う学生が増加していることも、私的教育支出が全体的に高い理由として考えられる。

　授業料は家計による教育支出の一部で、その割合は2012／2013会計年

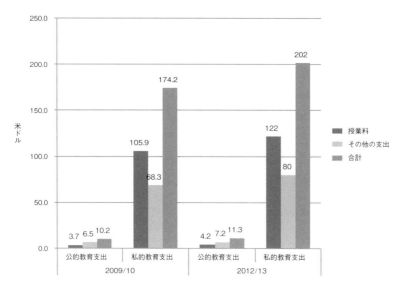

図6 公立・私立学校における家計の教育支出

出所：Uganda National Household Survey（2013）

度の教育支出総額の半分以上を占めている。これに加え、家計は寮費や交通費など、学習に伴うさまざまな費用を負担する必要がある。本研究の結果は近年、家計の教育支出額が、政府・ドナーの支出額をわずかに上回っていることを示している。初等教育における政府・ドナーの支出額は家計の支出額より2倍ほど大きいが、中等教育では、家計の支出額の方が政府・ドナーの支出額よりも3倍ほど大きい。高等教育における支出額は他の教育段階と比べて最も小さく、家計と政府・ドナーの支出額の間に大きな差は見られない。近年は、民間セクターによる教育サービス提供に対する人々の態度が肯定的になってきており、人々がより質の高い教育に投資するようになったことがこの背景にあると思われる。政府は初等教育への関心をより強めており、修了試験で良い成績を収める児童を輩出する学校への需要の高まりから、いくつかの学校に特例が適用され、こうした学校は公立・私立にかかわらず、通常よりも高い授業料を徴収している。

第5節　結論

　本研究は、教育の内部効率性に影響を与える要因に関する分析枠組みを用いた。本枠組みは、投入されたリソース使用の学校での取り組みが教授と教育の質に及ぼす影響は正にも負にもなり得ること、リソースの非効率的な使用は、中途退学、留年そして全体的な学業成績の低下に繋がり、学校教育への関心の低下、さらには修了率の低下をもたらす可能性があることを考慮している。

　分析の結果、本研究は、初等教育における内部効率性や教育の質、その要因に関連する指標を改善するために、政府が教室の増設、教員養成の拡充や教員の増員、教科書の提供といった教育投資を行ってきたことを明らかにした。加えて、本研究の結果は教員一人当たりの児童数が変動してきたことを示しており、その理由として、高い人口増加率や、不十分な福利厚生や低い給与水準による高い教員の離職率などが挙げられた。財政面で政府の浪費を減らし、公立学校における UPE 政策実施を持続可能とするため、ウガンダでは自動進級制が 2005 年に施行されたが、留年率と残存率が一貫して低い傾向は、この自動進級制の効果によるものと思われる。全体的な傾向として 7 年生までの残存率は、2002 年の 61% から 2003 年の24% へと大幅に低下したが、2005 年には再び 32% まで上昇している。

　修了率に関しては、2007 年以降、緩やかな上昇傾向にあることが全体的な傾向として明らかとなった。しかしながら、修了率には男女間格差が存在し、ある時点では女子児童より男子児童の方が修了率の高い傾向が見られる。この修了率における男女間格差は、女子児童の早期妊娠や結婚、また女性が教育を受けることを否定的に捉える文化など、女子児童の中途退学に繋がる負の要因によって生じていたと考えられる。また、本研究により初等教育における非効率性は、両親または保護者の死亡、児童の慢性的な病気、農村部における学校へのアクセスの劣悪さ、両親の離婚、児童の早期結婚などが原因となっていることが明らかとなった。その他のウガンダの初等教育における課題としては、政府の予算制約や家計の経済的負担の大きさなどが挙げられる。結論として、修了率、残存率、退学率とと

もに学校環境の質を向上させるような積極的な施策を講じることが、今後ウガンダにおいて必要になると思われる。

［参考文献］

Brophy, J. (2006). *Grade repetition* (Education Policy Series 6). International academy for education (IAE) and UNESCO international institution for educational planning (IIEP). Retrieved from http://www.unesco.org/iiep/PDF/Edpol6.pdf

Byamugisha, A. (2010). Examining the effects of school environment factors on pupils' learning achievement in Uganda primary schools. *African Education Research Journal, 1,* 110-133.

Chen, X., Liu, C., Zhang, L., Shi, Y., & Rozelle, S. (2010). Does taking one step back get you two steps forward? Grade retention and school performance in poor areas in rural China. *International Journal of Educational Development, 30* (6), 544-559.

Chubb, J. E., & Terry, M. M. (1990). *Politics Markets and American Schools.* Washington, D.C.: Brookings Institution Press.

Gonand, F., Joumard, I., & Price, R. (2007). *Public Spending Efficiency: Institutional Indicators in Primary and Secondary Education* (OECD Economics Department Working Papers No. 543). Paris: Organisation for Economic Co-operation and Development (OECD).

Grosskopf, S., Hayes, K. J., Taylor, L. L., & Weber, W. L. (1997). Budget-Constrained Frontier Measures of Fiscal Equality and Efficiency in Schooling. *Review of Economics and Statistics, 79,* 116-124.

Hanushek, E. A. (1996). School Resources and Student Performance. In G. Burtless (Ed.), *Does money matter? The Effect of School Resources on Student Achievement and Adult Success* (pp. 43-73). Washington, D.C.: Brookings.

Hedges, L. V., Laine, R. D., & Greenwald, R. (1994). Does Money Matter? A Meta-Analysis of Studies of the Effects of Differential School Inputs on Student Outcomes. *Educational Researcher, 23* (3), 5-14.

Holmes, C. T. (1989). Grade level retention effects: A meta-analysis of research studies. In L. Shepard, & M. Smith (Eds.), *Flunking grades: Research and policies on retention* (pp. 16-34). London: Falmer Press.

第6章　ウガンダにおける初等教育の内部効率性　157

Hong, G., & Raudenbush, W. S. (2005). Effects of kindergarten retention policy on children's cognitive growth in reading and mathematics. *Educational Evaluation and Policy Analysis, 27,* 205-224.

Kavaliauskiene, G. (2009). Role of mother tongue in learning English for specific purposes. *ESP World Issue 1, 22* (8), 1-12.

Manacorda, M. (2006). Grade failure, drop out and subsequent school outcomes: Quasi-experimental evidence from Uruguayan administrative data. *London School of Economics,* 1-73.

Ministry of Education and Sports (1998). *Education Strategic Investment Plan (ESIP 1998 – 2003).* Kampala: Auhtor.

Ministry of Education and Sports (2004). *Education Sector Strategic Plan (ESSP 2004 - 2015).* Kampala: Ministry of Education and Sports.

Ministry of Education and Sports (2016a). *Education Sector Annual performance Report (2016).* Kampala: Ministry of Education and Sports.

Ministry of Education and Sports (2016b). *Education Sector Statistical Abstract (2016).* Kampala: Ministry of Education and Sports.

Myung, H., Hughes, J. N., Kwok, O., Puckett, S., & Cerda, C. A. (2013). Effect of retention in elementary grades on transition to middle school. *Journal of School Psychology, 51* (3), 349-365.

Nannyonjo, H. (2007). *Education inputs in Uganda: An analysis of factors influencing learning achievements in grade six* (African Region Human Development Series Number 98). World Bank. Retrieved from http://dx.doi.org/10.1596/978-0-8213-7056-8

Ndaruhutse, S. (2008). *Grade repetition in primary schools in Sub-Saharan Africa: An evidence base for change.* Center for British Teachers (CfBT) Education Trust. Retrieved from http://www.consultasrodac. sep.gob.mx/cartilla/pdf/Grade% 20Repetition_FINAL_8FEB08.pdf

Okurut, J. M. (2015). Examining the effect of automatic promotion on students' learning achievements in Uganda's primary education. *World Journal of Education, 5* (5), 85-100.

Okurut, J. M. (2018). Automatic Promotion and Student Dropout: Evidence from Uganda, Using Propensity Score in Difference in Differences Model. *Journal of Education and Learning, 7* (2), 191-209.

Peterson, E. S., DeGracie, S. J., & Ayabe, R. C. (1987). A Longitudinal Study of the Effects of Retention/Promotion on Academic Achievement.

American Educational Research Journal, 24 (1), 107-118.

Reynolds, A. J. (1992). Grade retention and school adjustment: An explanatory analysis. *Educational Evaluation and Policy Analysis, 14* (2), 101-121.

Silberglitt, B., Appleton, J. J., Burns, M. K., & Jimerson, S. R. (2006). Examining the effects of grade retention on student reading performance: A longitudinal study. *Journal of School Psychology, 44* (4), 255-270.

Sutherland, D., Price, R., Joumard, I., & Nicq, C. (2007). *Performance Indicators for Public Spending Efficiency in Primary and Secondary Education* (OECD Economics Department Working Papers No. 546). Paris: Organisation for Economic Co-operation and Development (OECD).

Uganda Bureau of Statistics. (2013). *Uganda National Household Survey (2013)*. Kampala: Uganda Bureau of Statistics.

第7章 LAOS

ラオス初等教育における民族・地域格差
小学校におけるラオス少数民族の子どもたち

伴 遥奈／乾 美紀

❖ ラオス少数民族の抱える教育課題

● ラオスは多民族国家

ラオスでは……
・多数派民族語が国家の教授言語
・多数派民族の価値観にもとづく授業内容
→少数民族への配慮が不足している？

多数派民族と少数民族間の教育格差の問題

少数民族に配慮した教育を行うことは重要。
しかしながら、その成果を検証した研究は未だなされていない…

RQ：教員による児童への配慮が教育の成果にどのような影響を与えているか？

本研究では…
「教員と児童の民族親和性が教育の成果である学力試験の結果に貢献している」
とする仮説の検証を通して、リサーチクエスチョンを明らかにする。

❖ 民族間コミュニケーションが生み出す教育格差

● クラスにおける民族親和性と成績
・民族親和性の高い学校ほど学年末試験の合格率が高かった。

親和性	学校名	全児童数(人)	少数民族児童数(人)	少数民族児童割合	児童情報(人)	全教員数(人)	少数民族教員数(人)	教員情報(人)	民族一致率
高 ↑	B	13	13	100%	タイヌアン(13)	1	1	タイヌアン(1)	100%
	J	30	0	0%	ラオ(30)	1	0	ラオ(1)	100%
	C	15	15	100%	ルー(15)	1	1	カムー(1)	0%
	I	21	18	86%	ラベン(18)/ラオ(3)	1	1	ラベン(1)	86%
	K	72	25	35%	ラオ(47)/モン(25)	3	3	ラオ(3)	65%
	A	158	96	61%	ラオ・タイ(58)/モン・クメール(31)/シナ・チベット(35)/モン・ミエン(30)	6	5	ラオ・タイ(6)	38%
	E	14	14	100%	タイダム(2)/タイヌアン(10)/ルー(1)/プーノイ(1)	1	1	タイダム(1)	13%
	D	29	29	100%	ルー(1)/ビッド(2)/モン(13)	2	2	タイダム(2)	0%
低	F	49	49	100%	モン(49)	3	3	タイヌアン(1)/プーノイ(2)	0%

● 民族親和性が児童に与える作用
・民族親和性の高い児童ほど学期末試験の成績が良好であった。

結論：教員と児童の民族親和性の高さは学業成績の向上に貢献する。

第7章 ラオス初等教育における民族・地域格差

❖ 教員の関わり方とクラス内における個人差

● 民族親和性と成績における児童の個人差

	学校B	学校C	学校E	学校D	学校F
親和性	高	高	中	低	低
児童数(人)	14	15	15	16	20
平均点(点)	7.18	6.60	6.86	5.52	5.54
標準偏差	0.57	1.11	1.38	1.47	1.94

> 親和性の高い学校ほど児童間の成績にばらつきがなく、児童の成績が平均点に集中している。

● 欠席と個人差の関係の検討

〈児童の欠席理由や特徴に関するインタビュー結果〉

学校B	教員がほとんどの児童の欠席理由を把握していない。
学校C	両親を早くに亡くしたため、面倒を見てくれる保護者がいない。または、母親と別居の状態にあり、母親に会いにいくために欠席をしていた。
学校D	母親を亡くし、父子家庭である上に、父親がほとんど面倒を見ていない。
学校E	ほとんどの児童の欠席理由について、教員が詳細に把握をしていなかったが、最も欠席の多かった児童は、前学年度の終了後に親と別の郡に引っ越していたことが分かった。欠席理由は明確ではないが、家庭の事情等が原因ではないかとの教員の見解が得られた。
学校F	欠席回数が最も多い児童は中間試験の成績が10点満点中9点であり、最も良い成績であったが、欠席理由について教員は把握していなかった。

> 教員へのインタビューの結果…
> 教員と児童の民族親和性は、児童の出欠に影響を与えていないことが分かった。

❖ コーヒー農園における就学の実態

● 民族親和性と成績における児童の個人差

民族親和性は高いにもかかわらず学業成績が低い学校において、いかなる要因が民族親和性による成績への作用を阻害しているかを検討した結果…

> 欠席回数が多い児童ほど成績が良くない傾向にあった。

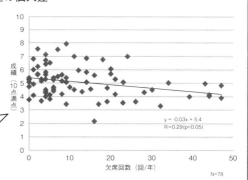

● 教育に影響し得るコーヒー農園の家庭および社会的要因

対象校は異なる社会的要素を含んでいるが、コーヒー農園地域における特徴として、児童が欠席をしやすい傾向にある。

第1節　ラオス少数民族の抱える教育課題

多民族国家で取り残された子どもたち

　世界はこれまでミレニアム開発目標（Millennium Development Goals）達成に向けて教育の量的拡大を目指し、開発途上国の初等教育における純就学率は2015年には91％に到達した（United Nations, 2015a）。しかしながら、少数民族は教育において未だに取り残されていることを受け、持続可能な開発目標(Sustainable Development Goals: SDGs)における目標4「質の高い教育の提供」の中のターゲット4.5に、包摂的で公平な教育の普及が掲げられている（United Nations, 2015b）。

　ラオス人民民主共和国（以下、ラオス）は、多数派民族であるラオ族と48の少数民族を有する多民族国家である。ラオス政府は2011年の国家建設方針として、人材開発に重点を置くことで経済発展をなし得るとの考えを示しており（山田 2012）、1つの村に1つの小学校を作る「一村一校プロジェクト」を行うなど、教育の量的拡大に力を注いできた（オンパンダラ 2011）。その結果、2000年の純就学率77.3％に対し、2015年には98.5％にまで改善が見られた（United Nations Development Programme [UNDP], 2013; Lao EDUInfo, 2015）。しかしながら、ラオスにおける初等教育の残存率は2015年において78.3％と周辺国に比べて低い数値に留まっている（Lao EDUInfo, 2015）。このことには少数民族の教育アクセスの低さが影響しているだろう。少数民族の不就学率は依然高く、例として、多数派民族の中のラオの不就学率は5.7％であるのに対して、少数民族のカタンは40.9％、アカは49.7％にのぼっている[1]。就学経験の有無は識字率にも大きく影響しており、ラオの識字率は93.3％である一方、カタンは51.0％、アカは40.9％である（Lao Statistics Bureau, 2016a）。

　民族間に大きな教育格差が生じていることは、ラオスの教育において重要な課題の一つであると言える。SDGsの下、世界が包摂的かつ公平な、

　1　6歳以上男女のうち、学校に通った経験がない人口の比率を指す。

質の高い教育の普及を目指していく中で、多民族国家であり少数民族と多数派民族との間に顕著な教育格差が見られるラオスにおいて、少数民族に配慮した教育のあり方を検討する必要がある。

多民族国家における少数民族教育

　多民族国家の教育政策における少数民族への配慮に関して、乾（2002）は、先進国と東南アジア地域における少数民族に対する教育政策の共通点を検討した。そして先進国では、少数民族に対する社会的概念および教育政策が、同化政策から多文化主義の方向へ転換していると考察している。東南アジア地域では、シンガポール共和国など、各民族の言語や文化を尊重し、多様性の中で国民の統一を図るなど先進国との共通点が見られる国家も存在する。一方、多くの開発途上国においては、少数民族の言語や文化を尊重せずに国民統合を図ろうとする同化・統合政策を採用する傾向があると述べている。

　しかしながら、同化・統合政策を行う国家においても、少数民族に対する教育政策は見られる。マレー系、中国系およびインド系民族により構成されるマレーシアでは、少数民族語も初等教育の教授言語として使用し、各民族のアイデンティティを維持するための教育政策が採られている。マレー語を教授言語とする学校を「国民学校」、英語、中国語またはタミル語を教育言語とする学校を「国民型学校」と称し、マレー系児童は国民学校、その他の児童は国民型学校に通う（齋藤 2005）。

　多数派民族であるキン族を含む54の民族で構成されるベトナム社会主義共和国の初等教育は、多数派民族語であるベトナム語を教授言語としており、教科書もベトナム語のものが主である。一方、少数民族語で書かれた教科書の作成や、初等教育の１年生に入学する前にベトナム語の補習を行うなどの少数民族に配慮した教育政策が行われている（笹間 2008）。

　また、漢族と少数民族により構成される中華人民共和国では、少数民族に対する教育政策は以下の２つに分類される。一つ目は、北方民族であるモンゴル族、ウイグル族のように単一の民族が居住する自治区域における、小学校から大学まで民族語を教授言語とする「民族学校」の運営であ

る。二つ目は、地域における少数民族人口が少なく、漢民族や他の民族と居住区を同じとする南方地域における、初等教育のみを民族語と中国語の2言語で受け、最終的には漢語による教育を目指した教育政策である（周2005）。

多民族国家において少数民族の文化や言語を尊重する教育のあり方、つまり同化・統合政策から多文化主義への転換が見られる中、ラオスにおいては同化政策にもとづいた教育政策が採用されている。ラオスでは、少数民族児童は就学までラオ語に触れる機会がないにもかかわらず、就学後はラオ語を教授言語とする教育を受ける。また、教員が少数民族の類似性や相違性に対して無知であり、多数派民族の価値にもとづいて授業を行っているとの指摘もあり、これらの状況が教育格差を生み出していると指摘されてきた（Chagnon & Rumpf, 1983; Thant & Vokes, 1997; Inui, 2015）。

しかしながら、1990年代後半に入ってから政府は徐々に女性・女子、少数民族、不利な状況に置かれた人々への教育を考慮するようになり、「EFA（Education for All）国家教育計画（2003-2015）」では、小学校1年生にバイリンガル教師を派遣すること、「教育スポーツセクター開発計画（2016-2020）」では、性別、民族、障がい等にかかわらず、すべての子どもが就学することを目指すなど、少数民族を含むマイノリティグループに配慮した政策を取っている（Peters, 1998; Ministry Of Education, 2005; Ministry Of Education and Sports, 2015; Inui, 2015）。

Benveniste, Marshall and Santibanez（2007）によると、ラオスの地方における教員不足に対し、主要な民族言語グループであるラオ・タイの教員に地方で働くインセンティブとして特別な手当を与えるなどの政策を行うことで、地方における教員の増加を試みている。しかしながら、都市部におけるラオ・タイの90％、地方におけるラオ・タイの80％が同民族言語グループの教員から教育を受けられている一方、その他の民族言語グループの児童のほとんどは同民族言語グループの教員による教育を受けられていない。また、教員資格取得後に出身地域に戻る少数民族教員を養成するためのプロジェクトは多く実行されているが、希望者の中には教員養成機関の条件を満たさない、また教員が必要な地域からの希望者が少ない

といった課題がある。

　上述の通り、少数民族に配慮した教育政策に取り組んでいる一方、少数民族の子どもたちの成績は未だ低いのが現実である。Ministry Of Education and Sports and Research Institute for Education and Sports (2014) は、ASLOⅢ[2]の成績において、母集団の平均を500とした際の、多数派民族と少数民族の差を比較すると、ラオス語試験では多数派民族526.7に対し少数民族479.1、算数試験では多数派民族507.9に対し少数民族490.6であることを報告している。ラオスの農村地域に位置する学校で参与観察を行ったInui (2009) は、少数民族教員は、少数民族児童に授業速度を合わせる、民族語で教えるといった、少数民族児童に対する配慮を行うことで、少数民族児童の理解を促進すると述べている。他の多民族国家と同様に、少数民族に配慮した教育を行うことが、ラオスにおける教育課題の解決に繋がると考えられる一方、ラオスにおいては、少数民族児童への配慮が教育の成果にどのような影響を与えるのかを明らかにした研究はなされていない。そこで、本研究においては、児童の文化や言語といった民族性に対する教員の理解度を「民族親和性」という言葉として定義し、「教員と児童の民族親和性が、教育の成果である学力試験の結果に貢献している」との仮説を設定する。そして、教員による児童への配慮が、教育の成果にどのような影響を与えているかを明らかにする。

ラオス人民民主共和国基礎情報

　ラオスは、東南アジアに位置する、ベトナム社会主義共和国、カンボジア王国、タイ王国、ミャンマー連邦共和国、中華人民共和国に囲まれた内陸国である。人口 (2015) は約650万人であり (Lao Statistics Bureau, 2016a)、うち13％が首都のビエンチャン市で暮らす等、人口が集中している。面積は約240,000平方キロメートルで、日本の本州の面積 (231,127平方キロメートル) に相当する (日本総務省統計局 2017)。2016年における一人当たりGNIは2,150米ドルであり、2020年までに後発開発途上国

2　Assessment of Student Learning Outcome（ASLO）は全国から対象者を抽出して行う調査であり、ASLOIIは3年生を対象に2012年に実施された。

からの脱却を目指している。産業構造は、2005年において、第一次産業約44%、第二次産業約29%、第三次産業約25%（Lao Statistics Bureau, 2006）から、2016年には第一次産業約17%、第二次産業約36%、第三次産業約43%（Lao Statistics Bureau, 2016）と、農業から工業、サービス業への転換が見られる。

ラオス民族の分類と各民族の特徴

ラオスの民族は言語的背景により4つの民族言語グループに大別され、各グループの中でさらに細かい民族分類がなされる。[3]全人口の約62.4%をラオ・タイが占める（図1）ため、多くの研究においてラオ・タイは多数派民族、その他は少数民族と定義されるが、ラオ・タイには16%の少数民族が含まれており、各民族は独自の言語や文化を持つ（Lao Statistics Bureau, 2016b; Schliesinger, 2003）。

a）ラオ・タイ：

最も人口に占める割合の多いラオ族を含む8つの民族により構成されるグループである。このグループは、隣国である中華人民共和国の雲南省やベトナム社会主義共和国の北部が起源であるとされる。宗教は上座部仏教とアニミズムの混合仏教であり、主な産業は、低地の穀物農業である。

b）モン・クメール：

言語の起源からオーストロ・アジア系とも呼ばれ、カムを中心に32の小集団で形成されるグループである。各民族は文字を持たない独自の言語や文化を保持している。宗教は、アニミズムを信仰するケースが多いが、仏教やカトリック、プロテスタントを信仰するコミュニティも存在する。産業としては、稲作、焼き畑農業および狩猟を行っている。

c）モン・ミエン：

モンなど2つの民族により構成されるグループであり、中華人民共和国南部から移住してきたとされる。宗教はアニミズムである（Chazee, 1999）。山岳地帯に住み、伝統的に焼き畑農業やケシの栽培を行ってきたが、

3　言語的背景による分類は1995年より導入されており、1975年から1995年の間は居住地域により分類されていた。

現在は焼き畑農業やケシの栽培は政府により禁止されている。
d）シナ・チベット：

アカなど7つの民族により構成されるグループである。中国との国境沿いのラオス北部に居住しており、稲作、家畜の飼育、林業を生業としている（Rattanavong, 1996）。宗教はアニミズムを信仰するが、それぞれのコミュニティによって異なるスピリットを持つ（Schliesinger, 2003）。産業としては、稲作、アヘン栽培、狩猟および畜産農業を行う。

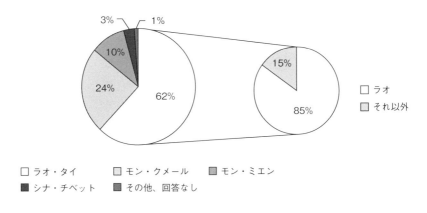

図1　全人口に占める各民族言語グループの割合

出所：Lao Statistics Bureau（2016b）をもとに著者作成。

教育制度と民族間に見られる教育格差

ラオスの教育制度は、就学前教育、初等教育（5年）、前期中等教育（4年）、後期中等教育（3年）、技術・職業教育訓練や教員養成学校を含む高等教育からなる（United Nations Educational, Scientific and Cultural Organization［UNESCO］, 2011）。ラオスの学校は、8月末から12月までを前期、1月から5月までを後期とする2学期制である。カリキュラムは、公立、私立ともに教育スポーツ省の規定したカリキュラムで統一されており、すべての授業において多数派民族の言語であるラオス語が使用される。初等教育課程における教授科目は、主要教科であるラオス語、算数、私た

ちのまわりの世界[4]の3教科に加え、副教科として芸術、体育、音楽、工芸、そして2008／2009年度に復活した道徳（クンソムバット）を含む8教科で構成される（山田 2011）。進級は、毎年5月に行われる全国統一の学年末試験によって決められる。学年末試験の採点基準は、全教科の平均点が10点満点のうち5点以上で合格、5点未満で不合格である[5]。

　ラオスの初等教育に関する先行研究やデータによると、多数派民族と少数民族との間で教育格差が見られる。駿河・パンパキット（2010）は、地方において、家庭背景による基礎教育開発への影響を定量的に分析し、少数民族は多数派民族と比較して規定年齢を超えた就学や退学などを表す教育の内部効率性が低いということを明らかにした。UNDP（2013）によれば、初等教育における最終学年までの残存率は、モン・クメール59％、モン・ミエン71％、シナ・チベット87％と、多数派民族と少数民族の間における格差だけではなく、少数民族間においても格差が見られる。

第2節　民族間コミュニケーションが生み出す教育格差

研究対象とデータソース

　本研究では調査対象が地域や民族によって著しく偏ることを避けるため、北部、中部、南部の各地域1県ずつを選定した。本研究は少数民族に焦点を当てることから、少数民族人口が多いルアンナムタ県（北部）、ビエンチャン県（中部）、チャンパサック県（南部）にて調査を行った。学校の選定は、現地の調査協力者とともに各郡の教育スポーツ局を訪問し、研究課題を明らかにすることが可能な学校の紹介にもとづき、ルアンナムタ県ルアンナムタ郡の6校、チャンパサック県パクソン郡の3校、同県ポ

　4　英語名では World Around Us と訳される。理科・社会・環境・保健等の総合的な内容を含む科目である。なお、通常ラオスの試験問題は問題数が少ないため10点満点となる。問題数が多い場合は、1問0.5点と配点することもある。

　5　各対象学校の教員へのインタビューより、平均点5点をわずかに下回った場合、教員の裁量により出席率の良い児童、月例試験の成績の良い児童は合格となる等の配慮が行われている。

表 1　対象学校基本情報（2015／2016 年度）

学校名	県名	学校設立年	立地	児童数(人)	主要民族グループ	学校種別
A	ルアンナムタ	1983	都市部	784	ラオ・タイ(35%)、シナ・チベット(26%)、モン・クメール(22%)、モン・ミエン(16%)	公立
B	ルアンナムタ	1970	都市部	81	ラオ・タイ(100%)	公立
C	ルアンナムタ	1955	農村部	66	ラオ・タイ(100%)	公立
D	ルアンナムタ	1970	農村部	157	モン・ミエン(55%)、モン・クメール(39%)、ラオ・タイ(6%)	公立
E	ルアンナムタ	1966	都市部	123	ラオ・タイ(52%)、モン・クメール(47%)	公立
F	ルアンナムタ	1976	農村部	208	モン・ミエン(100%)	公立
G	チャンパサック	1995	農村部	341	モン・クメール(100%)	公立
H	チャンパサック	2013	農村部	139	モン・クメール(100%)	公立
I	チャンパサック	1978	農村部	134	モン・クメール(70%)、ラオ・タイ(30%)	公立
J	チャンパサック	1971	農村部	121	ラオ・タイ(100%)	公立
K	ビエンチャン	2010	都市部	261	ラオ・タイ(72%)、モン・ミエン(28%)	私立

出所：収集したデータ（b）をもとに著者作成。

ントン郡の 1 校、ビエンチャン県ポンホン郡の 1 校、計 11 校にて、本研究の分析で必要とするデータの収集および半構造化インタビューを行った。各対象校の基本情報は表 1 に示す通りである。ラオス全土において 1 年生の学力試験における成績が芳しくないこと、留年や退学の頻発が課題であることから、本分析の対象は各学校における 1 年生の児童に関するデータとする。

　データソースは、各学校に保管されている児童記録簿、村別データブック、学校記録簿である。各データソースの詳細を以下に記す。

a) 児童記録簿

　児童記録簿[6]には、月例試験、全国統一の中間試験（1 月）、学年末試験（5 月）における各児童の教科別スコアおよび全教科平均点等の学業成績、毎日の出欠記録として欠席または遅刻が記録されている。

　6　教育スポーツ局が記録用の冊子を各学校に配布しており、学年末に回収、配布が行われる。記録簿の回収が義務付けられているため、記録簿の内容における信頼性は高いと考えられる。

b）村別データブック

　村別データブック[7]には、各村における学年別・年齢別・民族別の児童数や、教育予算・支出、教員に関するデータおよび統計データが記録されている。本調査では、チャンパサック県パクソン郡の学校Ｉにおいて村別データブックを入手できなかったため、インタビューをもとに同様のデータを収集した。

c）学校記録

　学校記録は、学年末試験の結果および留年、退学、転校に関する情報を学校ごとに記録した資料である。

クラスにおける民族親和性と成績

　はじめに、教員と児童の民族親和性と児童の学業成績との関係性を明らかにするため、対象校９校で学校間比較を行った[8]。本分析においては、教員による児童への配慮を示す指標として「民族親和性」を、教育成果を示す指標として「学年末試験の合格率」を用いる。本分析における民族親和性は、担当教員の民族と同一民族である児童数の割合（民族一致率）に加え、民族が異なる場合においても少数民族児童の民族語や文化に対して教員の理解があることを基準とした。教員の少数民族児童の民族語や文化の理解度は半構造化インタビューにより、４段階での自己評価に加え、各民族語での児童とのコミュニケーションがどの程度可能であるかについて聞き取りを行った。半構造化インタビューの結果にもとづき、教員が少数民族児童独自の文化に慣れ親しんでいる場合には、教員と児童が同一民族でない場合においても、民族親和性は高いと判断する。民族親和性の判断基準として、客観的な判断が可能なものから、民族一致率、民族語への理解、民族独自の文化への理解の順で重要な指標として判断した。民族親和性が

　7　村別データブックは、教育スポーツ省の管轄下、学校単位で管理しており、村の全児童が１つの村から登校する場合については、１冊のデータブックを学校長が管理し、児童が複数の村から通う場合には複数冊のデータブックを学校長が管理する。

　8　学校Ｇ・Ｈはコーヒー農園に位置する学校であり、子どもたちの就学の実態に特異性に見られたため、本分析からは除外する。

第 7 章　ラオス初等教育における民族・地域格差　171

表 2　教員と児童の親和性序列

親和性	学校名	全児童数(人)	少数民族児童数(人)	少数民族児童割合	児童情報(人)	全教員数(人)	少数民族教員数(人)	教員情報(人)	民族一致率
高	B	13	13	100%	タイヌアン(13)	1	1	タイヌアン(1)	100%
	J	30	0	0%	ラオ(30)	1	0	ラオ(1)	100%
	C	15	15	100%	ルー(15)	1	1	カムー(1)	0%
	I	21	18	86%	ラベン(18) / ラオ(3)	1	1	ラベン(1)	86%
	K	72	25	35%	ラオ(47) / モン(25)	3	3	ラオ(3)	65%
	A	158	96	61%	ラオ・タイ(58) / モン・クメール(31) / シナ・チベット(35) / モン・ミエン(30)	6	5	ラオ・タイ(6)	38%
	E	14	14	100%	タイダム(2) / タイヌアン(10) / ルー(2) / ブーノイ(1)	1	1	タイダム(1)	13%
	D	29	29	100%	ルー(1) / ビッド(2) / モン(13)	2	2	タイダム(2)	0%
低	F	49	49	100%	モン(49)	3	3	タイヌアン(1) / ブーノイ(2)	0%

出所：収集したデータ（b）をもとに著者作成。

高い学校においては、教員が児童の民族性について理解しており、民族親和性が低い学校においては、教員が児童の民族性についての理解が十分でないことを意味する。

　表 2 は、対象校を親和性の高い順に並べた。[9] 学校 C はルー族 100％のクラスであり、教員はカムー族であるため、民族一致率は 0％である。一方、教員へのインタビュー結果によれば、教員は 7 年前からルー族の家庭に嫁ぎ、この村で暮らしているため、児童の民族語を理解しており、日常的にもルー族の母語を使用している。文化面においても、嫁は嫁いだ夫の文化に合わせるという伝統により、ルー族のしきたりや文化を理解し、適応しようという意識がある。よって、学校 C に関しては民族分類上の一致は見られないが、民族親和性が高いと判断できる。

　教員と児童の民族親和性の高さと学年末試験の合格率との関係を検討すると（図 2）、民族親和性の高い学校ほど学年末試験の合格率が高い傾向

　9　学校 A は、調査実施時に第 1 学年の全教員が揃わず、対象児童の民族が確認できなかったため、村別データブックに記載の民族言語グループレベルの民族一致率を示した。

を示すことが分かった。[10] 両指標の相関は5%水準で有意である。図2において外れ値を示している学校Kおよび学校Iに関して、学校Kは本分析における対象校の中で唯一の私立学校であり、他の対象校と比較して教育資源などが整っていること、学校Iは村から都市までの距離が32キロメートルとへき地に位置すること等の社会的な要因が学業成績と大きく関わっていると考えられる。

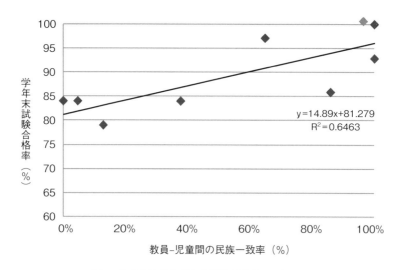

図2 民族親和性と学年末試験合格率との相関関係

出所：収集したデータ（c）および分析結果をもとに著者作成。

民族親和性が児童の成績に与える作用

次に、個々の子どもたちの成績に着目し、教員と児童の親和性の高さと個々の子どもたちの学業成績との関係性について検討する。本分析の対象校は、居住区や教育環境における偏りを避け、また、他の対象校と比較した際に同郡の成績記録簿の保管状況が良く、信頼できると考えられるルア

10　学校Cは前述の通り民族一致率は0%であるものの、民族親和性は高いと考えられるため、グラフにおいて民族一致率100%として位置付けている。

ンナムタ県ルアンナムタ郡に位置する学校B、C、D、E、Fの5校を選定した。本分析においては、教員による児童への配慮を示す指標として「民族親和性」を、教育成果を示す指標として「2015／2016学年度の1月の中間試験における学業成績」を用いる。中間試験の成績を本分析に用いた理由は、全国統一の試験内容であり、全対象校においてデータを収集できたためである。

　全対象校において、教員との民族親和性の高い児童を親和性高グループ、教員との民族親和性の低い児童を親和性低グループに分類し、中間試験における各グループの平均点の差を比較した。分析対象である学校B−Fの1年生に所属する児童80人のうち、親和性高グループは31人、親和性低グループは49人である。

　中間試験における平均点は、親和性の高い児童のグループは10点満点中6.94点、親和性の低い児童のグループは10点満点中5.85点であり、グループ間における平均点の差は1.09点であった[11]。なお、本結果はt検定より、有意確率1％未満で有意差が認められる。

　この結果から、教員との民族親和性の高い児童は、民族親和性の低い児童と比較して学業成績が良いことが明らかになった。

第3節　教員の関わり方とクラス内における個人差

民族親和性と成績における児童の個人差

　学校レベルおよび児童レベルの分析により、「教員と児童の民族親和性の高さ」が「児童の学業成績」にポジティブな影響を与えることが明らかになった。さらに、民族親和性が学業成績に与える影響について検討するため、社会的要因がコントロールされていると考えられるルアンナムタ県ルアンナムタ郡に位置する学校B、C、D、E、Fの5校を対象として、クラス内における児童の成績のばらつきを求める。

11　小数点第二以下は四捨五入をした。

各対象校の1年生児童の中間試験における平均点および標準偏差は、表3の通りである。教員と児童の民族親和性の高さに違いの見られる学校Bから学校Fにおいて、民族親和性の高い学校では中間試験における平均点が高く、標準偏差が小さい。つまり、親和性の高い学校ほど児童間の成績にばらつきがなく、児童の成績が平均点に集中している。

表3　各対象校における親和性、児童数、平均点、標準偏差

	学校B	学校C	学校E	学校D	学校F
親和性	高	高	中	低	低
児童数(人)	14	15	15	16	20
平均点(点)	7.18	6.60	6.86	5.52	5.54
標準偏差	0.57	1.11	1.38	1.47	1.94

出所：収集したデータ（a）をもとに著者作成。

「教員と児童の親和性の高さが、学業成績に見られる児童間の個人差を小さくする」という結果を導く要因として、以下の2点が考えられる。

1. 教員と児童との間のコミュニケーションが取りやすいことから、教員と児童の親和性が高い場合にはその関係をより良好に築きやすいと考えられる。その結果、親和性の高さが児童の通学を促すことで児童間の出席率には差がなくなるため、学業成績における児童間の差が生まれにくい。

2. 教員と児童の親和性の高さは、教員の指導を児童の成績に反映させやすいことに繋がり、その結果、学業成績における児童間の差が生まれにくい。

つまり、1は民族親和性が少数民族における教育へのアクセスに関する課題を解決すること、2は民族親和性が少数民族における教育の質に関する課題を解決することに繋がることを意味する。

欠席と個人差の関係の検討
教員と児童の民族親和性による欠席への影響を検討するため、児童記録

簿における出欠記録に加え、教員に対して各児童の欠席理由や児童の特徴に関するインタビューを行った。欠席回数については、全対象校において年間授業日数180日[12]のうち10日を超えて欠席をした児童がおらず、対象校間における大きな差は見られなかった。インタビューの結果は以下の通りである。

学校B：回答なし（教員がほとんどの児童の欠席理由を把握していなかった）。

学校C：両親を早くに亡くしたため、面倒を見てくれる保護者がいない。または、母親と別居の状態にあり、母親に会いにいくために欠席をしていた。

学校D：母親を亡くし、父子家庭である上に、父親がほとんど面倒を見ていない。

学校E：ほとんどの児童の欠席理由について、教員が詳細に把握をしていなかったが、最も欠席の多かった児童は、前学年度の終了後に親と別の郡に引っ越していたことが分かった。欠席理由は明確ではないが、家庭の事情等が原因ではないかとの教員の見解が得られた。

学校F：欠席回数が最も多い児童は中間試験の成績が10点満点中9点であり、最も良い成績であったが、欠席理由について教員は把握していなかった。

以上より、教員と児童との民族親和性が出欠の要因となっていると考えられる回答は見られなかった。よって、「1. 教員と児童の親和性の高さが、学業成績に見られる児童間の個人差を小さくする」という結果を導く要因として、民族親和性が教育へのアクセスに関する課題を解決することに繋がるという仮説は棄却された。以上の結果は、「2. 教員と児童の親和性の高さは、教員の指導を児童の成績に反映させやすいことに繋がり、その結

12　対象校校長へのインタビューにおける回答より。

果、学業成績における児童間の差が生まれにくい」という教育の質に関する課題を解決する可能性を示唆している。

第4節　コーヒー農園における就学の実態

コーヒー農園地域における欠席と成績の関係

本研究の対象校のうち、民族親和性が高いにもかかわらず学業成績が低い学校GとHにおいて、いかなる要因が民族親和性による成績への作用を阻害しているのかを検討した結果、次の特異性が見出された。対象校2校が位置する地域の特徴として、学校から都市への距離が30キロメートル以上、学校から国道の舗装されていない道が3-4キロメートル続く等アクセスに課題のあるへき地であり、村人の移動手段がモーターバイクのみである点、主要産業は商品作物であるコーヒー栽培のみであり、その他の産業との兼業が見られないという点が挙げられる。

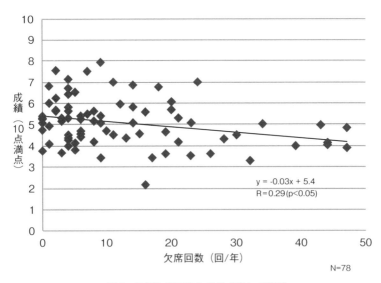

図3　年間欠席回数と学業成績との関係

出所：収集したデータ（a）をもとに著者作成。

学校GおよびHの両校において1年生児童の学年末試験合格率が著しく低いことから、1年生児童に着目し、各児童の年間欠席回数と成績の関係を上（図3）のグラフに示した。本分析における成績を示す指標として、対象校2校においてデータの収集が可能であった2015／2016年度の1月に行われた中間試験の結果を用いた。対象児童数は学校Gが34人、学校Hが44人の計78人である[13]。

　分析の結果、図3に示す通り、欠席回数が多い児童ほど成績が良くない傾向にあることが分かった。単回帰分析の結果、標準化係数 -0.29であり、対象校2校において欠席回数が多い児童ほど中間試験の点数が低いという結果は統計的に5%水準で有意である。

教育に影響し得るコーヒー農園の家庭および社会的要因

　以上より、コーヒー農園地域に位置する学校GおよびHにおいて、欠席回数が中間試験の成績にネガティブな影響を与えていることが分かった。そこで、各学校における欠席の背景について、各学校の1年生担当教員にインタビュー調査を行ったところ、次の特徴が見られた。

　一つ目に、学校GおよびHにおける共通の特徴として、コーヒーの農繁期が11月から1月であり、その時期における欠席が多い。ラオスの農業従事者が最も多い稲作の農繁期は6月から8月の雨季であり、この時期は学校の閉校期間にあたる。一方、コーヒーの農繁期である11月から1月は開校期にあたる。

　二つ目に、学校GとHの間には、次に示す異なる特徴が見られた。学校Gにおける欠席の主な理由として、1）電力会社のプロジェクトにより村が移転したため、45キロメートル離れたもとの村にある自営のコーヒー農園に通う必要があり、まだ年齢の幼い1年生児童は農園に連れていかざるを得ないということ、2）新しい村の土地は農業には適さないため、コーヒーを作るにはもとの村で栽培するしかなく、それ以外に収入を得る手段がないこと、3）貧困家庭が多いため子どもたちが病気になりやすいこと、

　13　学校Gにおいて2人、学校Hにおいて3人が試験を全科目の受検をしていないことから、本研究の対象児童からは除外される。

4）貧困家庭では制服など就学するために必要な物品を購入できないことの4点が教員へのインタビュー結果より明らかになった。学校Gにおいては連続の欠席が多く見られたが、3−5日程度の連続した欠席はコーヒー農園に出ていることが多く、1日単位の欠席は病気であることが多い。また、遅刻については、前日から農園に行っており、朝帰ってくるのが間に合わなかったという理由が多い。以上より、学校Gにおける主な欠席要因は、学校からコーヒー農園までの物理的距離であると考えられる。

　一方、学校Hにおける欠席の主な理由として、1）病気、2）コーヒー農園の会社で親と一緒に働くこと、の2点がインタビュー結果より明らかになった。学校Hにおいては、児童の保護者は自営農園ではなく、学校から8キロメートル離れたところに位置する企業が運営する農園で働いている。保護者や児童が企業から得られる収入は採れ高制で決められており、一律500キープ（6.7円）[14]／キログラムである。しかしながら、現地で販売されているコーヒー豆の小売価格が約160,000キープ（2,162円）／キログラムであることから、学校Hの保護者が働く農園では売価の320分の1で買い取られているという現状がある。また、学校Hの位置しているボロヴェン高原における他の事例と比較すると、コーヒー豆のフェアトレードを行うコーヒー協同組合で取引されているコーヒー豆の価格は、アラビカ種の場合、20,000−24,000キープ（270−324円）／キログラムである（箕曲 2015）。このように、フェアトレード団体と取引する家庭と営利企業の農園で働いている家庭との間には、40−48倍ほどの収入格差が存在する。したがって、学校Hにおける主な欠席要因は、貧困家庭の児童が多いという社会的要因であると考えられる。

　以上より、同地域に存在する学校G・Hを取り巻く環境は、2校だけを見ても異なる社会的要素を含んでおり、コーヒー農園における欠席要因として共通の要素を見出すことは、本研究においては容易ではない。しかし、コーヒー農園地域における特徴として、児童が欠席をしやすい傾向にあることは、他の地域と比較しても明らかである。

14　2018年1月9日換算。

第5節　多民族国家における教育格差是正のために

　本章では、SDGs の達成に向けて、世界が少数民族を含めたすべての人々に包摂的かつ公平で質の高い教育を提供することを目指していく中で、多民族国家であり、また、低開発途上国であるラオスを対象に、教員による児童への配慮が教育の成果にどのような影響を与えるのかについて検討を試みた。

　教員と児童との間の民族親和性に着目し、民族親和性が児童の学業成績に与える影響について分析したところ、学校レベルでは、民族親和性の高い学校ほど学年末試験の合格率が高いという結果が得られた。また、児童レベルでは、親和性の高い児童は、親和性の低い児童よりも中間試験の平均点が 1.09 点高いという結果が得られた。したがって、教員と児童の民族親和性が学業成績にポジティブな影響を与えることが分かった。

　教員と児童の民族親和性が与える児童間の個人差への影響に関する検討では、教員と児童の民族親和性が高い学校ほど、児童間の成績にばらつきが小さいことが分かった。個人差を生み出さない要因として、各対象校における親和性と欠席の関係を検討したところ、親和性と欠席との間には関連を見出すことができなかった。しかしながら、教員と児童の民族親和性の高さは教員の指導を児童の成績に反映しやすいと考えられることから、結果として、児童間の個人差を小さくする可能性はあるだろう。ラオスではまだ少数民族の教員が少ないため、これまで援助機関、政府、国際非政府組織（NGO）などが行ってきたように、少数民族の生徒が奨学金を得て教員養成学校を修了し、出身の村で教鞭を執ることができる制度をさらに拡充すべきである。

　さらに、親和性の高さが学業成績に影響しない要因を検討するため、コーヒー農園における就学の実態について考察を行った結果、コーヒー農園に位置する対象校においては、年間の欠席回数が多い児童ほど学業成績が低い結果が得られた。よって、欠席の多いコーヒー農園地域においては、教員と児童の親和性の高さという優位性を十分に学業成績に反映できないことが明らかになった。また、本研究における対象校の間には、コーヒー農

園の社会的要素における差異が見られる。親が働く農園によって、収入に大きな格差（40－48倍）があり、それが貧困に関連していることから、地方行政が不公正な取引に介入することにより、貧困家庭を減らすことに繋がると考えられる。ラオスでは地方行政の基盤が脆弱なため、貧困や教育の課題を解決できない状況が続いているが、そのことがさらに格差を広げる状況を生み出すため、地方行政の能力を向上させることが喫緊の課題だと言える。

　最後になるが、今後は、コーヒー農園地域の他の学校も調査対象に入れ、コーヒー農園における家庭および社会的要因と欠席との関係について検討していきたい。2030年を期限としたSDGsの達成には、民族間の教育格差を埋めることが不可欠である。学校現場において教員と児童の民族親和性を高めることは、少数民族児童に質の高い教育を普及することに貢献すると言えよう。

[参考文献]

Benveniste, L., Marshall, J., & Santibanez, L. (2007). *Teaching in Lao PDR (English)*. Washington, DC: World Bank.

Chagnon, J., & Rumpf, R. (1983). Education: The Prerequisite to Change in Laos. Contemporary Laos. In M. Stuart-Fox (Ed.), *Contemporary Laos: Studies in the Politics and Society of the Lao People's Democratic Republic* (pp. 163-180). Palgrave Macmillan.

Chazee, L. (1999). *The Peoples of Laos Rural and Ethnic Diversities*. White Lotus Co Ltd.

Inui, M. (2009). *Minority Education and Development in Contemporary Laos*. Union Press.

Inui, M. (2015). Hmong Women and Education: Challenge for Empowerment in the Lao PDR. *Hmong Studies Journal, 16,* 1-25.

LAOEDUInfo. (n.d.). Retrieved January 10, 2017, from http://www.dataforall. org/profiles/laoeduinfo/

Lao Statistics Bureau. (2006). *Lao PDR Statistical Yearbook 2005*. Gross Domestic products.

第 7 章　ラオス初等教育における民族・地域格差　181

Lao Statistics Bureau. (2016a). *Lao PDR Statistical Yearbook 2015*. Gross Domestic products.

Lao Statistics Bureau. (2016b). *Results of Population and Housing Census 2015*. Gross Domestic products.

Lao Statistics Bureau. (2016c). Retrieved January 31, 2018, from https://www.lsb.gov.la/en/#.WnGXqa5l_IV

Ministry of Education. (2005). *Education for All: National Plan of Action 2003-2015*. UNESCO Bangkok.

Ministry of Education and Sports. (2015). *Education and Sports Sector Development Plan (2016-2020)*.

Ministry of Education and Sports & Research Institute for Educational Science (MOES & RIES). (2014). *Report: National Assessment of Student Learning Outcome ASLO III Grade 3*. Ministry of Education and Sports.

Peters, H. A. (Planning and Sector Analysis Unit). (1998). *Girls' and Women's Education Policies and Implementation Mechanisms Case Study: Laos*. Planning and Sector Analysis Unit, UNESCO Principal Regional Office for Asia and the Pacific.

Rattanavong, V. (1996). *Past and Present Approaches to An Ethnographic Classification for Laos*. Ministry of Information and Culture.

Schliesinger, J. (2003). *Ethnic Group of Laos Volume1.Introduction and Overview*. White Lotus.

Thant, M., & Vokes, R. (1997). Education in Laos: Progress and Challenges. In M. Thant, & L. H. Tan. Joseph (Eds.), *Laos' Dilemmas Options*. St. Martin's Press.

United Nations. (2015a). *The Millennium Development Goals Report 2015*. New York: United Nations.

United Nations. (2015b). *Transforming Our World: the 2030 Agenda for Sustainable Development*.

United Nations Development Programme (UNDP). (2013). *The millennium development goals progress report for the Lao PDR 2013*. Vientiane: Office of the United Nations Resident Coordinator, United Nations Development Programme (UNDP).

United Nations Educational, Scientific and Cultural Organization (UNESCO). (2011). *World Data on Education.7th edition, 2010/11*.

乾美紀，2002，「多民族国家における少数民族への教育政策——先進国と途上国

の比較研究」『国際研究紀要』5: 17-32.

オンパンダラ・パンパキット，2011,「第8章 ラオス現代教育制度の変遷——量的拡大の実態を中心に」山田紀彦編『ラオス チンタナカーン・マイ（新思考）政策の新展開 調査研究報告書』アジア経済研究所，（2017年9月30日取得，http://www.ide.go.jp/Japanese/Publish/Download/Report/2009/2009_403.html）.

齋藤光代，2005,「マレーシアにおける言語政策についての考察」『融合文化研究』5: 204-219.

笹間郁子，2008,「少数民族を抱える地方の初等教育の現状と課題——ベトナム・ダクラク省ケース・スタディー」『国際教育協力論集』11（2）: 89-97.

周飛帆，2000,「多民族国家中国の教育問題——少数民族に対する二言語教育の歴史と現状」『言語文化論議』(7): 151-159.

駿河輝和／オンパンダラ・パンパキット，2010,「ラオスの地方社会における基礎教育開発への障害」『国民経済雑誌』202（3）: 69-86.

日本総務省統計局，2017,『日本の統計2017』日本総務省統計局.

箕曲在弘，2015,『フェアトレードの人類学——ラオス南部ボーラヴェーン高原におけるコーヒー栽培農村の生活と協同組合』めこん.

山田紀彦，2012,『ラオス人民革命党第9回大会と今後の発展戦略』アジア経済研究所.

第8章

CAMBODIA

カンボジアの初中等教育における就学継続の阻害要因
生徒の「語り（ナラティブ）」から読み取る

北村友人／D. Brent Edwards Jr.／
Chhinh Sitha／James H. Williams

(撮影：山﨑瑛莉)

❖ はじめに

教育へのアクセスは向上しているけれども…

中途退学者数：
約3,120人

中途退学者の割合高：
南アジア、西アジア、
サハラ以南アフリカ

小学校1学年から2学年への移行時、
小学校から中学校への移行時に
退学は顕著に発生

グローバル教育ダイジェスト
（2012）によれば…

生徒を学校に留めておくことが難しい…

中途退学への対応が重大かつ喫緊の課題である。
しかしながら、このテーマについての研究は顕著には増えていない。

生徒の中途退学と原級留置に関する
要因特定のための計量的なアプローチは
なされてきた。

行動の主体となる人たちの
中途退学の問題に対する理解の仕方
についての調査は、あまり行われてこなかった。

★本章では、小学校から中学校への移行過程に着目。

生徒と親が学校教育に関してどのような意識を持っており、
その中で生徒の学業継続を阻む要因は何かを明らかにする。
そして、阻害要因に対応するための政策に資するような示唆を提示。

❖ カンボジアにおける生徒の移行、中途退学、保持の状況

カンボジアは、
歴史的に困難な時期をいくつも経てきた…

1970年代の内戦状態

フランス植民地時代

クメール・ルージュによる大量虐殺（1975年〜1979年）

国際社会からの孤立
（1979年〜1989年）

1991年平和協定調印

クメール・ルージュが教育制度を徹底的に破壊、
1980年代初頭には非常に質の低い教育を細々と行うといった状況。

1980年代から教育制度の再建が政府によって行われる。
1993年に民主主義に移行後、先進国や国際機関の支援を受けながらの
積極的な教育開発の促進。

しかしながら、教育の質の低さの問題が残る。アクセスが向上しても、少なからぬ数の生徒が途中で
就学を断念。カンボジアの学校教育は、生徒の「移行」と「保持」に関する問題を抱える。

先行研究では…

学校の施設

教師のパフォーマンス
常習的欠勤

機会費用

通学距離の近さ

生徒の成績

直接費用

両親の教育歴

両親の教育歴

間接費用

学校での生徒間の関係

生徒の自信

生徒とその両親の考え方に影響を与え、
中途退学という結果を生み出している原因については、ほとんど分かっていない。

第8章 カンボジアの初中等教育における就学継続の阻害要因　185

❖ 研究方法・データ分析方法

- 生徒の就学継続(＝保持)と中途退学について大規模な質的調査。
- 10の異なるコミュニティの10組の6学年の生徒とその親に対して、半構造化インタビューを実施。
- インタビューでは、生徒が6学年の終わりに近づき、小学校から中学校へと移行する問題に直面した時の、その生徒と親の経験と考え方に焦点を当てた(男子5名、女子5名)。
- 女子の方が一般的に就学にあたってより多くの困難を抱える傾向にあるという、先行研究の知見やカンボジア教育・青年・スポーツ省教育局の担当官からの助言から女子に注目。

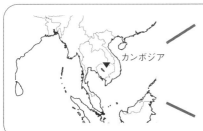

ナラティブ研究
- 質的研究法の一つ。
- 個人、家族、コミュニティ、社会といった一連の変数の影響を受ける複雑なプロセスである、教育についての家族の意思決定などの事象を把握する場合に有効。

❖ 結果 & 考察

都市部のコミュニティ：ソック・ミナの場合
- 父親は定職がない。母親は主婦で定期収入はない。長男が家計を助けている。
- 次男は自転車を買うお金がなく、進学を諦めた。
- 娘には学業を継続させたい、教師になってほしい。しかしながら、教師に必要な教育レベルは知らない。
- 家族の経済的困窮がソック・ミナの就学継続を危うくする可能性がある。

農村コミュニティ：ソー・サンポーの場合
- 祖父母、弟と生活。父母は出稼ぎで農業に従事。
- 祖父は教育の重要性を理解している。
- 父母はあまり学校を訪問しない。
- 本人の成績は良いが、父母と離れて暮らし寂しいため、勉強に集中することが難しい。
- 本人は医師になりたいが、必要な教育レベルは知らない。

遠隔地のコミュニティ：チャン・ボーリークの場合
- 11人家族、現在は6人で生活。就学者2人のうち、本人は6年生。他の兄弟姉妹は別居だが、家族を金銭面で支援。
- 父親は病気のため働くことができない。母親も怪我をしてから農作業ができない状態。
- 学校と保護者の情報交換の会がある。また、出欠の連絡で学校と連絡を取る。
- 補習があるが授業料は家庭にとって負担。
- 教師を目指している(12学年より上の教育を受けられる環境にない)。

生徒の「保持」に関して潜在的に重要な要素

1. 学校と生徒の家庭との繋がりが希薄である。
2. 補習のための授業料の負担に加えて、制服や学用品などの必需品が相当な負担になる。
3. 中学校への通学が不便であることが学校に留まるかどうかの決定にマイナスの影響を与える。
4. 希望する職に就くために必要な教育レベルについて、生徒も親もきちんと認識していない。

第1節　はじめに[1]

　今日、多くの開発途上国において、教育への就学率が着実に上がっている。それは、1990年代から「万人のための教育（Education for All: EFA）」や「ミレニアム開発目標（Millennium Development Goals: MDGs）」といった国際目標の下、国際的な教育普及の努力が積み重ねられてきた成果である。しかしながら、教育へのアクセスは向上してきているものの、多くの開発途上国では生徒を学校に留めておくことが難しく、継続的な就学を実現するためのさまざまな施策を導入している。

　こうした動向を認識した上で、国連教育科学文化機関（UNESCO）は『グローバル教育ダイジェスト（*Global Education Digest*）2012年版』の中で、初中等教育段階における生徒の中途退学に対処し、保持率（保持［retention］：生徒が進級の有無にかかわらず次の年も在籍していること）を高めることが重大かつ喫緊の課題であることを浮き彫りにした。「失われる機会：留年と早期退学の影響（*Opportunities lost: the impact of grade repetition and early school leaving*）」と題されたこの報告書によると、2010年の時点における世界の早期退学者数（自国の義務教育を修了する前に退学する児童数。なお、本章のこれ以降の記述では、「早期退学（early school leaving）」ではなく、日本語で通常用いる「中途退学」という語を同義で用いる）は約3,120万人であった（United Nations Educational, Scientific and Cultural Organization［UNESCO］, 2012）。同報告書では、中途退学者の割合が最も高いのは南アジア、西アジア、サハラ以南アフリカであったが、他の地域も含めて中途退学は未だに世界各地の国々が直面している大きな問題であり、とくに小学校の1学年から2学年への移行時[2]と、小学校から中学校への移行時に、生徒の退学が顕著に起こることを指

　1　本章は、Edwards, Sitha, Williams, and Kitamura（2014）を翻訳した上で、大幅に加筆修正したものである。

　2　ここで言う「1学年」は「小学1年生」を意味する。初中等教育段階を通した学年の繋がりを明確化するため、本章では基本的に「1学年」から「12学年」までという表記を用いる。

摘している。

　UNESCO の『グローバル教育ダイジェスト 2012 年版』が指摘するように、中途退学への対応が重大かつ喫緊の課題であるにもかかわらず、このテーマについての研究が増えたかといえば、管見の限り顕著な増加は確認できない。さらに先行研究をレビューすると、生徒の中途退学と原級留置（留年）に関する要因を特定するために、多くの研究者たちが計量的にアプローチすることによってこの現象を理解しようとしてきたことが分かる（たとえば、Rumberger & Lim, 2008）。また、先行研究（とりわけ開発途上国に関する研究）では、行動の主体となる人たちがこれらの問題をどのように理解しているかについての調査があまり行われてこなかったことが分かる。

　そこで、本章では、カンボジアにおける小学校から中学校への生徒の移行過程に関して、生徒や親の意識に関する質的研究を行った結果を示すことで、これまでの研究を補完することを目指している。そうする中で、生徒と親が学校教育に関してどのような意識を持っており、その中で生徒の学業継続を阻む要因となっているものが何であるかを明らかにするとともに、そうした阻害要因に対応するための政策に資するような示唆を提示することが、本章の目的である。

第 2 節　カンボジアにおける生徒の移行、中途退学、保持の状況

　カンボジアは歴史的に困難な時期をいくつも経てきた。簡単に振り返ると、長きにわたるフランスによる植民地時代を経て、1953 年にカンボジアとして独立した後、しばらく平和な時代が続いた。しかし、1960 年代後半から政情が不安定化し、1970 年代には内戦状態に陥った。そして、クメール・ルージュ（1975 - 1979）の大量虐殺による支配があり、そののち、ベトナム軍によるクメール・ルージュからのカンボジア解放をソビエト連邦の支援を受けた共産主義の侵略であると西欧諸国が見なしたために、1979 年から 1989 年にかけて国際社会から孤立した（Kiernan, 1982）。続く 1989 年から 1993 年までは移行期であり、1991 年に平和協定が調印

され、国際連合カンボジア暫定統治機構（UNTAC）が2年間にわたりカンボジアを完全に支配した後、1993年にようやく選挙が実施され、カンボジア王国は再び国連等の国際機関に加盟することが認められた。[3]

　教育に関しては、クメール・ルージュが教育制度を徹底的に破壊したため、1980年代初頭には非常に質の低い教育を細々と行うといった状況であった。しかし、1980年代から教育制度の再建が政府によって行われ、とくに1993年に民主主義に移行してからは先進諸国や国際機関の支援を受けながら積極的な教育開発が進められてきた（Chinnh & Dy, 2009）。とりわけ2000年代以降、初等教育の普遍化に向けて大幅な進展が見られるようになった。[4]教育管理情報システム（Education Management Information System）からの最近のデータによると、初等教育段階の純就学率[5]は1997／1998年度には77.8％であったのが、2009／2010年度には95.0％にまで上昇し、現在もその水準を維持している。

　このように基本的な就学に関しては目覚ましい成果を上げているカンボジアではあるが、より詳細に状況を見てみるとさまざまな課題を抱えていることが分かる。たとえば、他の開発途上国でも広く見られるように、教育の質が低いことは大きな問題として教育関係者の間で認識されている。それと同時に、アクセスが向上しても、少なからぬ数の生徒が途中で就学を断念している様子が、統計データから読み取れる。とくに、小学校から

　3　本章とは直接の関連はないが、カンボジアは政治的には未だに、フン・セン首相の厳重な単独支配下にあることに留意する必要がある。1993年の選挙から1998年の選挙まで、そして1998年の選挙後、社会不安があったが、フン・セン首相はこの2回の選挙で勝利を収め、その政治権力を固めた。フン・セン首相の政党であるカンボジア人民党は1998年の選挙以降、過半数を勝ち取っているが、2013年の選挙では、その国会議員当選者数が最低となった。にもかかわらず、フン・セン首相の権力は未だに絶対的と言ってもいいほどである。しかし、野党はフン・セン政権の正当性に異議を唱え始めており、とくに若者の間には対抗的な言論活動や政治運動を行う人々も出てきている。

　4　カンボジアの教育制度は、初等教育（小学校）6年間、前期中等教育（中学校）3年間、後期中等教育（高校）3年間である。

　5　純就学率（Net Enrolment Rate）とは「学齢期に達している全児童数」対「実際に就学している学齢期の児童数」の比率である（National Institute Statistics [NIS], 2009, p.10）。

中学校への移行率が低いことが大きな課題となっている。[6] 少し古いデータにはなるが、2008／2009年度の移行率を見ると、78.4％に留まっている。地域別のデータを見ると、遠隔地では60.5％、農村地域で76.0％、都市部は92.6％であり、7学年、8学年、9学年の中途退学率はそれぞれ約20％と高い割合になっている。少し古いデータではあるが、2004年からのカンボジア社会経済調査などの世帯調査では、カンボジアの児童のうち、高校までの中等教育を修了する児童はわずか65％であると試算している（Benveniste, Marshall, & Araujo, 2008）。このようにカンボジアの学校教育は、生徒の「移行」と「保持」に関する問題を抱えているため、本章ではこれらの問題に焦点を当てることにする。

第3節　先行研究

　カンボジアにおいて小学校から中学校、さらに高校へと生徒が進学する過程で、とくに家庭レベルで生徒の移行と中途退学に影響を及ぼす要因について調査した研究は、管見の限りほとんど見当たらない。そのため、生徒とその両親の考え方に影響を与え、往々にして中途退学という結果を生み出している原因が何であるのかについては、ほとんど分かっていない。

　とはいえ、2000年以降、就学機会へのアクセスや就学の継続に影響を与える要因を示唆する先行研究も増えつつある。これらの先行研究では、学校で不利な立場に置かれる女子生徒たち（Velasco 2001, 2004; Bredenberg, Lon, & Ma, 2003）、家庭の経済状態（Bray & Bunly, 2005）、カンボジアにおける教師の指導方法（Benveniste et al., 2008）、社会から取り残された層にとっての教育機会（United Nations Children's Fund [UNICEF], 2007）などについて調査している。さらに政府による社会経済調査では、学校の出席率に関する質問も含まれていた（CSES, 2007）。

　しかし、政府による社会経済調査や先行研究（上述の諸研究に加えてRoberts, 2006 他）においても、家族の意思決定に影響を与える根本的な

　6　移行率とは、小学校を修了し、次の年に中学校に就学する児童の割合である。

要因については明らかにしていない。著者たちが入手できた研究の中で、全体論的な観点から「移行」、「保持」、「中途退学」についての説明を試み、同時に生徒個人、家族、学校、コミュニティの要因について調査しているような研究は皆無であった。

　しかしながら、これまでの研究の中にも、中学校から高校への移行率の低さや、中学校の保持率ならびに修了率の低さの原因となっている可能性がある諸要因を特定している研究がある。学校施設の供給に関して、カンボジア教育・青年・スポーツ省（Ministry of Education, Youth and Sport: MoEYS）は2008／2009学年度までに中等学校の数を1,122校まで増やしたが（2000／2001学年度には367校であった）、中等学校までの通学距離を短くするという課題は依然として残っている（MoEYS, 2008/2009）。この点に関してBenveniste et al.（2008）は、所得が最上位五分位数までに入る高所得の村の15.9%には中学校があるが、最低五分位数に入る村の場合は村に中学校があるのはわずか8.4%である。

　しかし、富裕度に応じて教育へのアクセスに差があるとはいえ、大多数の村の生徒たちは小学校から中学校に移行する際、自分たちが住んでいるコミュニティの外にある中学校に通学しなければならないことは明らかである。たとえばBenveniste et al.（2008）は、最高所得者層であっても平均通学距離が3.1キロメートルであることを確認している。もちろん、それに対して最低所得者層の場合の平均通学距離は7.7キロメートルとなり、さらなる遠距離通学を強いられていることも明らかにしている。

　また、学校があったとしても、Velasco（2004）によれば、農村地域や遠隔地の学校は、都市部の学校に比べて施設が貧弱であり、とくに女子生徒のための衛生施設（トイレ等）が不十分である。加えて、中学校における教師の怠慢や常習的欠勤も、生徒の学業成績、ひいては中途退学に影響を与える可能性があり、問題であることが報告されている（Benveniste et al., 2008; No, Sam, & Hirakawa, 2012; UNICEF, 2007）[7]。

　7　ただしNo et al.,（2012）が指摘するように、教師の怠慢は、教師数に対して生徒数が多いことと関連しており、教師が2交替制で教える必要（とくに農村地域や遠隔地の場合）があることにも留意すべきである。

第 8 章　カンボジアの初中等教育における就学継続の阻害要因　191

　先行研究によれば、教育に対する生徒や家族からの需要に関して、学校に留まるという決定に影響を与える主な要因は、基本的には経済的要因である（Benevistes et al. 2008; Bray & Bunly, 2005）。第一に、直接費用（すなわち授業料）は 6 学年から 7 学年に移行する際に大幅に高くなり、少し古いデータではあるが、農村地域では年間 107,000 リエルと低いが、都市部では高くなり、年間 379,000 リエルであった（Bray & Bunly, 2005）[8]。ただし、授業料はその後、無償化された。

　第二に、食費のための小遣いとは別に、補習を受ける費用がかさみ、非常に大きな負担となっている（Bray & Bunly, 2005）。現実として、生徒が主要な試験（中学校・高校の修了試験等）に合格するためには補習が必要であり、多くの教師が通常の授業時間外の時間帯に有料の補習を行っている（これは、教師にとっては、給与水準の低さを補てんするための副業となっている）。この補習を受けるための費用は貧困家庭の家計費にとっては過重の出費となるため、貧困家庭の生徒の中には補習を受けない生徒も多く、それが学業成績に影響を与え、ひいては上級学年に進むのかどうかの決定（あるいは上級学年に進むことができるだけの学力があるかどうかの判断）に影響を与える（Brehm & Silova, 2014; Brehm, Silova, & Tuot, 2012; Dawson, 2009）。

　最後に、教育に対する家族の需要は、その子の学齢期の機会費用に左右される。言い換えると、多くの児童は家族の役に立つように家庭の内外で働くため（女子児童の場合は家庭内労働が一般的である）、就学の時期が遅れる（あるいは早期に退学する）（CSES, 2007；UNICEF, 2007；Velasco, 2004）[9]。

　より近年の研究では、児童、家族、学校の特性のうち、経済的要因に直接は関連しない特性について考察している（No et al., 2012）。この研究で

　8　これらの費用は、2005 年の為替レートでは、それぞれ約 29 米ドル、約 102 米ドルに相当する。

　9　古いデータではあるが、2001 年の時点で、7 歳から 14 歳までの子どもの 50％が家族の稼ぎ手となっていた（Velasco, 2004）。こうした状況は、今日ではかなり改善されてきているが、とくに農村地域では未だに多くの子どもが、家庭の内外における何らかの労働に従事しているケースがしばしば見られる。

は、カンボジアには内気な子が多く、自分を支えてくれる友人がいないと退学してしまう可能性があるため、生徒の自己肯定感や他の生徒との関係が重要であることを指摘している。加えて、生徒の学業成績や親の教育歴も、1学年から5学年の間の生徒の保持率を予測する上で、統計的に有意な要因であった。この研究は、とくに農村地域を中心に実施されたものであるが、多くの先行研究で指摘されてきたような性別による影響は確認されていない点が興味深い。

　ここまで概観したように、さまざまな先行研究を通して、生徒の就学継続に影響を与えるいくつかの変数が特定されている。これらの変数を要約すると、通学距離、学校の施設、教師のパフォーマンスと常習的欠勤[10]、直接費用、間接費用、機会費用、生徒の成績、両親の教育歴、生徒の自己肯定感、学校での生徒間の関係などである。それぞれの研究が、生徒が学校に留まるかどうかに影響を与える一連の具体的な要因を特定するのに役立つという点で、貴重な知見を提供している。しかしながら、これらの研究を見ると、包括的な枠組みとなる理論なしに、変数間の関連性を分析する傾向にあることが分かる。したがって本章では、次節に示すように、家族が意思決定をする状況の中で、生徒の就学継続がどのように決定されるかを理解していくための包括的な枠組みとなる理論を使用した。

第4節　理論的枠組み　複雑性理論

　先行研究のレビューを通して明らかにしたように、生徒が就学を続ける理由と課題を理解しようとする場合、いくつかの問題点を考慮しなければならない。そのため本章では、「変化の動的要因あるいは変化の動的要因の欠如を説明するために、多面的に複雑に絡み合った相互作用について調査することを提案」（Nordtveit, 2010, pp.110–111）している「複雑性理論（Complexity theory）を、理論的枠組みとして用いる。複雑性理論は、ある特定の現象を理解するために、以下のような検証を行うことを促す。

___

　10　教師のパフォーマンスや常習的欠勤は、生徒数に対する教師数の割合や教師の報酬の低さによる影響を受ける。

第8章　カンボジアの初中等教育における就学継続の阻害要因　193

　第一に、要因が相互に影響し合う関係に、システムの初期条件がどのような影響を与えるかに注意して、システムを全体論的に考察しなければならない。第二に、開発途上国における「開発の努力に関係がある人たちの文化的状況と文化的機関は本質的に複雑であり、本来、動的なものである」（Nordtveit, 2010, p.111）。すなわち、「個人（地元の参加者、寄付者、行政担当官、サービス提供者）ならびに個人で構成される団体（機関ならびに協会）は多元的で、非線形で、相互に関連しており、均衡とはほど遠いものであり、全く予測不可能である」（Nordtveit, 2010, p.111）。第三に、複雑性理論は「システムの初期条件にわずかな変化があっても、その変化によって追加される各要因のその後の挙動に大きな影響力を及ぼす可能性がある」ため、「各行為者のモチベーションと限定的合理性を理解する必要があることを強調するものである」（Nordtveit, 2010, p.113）。実際のところ、行為者の合理性の限界を理解することは、研究者がこれらの行為者がどのように社会に定着しているか、また行為者たちの価値や規範などについて理解している場合は、比較的可能である。第四に、前述の諸点と関連するが、調査対象であるシステムを地域限定で理解する必要がある。なぜなら、「変化をもたらす要因は、あらゆる場所で全く同じようには、相互作用しないからである。各行為者の限定的合理性は同じではなく、そのため、変化によって追加された各要因の考えられる結果も、初期状況に応じて変わってくる」（Nordtveit, 2010, p.114）。

　開発途上国の開発現場のように、状況が変化しやすい場面において、こうしたアプローチでデータを収集・分析することは有効であると考える。なぜなら、このようなアプローチは、相互に関連する多くの要因がさまざまなプロセスや結果にどのような影響を与えるか（すなわち、さまざまなプロセスや結果をどのように促進するか、それとも妨げるか）に注目するように、観察者を仕向けるからである。こうしたアプローチから始めることは、生徒の就学状況を調査する上でも有効である。重要な問題点（すなわち、生徒が学校に留まるかどうか）は、複数のシステム（家族、学校等）、さまざまな状況（コミュニティ、地域、一般的な文化）、重なり合うセクター（経済、保健、教育、政府等）が、相互に関連して生じているものだ

からである。また、本章の研究では、生徒と親が小学校から中学校への移行をどのように考えているのかを理解するとともに、移行を期待し、移行プロセスに入る場合に生徒や親が直面する、一連の複雑に絡み合った困難も理解することを目指している。

　複雑性理論にもとづきデータを分析することで、生徒・家族・コミュニティの特性、別の決定をした場合の（家族の視点からの）費用と見返り、学校の資源、教師の指導方法、雇用の機会などの諸要因が、複雑に絡み合った状況で教育に関する意思決定が行われることを明らかにしてきた、さまざまな先行研究の知見を補完することができると考える。[11]

第5節　研究の方法論

データ収集

　本章のもとになったデータは、2011年6-7月にかけて収集したものであるが、追加の情報は同じコミュニティで、同じ回答者から定期的（ほぼ6カ月ごと）に収集した。生徒の就学継続（＝保持）と中途退学について大規模な質的調査を実施するために、著者たちの研究チームは10の異なるコミュニティの10組[12]の6学年の生徒とその親に対して、半構造化インタビューを行った。[13]インタビューでは、生徒が6学年の終わりに近づき、小学校から中学校へと移行する問題に直面した時の、その生徒と親の経験と考え方に焦点を当てた。なお、インタビュー調査は男子5人、女子5人に対して行ったが、本章では女子の事例を取り上げた。それは、女子の方

　11　上述の先行研究に加えて、Maaz, Baumert, and Trautwein（2009）も重要な知見を提供している。また、Becker（1964）、Boudon（1974）、Breen & Goldthorpe（1997）、Erikson & Jonsson（1996）といった幅広い分野の先行研究も参照のこと。

　12　親にインタビューできなかった場合、祖父母や兄姉など生徒の親以外の人物にインタビューした事例も含まれる。

　13　その際、先行研究（Maaz et al., 2006）において家族レベルでの教育に関する意思決定に影響を与えることが確認された一連の要因（ただし、それらに縛られることなく）を軸として、質問項目を作成した。

第8章　カンボジアの初中等教育における就学継続の阻害要因　195

が一般的に就学にあたってより多くの困難を抱える傾向にあるという、先行研究の知見やカンボジア教育・青年・スポーツ省教育局の担当官からの助言にもとづいて判断した。

　インタビューした10組の親子は、自発的にインタビューを受けた。彼らは、学校長が呼びかけた生徒と親と調査チームとの会合に出席し、インタビューを受けることを選択した。そのようにして選ばれたインタビュー対象グループは、便宜的サンプリングによって抽出したと考えられる。インタビューは通訳（王立プノンペン大学の学生たち）を通してクメール語で行われた。訪問したすべてのコミュニティはカンボジアの南の同じ州内にあったが、そのうち3つのコミュニティは都市部に、さらに3つのコミュニティは農村地域に、そして残り4つのコミュニティは遠隔地にあった。インタビューを実施した後、インタビュー内容はクメール語で書き起こされ、それから英語に翻訳された。

データ分析[14]

　今回の調査においては、質的研究法の一つであるナラティブ研究を行った。このアプローチを選択した理由は、すでに考察したように、個人、家族、コミュニティ、社会といった一連の変数の影響を受ける複雑なプロセスである、教育についての家族の意思決定などの事象を把握する場合、ナラティブ研究が有効なためである（Maaz, Hausen, McElvany, & Baumert, 2006）。実際、Riley and Hawe,（2005）が述べているように「事実を物語的に引き出すナラティブ研究は、人が事象を通してどのように考え、何を重視するのかを理解しようとするものである」（Riley & Hawe, 2005, p.229）。そして、最終的に「人が世界をどのように理解しているのかを我々が判断し、理解することができる」（Riley & Hawe, 2005, p.230）。さらに、そうしたやりとりを通して達する理解は「還元主義的でも静止的でもない」（Moen, 2006, p.4）。なぜなら、ナラティブ研究はゆっくりと時間をかけて行われるからであり、さらに回答者によるナラティブは、彼らと彼らの状

　14　ここで使用した分析方法に関する追加の詳細については、Edwards（2013）を参照のこと。

況を関連付けるからである。 Moen（2006）はこの点について、次のように説明している。

> 人が自分の物語を語る時、その人は自分の状況から隔離されていないし、無関係ではない。それどころか、ナラティブ研究の場合、回答者は自分が置かれている社会的・文化的・制度的な状況に、自分が単一レベルではなく複雑かつ多様に繋がっていることを思い出すことが重要なのである（Wertsch, 1991）。そのため、ナラティブは物語る本人とその状況の両方を捉えることができる（Moen, 2006, p.5）。

こうしてみると、ナラティブ研究が複雑性理論の各目標を達成するのに役立つことは自明のことである。ただし、伝統的なナラティブ研究が比較教育学の分野で頻繁に用いられることはない（もちろん、Dhillon（2011）、Muller（2004）、Stacki and Monkman（2003）、Takayanagi and Shimomura（2013）といった優れた研究もある）。そのため、本章の著者たちは、得られた調査結果を評価するために適切な基準を使用しなければならないと考えている。Runyan（1984）[15]は、ナラティブの質と信頼性を判断するために、以下の7つの留意点を挙げている。

1. 調査対象者についての「洞察」を与えるものであり、これまでに意味がなかったことや理解されていなかったことを明確にし、これまで見えていなかった関連性を示唆するものであるか。
2. 調査対象者についての印象が伝わってきて、その人を知っている、あるいはその人に会ったことがあるという経験を伝えるものであるか。
3. 調査対象者の内的世界（＝主観的世界。すなわち、その人が自分自身の経験、状況、問題、生活についてどのように考えているか）を我々が理解するのに役立つか。

---

15 Runyan（1984）の指摘は、Lieblich, Tuval-Mashiach, and Zilber（1998）に引用されているものにもとづく。

第8章　カンボジアの初中等教育における就学継続の阻害要因　197

4. 調査対象者についての共感を深めるものであるか。

5. 調査対象者が住んでいる社会や歴史的世界を効果的に描写するものであるか。

6. 関連する事象、経験、状態の原因（と意味）を明らかにするものであるか。

7. 生き生きとしていて、示唆に富み、感情に訴えてきて、読ませるものであるか。

　　　（Runyan, 1984, p.152 ［Lieblich, Tuval-Mashiach, & Zilber,（1998, p.172）に引用］）

　これらの留意点は、ナラティブ研究を行うにあたって、著者たちが目指したものである。すなわち、これらをどの程度満たすことができたかによって、カンボジアの生徒たちが小学校から中学校へとどのように進学するのかという現象を、可能な限り理解し、伝えるという目標を、どの程度うまく達成できるかが決まってくる。

　集めたデータを繰り返し分析することによって、著者たちは回答者である生徒の生活におけるさまざまなシステムや状況をより具体的に示している、各家族のナラティブをより詳細なものにすることができた。これらのナラティブは、特定の介入の影響に焦点を当てたものというより、移行プロセスに関する生徒と親の考え方を探るものである。それらを分析することによって、生徒と親の考え方に見られる合理性を明確にするだけでなく、生徒の就学継続（＝保持）を支援する政策的な試みに影響を及ぼす初期条件と要因についても、何らかの示唆を提示することができると考える。

第6節　調査結果

　小学校から中学校、さらに高校へと生徒が移行することについて、家族のさまざまな見解を知るために、ここで挙げる3つのナラティブを、異なる地理的カテゴリーである都市部、農村地域、遠隔地のそれぞれに居住する生徒たちと親たちから聞くことができた。[16]カンボジアにおいては都市部の学校とは大都市や大きな街にある学校のことであり、学校との連絡や交

通の便の悪い「隔離された地域」にある学校を遠隔地の学校と分類する。それ以外の学校が農村の学校である（Geeves & Bredenberg, 2005, p.30）。また、とくに1平方キロメートルあたりに10人未満しか人がいない地域は遠隔地と見なす。

事例1　都市部のコミュニティ

ソック・ミナ[17]が住んでいるコミュニティは、カンボジアの南の州の州都と接している。このコミュニティ内の大半の家族は、農業従事者と断続的に労働に従事する人たちであり、その多くは「山に入り、竹や樹木を伐採して売って収入」を得ている（LHP1）。ソック・ミナの父親は「定職」がなく、「雇われた時に働くなど」して働くことには意欲的である（LHP1）[18]。父親は結婚式で給仕として働いたこともあり、また別の時には農業をしたり、竹や籐を切り倒して売ったりなどしている。一方、母親は主婦で、定収入はない。母親は、雨季には時々、稲田で働く。以前は乾季に結婚式で皿洗いや料理などの仕事をしていたこともある。

20年以上前にこのコミュニティに移り住んで以来、この家族にとって生活は楽ではないが、2人の息子のうち長男の方は時々、家族の生計を助けることができる。長男は22歳で独身である。安定した職がない時は、両親の稲田の作業を手伝い、建設作業の仕事があれば仕事をする。次男（16歳で独身）は家にいて牛の世話をする以外のことをするには「若すぎる」ので、収入を得る仕事はしていない（LHP1）。父親は「どうしたら良いか分からない。（中略）このコミュニティでは多くのお金を稼ぐことはできない。自分の能力に見合った仕事をして、稼いだ収入で食べている」（LHP1）。

16　本章で提示するナラティブは、本人から実際に語られたことをフィールドノートに記し、それらの内容を直接引用するか、ある程度要約して載せている（各ナラティブの詳細については、フィールド調査の報告書であるEdwards（2013）を参照のこと）。

17　本章の調査対象者の名前はすべて仮名である。

18　以下、誰の「語り（ナラティブ）」であるかは、次のような記号の組み合わせで示す。LH：ライフヒストリー、P：親・保護者、S：生徒、番号：調査の際にそれぞれの生徒と親に付した番号。

両親も2人の息子も小学校までしか通っていない。父親は自分の状況を次のように説明する。

　私はかなり苦労しました。父親がいなくて、母親だけでしたので。母親は私に一生懸命勉強させたがっていましたが、生活に困る状態だった上に、中学校は州都であるA市にあり、家から非常に遠かったため、数年間も朝昼と徒歩で登下校することは私には難しかったのです。母親は私の通学用の自転車を買うお金がなかったので、私は学校に行くのを辞めました（LHP1）。

　2人の息子のうち次男がのちに父親と同じ運命を辿ることになった。次男は、自転車を買うお金が家族になかったため、6学年を終えた段階で学校を辞めた。次男が進学しなかった唯一の理由は通学手段がなかったことである。

　ソック・ミナが通う小学校は近くにあり、この家族の家から約3キロメートルの距離であるが、中学校は優に10キロメートルは離れている。ソック・ミナは、現在は学校まで歩いて30分で行けるが、翌年から中学校に通学するには自転車が必要となる。それに加えて、最近、電車の線路が完工して、歩いて通うにはそこを横断する必要があり、生徒が通学路を歩くことは危険を伴うという問題もある。

　この家族の考えでは、コミュニティの小学校の質は「良くもなく悪くもなく、中くらい」である（LHP1）。教師は学校に来る生徒には教えるが、落ちこぼれた生徒には「何も言わないし、何もしない」（LHS1）。

　重要なことは、ソック・ミナは学校との関係も良好で、勉強もうまくいっていることである。父親によると「娘は非常に学校が好きだし、勉強も好きです」（LHP1）。ソック・ミナの成績が良いのは（36人中5番）、本人が勉強に専念していることと両親が農業をしているにもかかわらず、娘に学業を継続させたいと切に望んでいて、娘を後押ししている結果である。父親は「2人の息子は勉強をやめました。でもあの子は一人娘なので、他の人たちのように一生懸命勉強して知識を得てほしいと思っています。女

の子なので大きくなって仕事を見つけるのが難しいという状況にはなってほしくない。［たくさん学んでおけば］働くことができるし、仕事が見つけられます」（LHP1）。ソック・ミナの勉強を支援するために、両親は翌年、中学校に通学できるように自転車を買おうと頑張っている。さらに父親は、娘には教師になってほしいと思っており、娘もそう思っているが、2人とも教師になるにはどの程度の教育レベルが要求されるかは分かっていない。

　放課後、ソック・ミナは英語の補習を受けているが、インタビューは補習がない日に行った。この英語の補習は、ソック・ミナが通っている学校では週5回、1日1時間（午後3-4時）行われている。この特別クラスを教えているのは僧侶で、お布施と引き換えに教えている。ソック・ミナの家族は自分たちが提供できるものをお布施として差し出しているが、それは家計にとって負担になっている。こうした困難な状況にあるにもかかわらず、英語ができれば、娘が外国人とコミュニケーションを取るのに役立ち、収入が得られるという理由から、両親は英語を学ぶことは重要であると考えている。

　いずれ、家族の経済的困窮がソック・ミナの就学継続を危うくする可能性がある。父親は「今のところ、家族の生活を支えるだけのお金が足りないため、多くの難しい問題を抱えています。しかし、末っ子である娘が勉強を続ける手助けをするために、問題を克服し、頑張っていかなければなりません。一人娘のためですから。それがどんなに難しくても、頑張らなければなりません」と語る（LHP1）。この家族が必要なお金をかき集めることができれば、娘が必要とする衣類、自転車、補習などの基本的な物やサービスを購入することができる。

事例2　農村コミュニティ

　ソー・サンポーは、国道3号線近くの農村コミュニティに祖父母、弟と一緒に暮らしている。ソー・サンポーの家族は、クメール・ルージュのゲリラ兵と政府との衝突が依然として続いていた1984年に、このコミュニティに移住してきた。ソー・サンポーとその弟は生まれてからずっとこの

コミュニティに住んでいるが、両親（そしてこのコミュニティの他の多くの人たち）は現在、タイとカンボジアの国境沿いの別の場所に住んで、農業労働者として働いている。ソー・サンポーが住んでいるコミュニティでは、米の栽培や樹木の伐採、草を切って集めるなど、わずかな主に非正規セクターの仕事以外には、雇用の機会がないからである。

　父親は3学年を修了しただけだが、彼の5人の子どもたちはそれぞれ、少なくとも9学年を修了しており、そのうち2人は高校を修了するために勉学を続けている。現在、ソー・サンポーは6学年、弟は4学年である。この家族のメンバーは教育レベルに関してはコミュニティの平均を超えている。「このコミュニティの大半の子どもは、9学年を修了していないからです」（LHS4）。なぜ多くの子どもが中学校を修了していないのか詳しく話を聞いたところ、子どもたちが学校を退学する理由として、通学に必要な基本的な物を持っていないこと、家族が収入を得る手伝いをしなければならないこと、家族があちこちと移動する状況にあること、通学のための交通手段がないことなどが挙げられた。生徒が中途退学することがないように、ソー・サンポーの祖父はコミュニティの人たちに教育は大切だという自分の信念を積極的に伝え、次のように語っている。

　　　教育があれば［子どもたちの］未来はより良いものとなります。教育がなければ肉体労働者になるしかないからです。（中略）商人になるにしても公務員になるにしても教育を受けておく必要があります。（中略）教育レベルが高ければ生活水準も高くなり、十分な教育を受けているので、良い職業に就くこともできます（LHP4）。

　祖父は以前、ある非政府組織（NGO）に掛け合って、コミュニティに17台の自転車を寄付してもらったことがある。通学の手段がないために退学して、草を刈って賃金を得ていた「幼い子どもたち」を助けるためであった。その祖父は「そうした子どもたちに同情の念を抱いていました。勉強したいが、十分な通学手段がなく、適切な衣服や文房具などもなかったからです」（LHP4）。自転車は2人ないし3人の子どもたちが共有でき

るように1世帯につき1台ずつ配られた。しかし1台の自転車に4人以上は乗ることができないので、子どもたちの中には弟か妹を先に自転車で学校に送り、それから戻ってきて残りの子を学校に乗せていく子もいる。

このコミュニティの小学校の質は良いと捉えられている。祖父の場合、その理由は学校の建物の建築資材が良質だからであり、生徒の場合は、教師が時間をかけて説明してくれるし、親しく話をしてくれるからだという。注目すべきことは、学校から正式な招待を受けた時や、遠くの働き場所から戻ってきた時しか、両親は学校を訪れることはないということである。たとえば、ソー・サンポーの両親は年に1回、クメールの新年の直前にコミュニティへ戻ってきて、その時に学校を訪れるだけである。

ソー・サンポーの学校の成績は良いが（得意科目である数学は4番）、「両親と遠く離れて暮らしていて、寂しいため」勉強に集中することが難しいことが多いという（LHP4）。このコミュニティの他の生徒たちも注意力が散漫で落ち着きがない。これらの生徒たちの問題は、生活に必要なものが十分に与えられていないことである。ソー・サンポーの祖父によると「このコミュニティの人々の生活水準は良くありません。（中略）十分な食べ物が得られないし、（中略）この問題は子どもたちの気持ちに影響を与え、その結果、1回、2回と授業に出なくなる可能性があります。そして、一部の生徒はそのまま学校に行かなくなります」（LHP4）。

このコミュニティでは、生徒の学習を補い、生徒が中学校に移行することができるようにするための共通の対策として、通常の通学日以外の補習に子どもたちを参加させている。ソー・サンポーは別の学校の教師から英語を習っていたが、この英語のクラスは、その教師の本務校における副校長としての責任が増えたため、中断されている。このクラスがあった時は、ソー・サンポーは午後1時から3時まで（時には午後5時まで学校にいたこともあるが）このクラスで授業を受けていた。その授業料は1日500リエルであった（のちにこの授業料は1日700リエルに引き上げられた[19]）。ソー・サンポーはとくにこの特別クラスに興味があった。「将来、どの職

19　少なくとも2011年以降は、1米ドルあたり約4000リエルである。そのため、500リエルは約12.5セント、700リエルは約17.5セントとなる。

業に就くにしろ、自分が持っている主なスキルに加えて英語も必要」だからである（LHP4）。

　将来を考えて祖父は、ソー・サンポーには教師になるか銀行に勤めてほしいと考えているものの、最終的には生徒自身の意思と能力次第であることを認識している。ソー・サンポー自身は医師になりたいと考えているが、医師になるためにはどの程度のレベルの教育が必要であるかは分かっていない。生徒の自己評価と医師になりたいという希望は合致していない。生徒自身は「大学にまで行けるだけの能力は自分にない。（中略）勉強を止めたいからではなく、ただ自分には大学入学が果たせないと思うからです。誰も私に、能力がないとは言いませんが」（LHS4）。これは、重要な自己開発の時期に何年間にもわたって両親が不在であったことによって、また祖父が通常忙しく、あまり家にいないことが相まって、生徒の自己肯定感にマイナスの影響が及んだ事例であろう。

　この家族の現在の経済状態は不安定であるにもかかわらず、祖父はソー・サンポーができるだけ勉学を続けることができるように、自分ができることをするつもりである。その中には、ソー・サンポーの教育のためにお金が必要となった時に牛を売ることができるように、ソー・サンポーの両親に定期的に貯金をして、将来のために牛を買うようにアドバイスすることなども含まれている。両親がそういう対策を取っておけば、より高い教育を受けるために必要な授業料や自転車を買うなどその他の費用を賄うことができる。両親がそういった対策を講じなければ、ソー・サンポーは、政府から奨学金を受けるか、外部組織の支援を得るしかないと、祖父は指摘している（LHP4）。

事例3　遠隔地のコミュニティ

　チャン・ボーリークは、遠隔地のコミュニティで11人の大家族の中で育った。しかし、現在その家に残っているのは6人だけである。11人家族の内訳は両親と9人の子どもたちで、一番上の子どもが28歳、末っ子は14歳である。子どもたちが修了した教育レベルもさまざまである。1人はまったく勉強しなかったが、別の1人は9学年までいって学校を辞め

た。現在、就学しているのは2人だけであり、その1人がチャン・ボーリークで現在、6学年、そしてその姉は現在12学年である。

9人の子どもたちのうちの5人は現在、家を離れて他所で生活している。そのうち4人はすでに結婚して自分たちの家族を持っており、残りの1人はプノンペンの工場で働いている。これらの兄弟姉妹は離れて生活しているが、未だにチャン・ボーリークの家族を助けている。12学年に在学中のチャン・ボーリークの姉はまだ独立はしていないが、学校が遠いため（家から約10−20キロメートルの距離にある）、友人と一緒に生活しており、週に一度だけ家に帰ってくる。

年長の子どもたちの多くは学校に行くのをやめた。家族が困難な状況にあったからである。この10−15年間、父親は病気で、働くことができずにいる。そのため、子どもたちのうちの何人かは家族を養うために牛を飼育し、稲田で働かなければならない。さらに最近になって稲の点検に行く途中で母親が転んで手を骨折してしまった。いまや、母親も農作業ができない状態にある。現在、「母親の手は機能していない。料理はできるが、重い物を持つことができない」（LHS10）。この状況に対応して、年長の子どもたちは家の仕事に参加し、その多くを引き受けている。子どもたち（とくに年上の子どもたち）全員が助けているため、家族は裕福ではないが、必要なものはすべて足りている。

この家族が約20年間住んでいるこのコミュニティでは、雇用の機会は多くはない。大半の村人の仕事は稲作農業と果物や野菜を栽培して売ることである。これ以外に、何人か（とくに青年たち）は、プノンペンの工場で仕事を見つけるためにコミュニティを離れている。チャン・ボーリークの姉もそうした人たちの1人である。彼らがコミュニティを離れる理由は「親たちが農作業をしているのを見るのが辛いからである」（LHS10）。経済的に困窮していることから、多くの生徒は農業に従事したり、プノンペンで働いたりして、家族を助けるために退学する。これらの子どもたちが収入源となっていることで、このコミュニティの生活水準は「良好」であるが、一部の人たちは非常に貧しい（LHP10）。

小学校に関しては、チャン・ボーリークの家から約6キロメートル離れ

第8章　カンボジアの初中等教育における就学継続の阻害要因　205

ており、距離的にはこの生徒の家が最も遠い。数年をかけて、学校の質は改善されたが、これは主として学校の教師が入れ替わった結果である。チャン・ボーリークの姉の説明によると「私が通っていた頃の先生は容赦ない性格だったし、ワインを飲んでいたので良い教師ではなく、私たちはあまり勉強しませんでした。でも、その教師は異動させられました。現在の先生たちは、高齢でもあった前の先生たちと違って、多くのことを知っているし、大学を出ています」（LHP10）。チャン・ボーリークは、現在の先生たちはハッキリと分かりやすく説明してくれるので良いと付け加えた。

　コミュニティの人たちや両親は、折に触れて学校を訪れているが、とくに教師と親との面談や情報交換のための保護者会がある時は、何をおいても学校を訪れる。情報交換のための保護者会のテーマは、教育、健康、衛生など、さまざまである。その他の学校と家族との接触の機会は、チャン・ボーリークが休むか遅刻した時に、確認のために教師がチャン・ボーリークの両親に連絡を取る場合だけである。チャン・ボーリークは家でしなければいけない用事が増えてきているため、欠席や遅刻が頻繁になりつつある。

　チャン・ボーリークは学校が好きなだけでなく、優秀で、クラスでは常に最上位にいる。たとえば、4学年と5学年の時には1番であった。現在は6学年で、成績は3番である。

　正規の授業とは別に、チャン・ボーリークは数学と英語の補習を受けている。毎日、同じ時間に（午前11時から12時まで）補習を受けている。この補習では、算数と英語を、日々、交互に習っている。チャン・ボーリークが通っている学校の教師がこれらのクラスで教えており、算数の授業料は1時間300リエル、英語は1時間500リエルである。この授業料が高いことから、こうした特別の補習授業をチャン・ボーリークに受けさせることが、この家族にとっては「困難」となっている[20]。これらの特別クラスは最初、10-20人の生徒でスタートしたにもかかわらず、出席する生徒の数が減り続けているため、あまり長くは続かない可能性がある。チャン・

20　リエルと米ドルの為替レートについては脚注11を参照のこと。

ボーリークのためにも、このクラスがなくならないことを、家族は願っている。チャン・ボーリークの姉が言うように「特別クラスで勉強しなければ理解できなくなります。[なぜなら実際のところ]正規の授業ではあまり理解できない」からである（LHP10）[21]。

将来、姉の方は医者になりたいと思っている。家族はチャン・ボーリークには小学校か中学校の教師になってほしいと考えている。教師になってほしいという思いは、ある程度切実である。なぜなら、家族はチャン・ボーリークに12学年より上の教育を受けさせるだけの余裕がないからである。小学校と中学校の教師は、高校卒業後に教員養成校で訓練を受けることによって教員免許を得られるのに対して、高校の教師には大学卒業レベルの教育歴が求められている（2017年現在、中学校（さらには小学校）の教師も、大学卒業を資格認定基準にすることが、教育・青年・スポーツ省を中心に検討されている）。

チャン・ボーリークは、12学年までなら学校を続けることができるであろう。「彼女は末っ子だし、兄や姉、母親が稼いで末っ子を支えることができる」からである（LHP10）。他の家族の場合と同様に、チャン・ボーリークの両親も彼女が公務員（＝教師）になってくれることを切望している。公務員は安定した職業であり、中産階級の収入を得ることができると考えられているからである。

第7節　事例についての横断的考察

第一に、本章で提示した事例から、異なるシステム、状況、セクターがどのように重なり合い、相互に関係しているかだけでなく、生徒の就学継続とも不可分の関係にあることが分かる。たとえば、経済セクター（農業や非正規の経済活動を除く）における職業機会が非常に限定的であることは、とくに農村や遠隔地に行くほど、教育セクター（すなわち学校）の不十分さ（とくに施設と資源に関して）や、教育へのアクセスがないことと

―――――――――

21　チャン・ボーリークの姉は保護者ではないが、便宜上、ここではLHP10という記号を用いている。

結びついており、生徒の中途退学や都市部への移住の一因となり、徐々に都市部の学校にしわ寄せがいくことになる。本章で示した農村の事例のように、経済活動の機会がない結果として、生徒の親たちは仕事を求めて他の地域や場合によっては他国に移住し、そのことが生徒の精神状態や情緒的な面に影響を与え、ひいては学業成績にも影響を与える。さらに、保健セクターにおける精神面でのサービスが受けられない場合（とりわけ学校でそうしたサービスが受けられない場合）、生徒は学業に取り組むことが困難となる。そして、学業を続けることができるように良い成績を取らなければならないというプレッシャーが強くなるにつれて、とくに中学校以上の教育段階で中途退学してしまう可能性が高くなる。

　遠隔地のコミュニティの家族の場合は、保健セクターと経済セクターにおける特性が絡み合っていた。家族が稲作農業により生計を立てていることに加えて、両親ともに病気や怪我で働くことができなくなっていた。そのため、この家族は遠隔地という場所で、収入を得るための正規の雇用という選択肢がなく、基本的な医療を受けるという選択肢もない状況に陥っている。この苦境は9人の子どもたちと密接に関係していることは明白であるが、このように複数のセクターにまたがる不足に直面した場合には、家族のシステムが重要であることを示す事例である。

　つまり、家族の規模とその家族の中における子どもの位置が、家族の反応の仕方と子どもそれぞれが就学を継続できる可能性にどのような影響を与えるかを、確認することができた。年長の子どもたちは経済活動を引き受け、両親の面倒を見るために、早期に中途退学することを余儀なくされるが、年が下の子どもたちは就学を継続することができる。ただし、これらの子どもたちの処遇も異なっている。生徒それぞれの能力次第ではあるが、可能な限り上級の教育を受けさせることによって経済的利益を得るために、少なくとも子どもの1人に教育を受けさせることによって、将来性に最も多くを投資するという決定を下す可能性がある。その結果として、家族は政府セクターへの就職を期待することが多い。公務員や教師になれば、安定した中産階級の収入が得られると見ているからである。

　この研究の射程からは外れるが、政府セクターについてはとくに公務員

職が汚職の文化にどのように組み込まれているか、また、教育セクター、保健セクター、経済セクターと、政府セクターがどのように密接に関係しているかなどについて、さらなる研究が必要である（Springer, 2011）。

　家族システムや文化システム以外に、さらに学術的な関心を向けるに値するもう一つのシステムが、現在行われている補習のシステムである。今回の調査から、インタビューを受けた3人の生徒はそれぞれに、正規の学校の授業とは別に補習を受けていることが分かった。さらに、これらの生徒は、こうした補習なしでは学校で教えられることを理解するのは難しいので、補習は必要であるとさえコメントしている。これらのコメントはカンボジアにおける補習に関する先行研究の結果と一致している。これまでの研究においても、教師による有償の補習授業なしでは、生徒は毎月の試験で合格点を取ることができず、成績が下がり、就学継続の可能性も低くなることが確認されている（たとえば、Brehm et al.（2012）他）。この問題については、今回の調査のデータのみにもとづいて結論を導き出すことができないため、今後のさらなるデータの収集と分析の際に、検討を加えることが重要である。

第8節　生徒の「保持」に関して潜在的に重要な諸要素

　政策的な観点から見た時、生徒の「保持（retention）」や中途退学といった問題は、教育セクターの中だけで対応できるものではなく、経済セクターや社会セクター（保健医療、福祉等）などを含むセクター横断的な対応が必要となる。それに加えて、本章で提示したナラティブは、目標とする行動のベースライン（または起点）を明確にすることの重要性を示している。これは、複雑性理論が示唆するように「システムの初期条件のわずかな変化が（中略）その後の挙動に大きな影響力を及ぼす可能性がある」（Nordtveit, 2010, p.113）ためである。すなわち、初期条件（＝ベースライン）の中に潜在している諸要素を的確に理解することが、起こっている問題に対する政策的な対応の仕方を考える上で欠かせない。

　今回の調査で得られたナラティブを読み解くと、政策によって対応する

第8章　カンボジアの初中等教育における就学継続の阻害要因　209

場合に考慮すべき潜在的な問題がいくつかあることに気付く。第一に、提示
した事例のうちの2つの事例で、学校と生徒の家庭との繋がりが希薄であ
ることが明らかになった。インタビューを実施した家族は、学校から正式
な呼び出しがあった時しか、子どもの学校を訪問していない。さらに、生
徒が中途退学した場合でも、教師は生徒の家庭と連絡を取っていないこと
が分かった。これらのことから、生徒の「保持」にプラスの影響をもたら
す方策として、学校と生徒の家庭との繋がりを強化することが示唆される。

　第二に、より基本的なことであるが、都市部の事例としてインタビュー
した家族からは、補習のための授業料の負担に加えて、制服や学用品など
の必需品が相当な負担になることが語られた。これらの費用、さらには通
学手段や食費などすべての費用は、生徒が上級学年に進むにつれて増えて
いく。収入を得る機会がきわめて少ない農村地域や遠隔地の家族は、その
負担をより一層重く感じる可能性がある。

　教育・青年・スポーツ省（MoEYS）にとっての主要な課題は、こうし
た必需品(学校での給食を含む)などの公的な費用ならびに特別な費用(例：
補習のための授業料）を、生徒が負担しなくて済むようにすることである。
カンボジア政府は義務教育を無償で提供すると公約しているが、とくに通
学手段（すなわち自転車）の提供や補習の不要化など、今よりも多くのこ
とをしなければならない。通学手段の提供と補習の不要化は、中学校や高
校で生徒が就学を継続できるようにするために取り組むべき中心課題であ
る。事実、農村地域における事例の祖父は NGO に掛け合って、17台の自
転車を寄付してもらうことができたが、すべての生徒がこうしたコミュニ
ティにいるわけではない。その生徒が生まれたコミュニティによって、必
要なリソースを得られるかどうかが左右され、特定のコミュニティにいる
ことによって生徒たちが不利な立場に置かれるべきではない。また、基礎
教育[22]へアクセスするために、生徒が NGO などの支援に依存しなければな

　22　基礎教育(basic education)は、主に初等教育(小学校)ならびに前期中等教育(中
　学校）で提供される教育のことを指す。すべての人がその段階の教育機会を得ること
　は、「世界人権宣言」をはじめ「万人のための教育（EFA）目標や「ミレニアム開
　発目標（MDGs）」、「持続可能な開発目標（Sustainable Development Goals: SDGs）」
　などの国際的な合意でも、最低限の権利として保障されるべきだと謳われている。

らないようにすべきでもない。

　第三に、上述の点とも関連するが、遠隔地の家族のインタビューにより、中学校への通学が不便であることが学校に留まるかどうかの決定にマイナスの影響を与えることが明らかになった。これは重要なポイントである。なぜなら、遠隔地のコミュニティから毎日、長い距離を登下校することは生徒にとって実質的に不可能である。これらの事例では学校内あるいは学校の周辺で寄宿施設を利用できるかどうかが、生徒と家族の意思決定に直接の影響を与えることになる。

　第四に、希望する職に就くために必要な教育レベルについて、生徒も親もきちんと認識していないことが明確になった。都市部の家族は、娘が教師になることを希望しており、農村地域の家族は、娘には医者になってほしいと思っている。しかし、どちらの家族もこれらの職に就くために必要な教育レベルについて語ることはできなかった。そのため、さまざまなキャリアやそれらのキャリアのために必要な教育レベルについて学校で話し合うことは、生徒にとっても家族にとっても有益である。

　最後に、さらなる考慮や対応が必要である大きな課題や、検討すべき選択肢について述べたい。これらの課題や選択肢とは、不十分な学校施設の整備（とくに通学路を安全にする必要性）、保健サービスの提供（たとえば、カウンセラーや学校担当の看護師）、政府の奨学金の受給対象者の明確化（たとえば、家族の第一子、女児、遠隔地コミュニティの子ども、障がい児、その他特別の状況に起因して不利な影響を受ける層）などである。もちろん、生徒の進級・進学に悪影響を与え得る教育セクター内外の諸要因を考えると、これらの課題に対応することは容易ではない。しかしながら、これらの課題に取り組むことで、教育へのアクセスや教育の質を向上させる上で、長期的にプラスの影響が期待できる。

第9節　結び

　本章の研究を通して、3人の女子生徒とその家族の状況をナラティブ形式で明確化することにより、就学の継続に影響を及ぼしている諸要因をあ

る程度示すことができた。これまで開発途上国（とくにカンボジア）では主として計量的に研究される傾向があった就学問題に関して、ナラティブという質的な研究データを示すことで、その複雑さをできるだけ素のままで提示することを目指した。また、政府や教育関係者（援助機関やNGO等の担当官も含む）が、将来の教育開発計画を策定する中で考慮すべき「初期条件」についても明らかにすることを試みた。

　今回の調査で得られたナラティブは、カンボジアの多くの家族の苦闘を少しでも理解することで、生徒が就学をいかにして継続するかという問題だけでなく、教育のみならず他の公共セクターも含めて基本的な公共サービスが十分に提供されていない状況、あるいはそうしたサービスを有償（一見すると少額に思われるが、カンボジアの家族にとっては相当な負担となる額）でしか利用できない状況の中で生活しなければならないといった問題について考える手掛かりとなる。

　もちろん、この研究で、生徒の移行（＝小学校から中学校、中学校から高校への進学）や、それに影響を与える要因を、十分に理解できたとは言えない。とくに、本章の事例は女子生徒のみを取り上げたため、男子生徒の実態についてはさらなる研究を行っていくことが必要である。そのためにも、調査の対象者や対象地域を増やしたり、定量的な研究と組み合わせて分析することなどが、今後の研究として求められている。また、教育セクターと他の公共セクターとの関連の中で、いかにして生徒が就学を継続することを可能にするような（＝学校に「保持」し続けるための）政策的な対応のあり方を、さらに検討することが欠かせない。そういった課題を乗り越えていくためにも、本章で提示したようなナラティブを通して、カンボジアの学校教育における生徒や親たちの現実に少しでも迫ろうとする態度が何よりも重要であることを指摘して、本章の結びとしたい。

［参考文献］

Benveniste, L., Marshall, J., & Araujo, M. (2008). *Teaching in Cambodia.* Phnom Penh: World Bank.

Boudon, R. (1973). *Education, opportunity and social inequality: Changing prospects in Western society*. New York: John Wiley & Sons.

Bray, M., & Bunly, S. (2005). *Balancing the books: Household financing of basic education in Cambodia*. Hong Kong: University of Hong Kong.

Bredenberg, K., Lon, S., & Ma, S. (2003). *Gender and education in Cambodia: Historical review of trends and the way forward*. Phnom Penh: KAPE.

Breen, R., & Goldthorpe, J. H. (1997). Explaining educational differentials. Towards a formal rational action theory. *Rationality and Society, 9* (3), 275-305.

Brehm, W. C., & Silova, I. (2014). Hidden privatization of public education in Cambodia: Equity implications of private tutoring. *Journal of Educational Research Online, 6* (1), 94-116.

Brehm, W. C., Silova, I., & Tuot, M. (2012). *The public-private education system in Cambodia: The impact and implications of complementary tutoring*. London: Open Society Institute.

Chinnh, S., & Dy, S. (2009). Education reform context and process in Cambodia. In Y. Hirosato, & Y. Kitamura (Eds.), *The political economy of educational reforms and capacity development in Southeast Asia: Cases of Cambodia, Laos, and Vietnam* (pp. 113-130). Dordrecht: Springer.

Dawson, W. (2009). The tricks of the teacher: Shadow education and corruption in Cambodia. In S. P. Heyneman (Ed.), *Buying your way into heaven: Education and corruption in international perspective* (pp. 51-74). Rotterdam: Sense Publishers.

Dhillon, J. (2011). Social exclusion, gender, and access to education in Canada: Narrative accounts from girls on the street. *Feminist Formations, 23* (3), 110-134.

Edwards Jr., D. B. (2013). *Qualitative data analysis report: Round 1. Staying in school: A longitudinal study of transition, drop out, and retention— Primary to secondary school in Cambodia*. Japan Society for the Promotion of Science.

Edwards Jr., D. B., Sitha, C., Williams, J. H., & Kitamura, Y. (2014). Student transition from primary to lower secondary school in Cambodia: Narrative insights into complex systems. *Prospects, XLIV* (3), 367-380.

Erikson, R., & Jonsson, J. O. (1996). The Swedish context: Educational reform and long-term change in educational inequality. In R. Erikson, & J. O. Jonsson (Eds.), *Can Education Be Equalized? The Swedish Case in Comparative Perspective* (pp. 65-93). Boulder: Westview Press.

Geeves, R., & Bredenberg, K. (2005). *Contract teachers in Cambodia.* Paris: UNESCO International Institute for Educational Planning.

Kiernan, B. (1982). William Shawcross, declining Cambodia. *Bulletin of Concerned Asian Scholars, 18* (1), 56-63.

Lieblich, A., Tuval-Mashiach, R., & Zilber, T. (1998). *Narrative research: Reading, analysis and interpretation.* Thousand Oaks: Sage Publications.

Maaz, K., Hausen, C., McElvany, N., & Baumert, J. (2006). Stichwort: Übergänge im bildungssystem. Theoretische konzepte und ihre anwendung in der empirischen forschung beim übergang in die sekundarstufe. *Zeitschrift für erziehungswissenschaft,* 299-327.

Ministry of Education, Youth and Sport (MoEYS). (2008/2009). *Education statistics and indicators.* Phnom Penh: EMIS Office, Department of Planning.

Moen, T. (2006). Reflections on the narrative research approach. *International Journal of Qualitative Methodology, 5* (4), Article 5. Retrieved from http://www.ualberta.ca/~iiqm/backissues/5_4/pdf/moen.pdf

Muller, T. (2004).'Now I am free'—Education and human resource development in Eritrea: Contradictions in the lives of Eritrean women in higher education. *Compare: A Journal of Comparative and International Education, 34* (2), 215-229.

National Institute of Statistics. (2009). *Education 2007. Report based on the Cambodia Socio-Economic Survey.* Phnom Penh: National Institute of Statistics.

No, F., Sam, C., & Hirakawa, Y. (2012). Revisiting primary school dropout in rural Cambodia. *Asia Pacific Education Review, 13* (4), 573-581.

Nordtveit, B. (2010). Development as a complex process of change: Conception and analysis of programs and policies. *International Journal of Educational Development, 30,* 110-117.

Riley, T., & Hawe, P. (2005). Researching practice: The methodological case for narrative inquiry. *Health Education Research, 20* (2), 226-236.

Roberts, K. (2006). *Why Grade 3? A study on primary school dropout in Kampot Province, Cambodia.* Phnom Penh: VSO.

Rumberger, R. W., & Lim, S. A. (2008). *Why students drop out of school: A review of 25 years of research. California dropout research project report (Publication No.15).* Santa Barbara: University of California. Retrieved from http://www.slocounty.ca.gov/Assets/CSN/PDF/Flyer+-+Why+students+drop+out.pdf_

Springer, S. (2011). Articulated neoliberalism: the specificity of patronage, kleptocracy, and violence in Cambodia's neoliberalization. *Environment and planning A, 43,* 2554-2570.

Stacki, S., & Monkman, K. (2010). Change through empowerment processes: Women's stories from South Asia and Latin America. *Compare: A Journal of Comparative and International Education, 33* (2), 173-189.

Takayanagi, T., & Shimomura, T. (2013). Indigenous women facing educational disadvantages: The case of Ainu in Japan. *Prospects, 43,* 347-360.

United Nations Children's Fund (UNICEF). (2007). *Universal Primary Education: Reaching the Unreached in Cambodia.* New York: UNICEF.

United Nations Educational, Scientific and Cultural Organization (UNESCO). (2012). *Opportunities lost: The impact of grade repetition and early school leaving.* Paris: UNESCO.

Velasco, E. (2001). *Why are girls not in school? Perceptions, realities and contradictions in changing Cambodia.* Retrieved August 15, 2017, from http://www.unescobkk.org/fileadmin/user_upload/appeal/gender/whygirls.pdf

Velasco, E. (2004). Ensuring gender equity in education for all: Is Cambodia on the track? *Prospects, 34* (1), 37-51.

第9章　NEPAL

ネパールにおける「質の高い教育」を求めるダイナミズムとその背後に潜む影

江嵜 那留穂

❖ より良い教育を求める子どもたち

教育の「量」から「質」へ
MDGs→SDGs

教育分野の新たな目標
「包摂的かつ公平で質の高い教育の普及」

この流れを先取りするかのように、世界では「公立学校」から「私立学校」へといった**「質の高い教育」を求める動き**が発生。

この背景には…

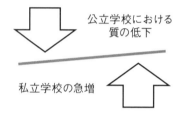

公立学校における質の低下

私立学校の急増

子どもたちの転校に関する研究

先進国 ←数多くの研究蓄積がなされてきた。

教育へのアクセスの改善に焦点が当てられてきたため、限られている。→ 開発途上国

しかしながら…

近年開発途上国においても子どもたちの転校の多さが指摘され始め、その実態把握は喫緊の課題である。

❖ 調査概要

対象地域：バクタプル郡郊外 A 地区
対象校　：公立学校 5 校 & 私立学校 1 校

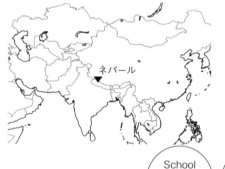

「質の高い教育」を求めるダイナミズム全体を解明することを試みる。

School 1−5 公立校　　School 6 私立校　　School 7−13 関連校

第9章　ネパールにおける「質の高い教育」を求めるダイナミズムとその背後に潜む影　217

❖ 結果 & 考察

公立学校からのフローと私立学校からのフローにおける差異

比較項目	公立学校	私立学校
在籍者数	454人	407人
フローの数	68件	39件
転校率	15.0%	9.6%
転校時期	年度内＆年度間	年度間のみ
就学前教育レベルの人数比	高い	低い

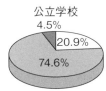

公立学校
4.5%
20.9%
74.6%

私立学校
10.3%
46.2%
43.6%

転校先の学校における学費
□ ≦Rs.10,000
▨ Rs.10,001－20,000
■ ≧Rs.20,001

公立学校出身者については、高額な私立学校へのアクセスに制限が見られた。

保護者の戦略

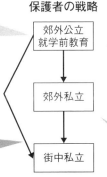

郊外公立就学前教育
↓
郊外私立
↓
街中私立

就学前教育は、教科の勉強がメインではない。まずは経済的・距離的にアクセスしやすい公立学校にて学校という場所に慣れさせる。

いきなり幼児を街中に行かせることはリスクが高い。ただし、兄姉がいる場合は、幼児であっても兄姉とともに街中私立へ躊躇なく通わせる。

より良い教育を目指して…

英語は早期学習が重要。学習の準備が整えば年度途中であっても私立学校に転校させる。公立学校の学費はほぼ無償のため、年度途中に転校しても保護者に経済的な負担はない。

すでに英語教育を受けているため、慌てて街中私立に転校させる必要はない。

公立学校出身者の脆弱なフロー

経済的に厳しい状況にある家庭の子どもたちの「質の高い教育」を求めるフローは脆弱性が高く、保護者の病気、離婚、失業といった環境の変化、武力紛争、自然災害等の外部要因の力が加わると、大きく影響される。

第1節　より良い教育を求める子どもたち

公立学校から私立学校へ、郊外の学校から街中の学校へ

2015年に「ミレニアム開発目標（Millennium Development Goals: MDGs）」の後継として、17のゴールと169のターゲットから成る「持続可能な開発目標（Sustainable Development Goals: SDGs）」が発表され、教育分野の新たな目標として「包摂的かつ公平で質の高い教育の普及」が掲げられた。その流れを先取りするかのように、世界では「質の高い教育」を求める動きが発生しており、多くの国々において私立学校に在籍する子どもたちの割合が増加している（United Nations Educational, Scientific and Cultural Organization [UNESCO], 2015)。

この背景には公立学校と私立学校の教育格差問題があり、公立学校における質の低下および私立学校の急増（Harlech-Jones, Baig, Sajid, & ur-Rahman, 2005; UNESCO, 2009; Nishimura & Yamano, 2013）が指摘されている。国によって異なるところもあるが、多くの開発途上国における公立学校は、学校施設の未整備、教材・教具の不足、児童教員比率の高さ等、さまざまな課題を抱えている。他方、私立学校では、全国統一試験におけるパフォーマンスの高さや、国際言語である英語による授業などが強みとされ、保護者からの人気が高まっている。その流れを受け、多くの開発途上国では私立学校が台頭しており、「公立学校から私立学校へ」、「郊外の学校から私立学校が集まる、より競争の激しい街中の学校へ」といった子どもたちの「質の高い教育」を求める動きが発生している。

子どもたちの転校は、学校運営や子どもたちの学習パフォーマンスに何らかの影響を与えるのではないかといった疑問から、アメリカやイギリスなどの先進国においてさまざまな研究（Rumberger, Larson, Ream, & Palardy, 1999; Demie, 2002; Strand, 2002; Ream, 2003; Strand & Demie, 2006; Strand & Demie, 2007; South, Haynie, & Bose, 2007; Scherrer, 2013)

1　本章では、子どもたちの学校間の転校を「就学フロー（enrolment flow）」または「フロー（flow）」（Ezaki, 2017）と称する。

がなされてきた。一方、開発途上国においては教育へのアクセスの改善に焦点が当てられてきたため、留年や退学に着目した研究が多く、子どもたちの転校に関する研究は限られている（Taniguchi, 2017）。しかしながら、近年開発途上国においても子どもたちの転校の多さが指摘され始め、その[2]実態把握は喫緊の課題である。とくに、「質の高い教育」を求める大きな動きが発生している現在において、個々の子どもたちの頻繁かつ複雑な動きを理解することは教育関係者や研究者、政策立案者にとってきわめて重要である。

　そこで、本章では、上述の現象が顕著に見られる国の一つであるネパール連邦民主共和国（以下、ネパール）を対象として、個々の子どもたちの就学フローに着目し、「質の高い教育」を求めるダイナミズム全体を解明することを目的とする。

ネパールの基礎情報と学校教育

　ネパールは、中国とインドの2大国に挟まれた、南アジアに位置する内陸国である。面積は14.7万平方キロメートルであり、北海道の約1.8倍の大きさに値する。人口は2011年時点で2,649万人であり、Parbate Hindu、Newar、Tamang等、126の民族が共生している（Central Bureau of Statistics [CBS], 2012）。公用語はネパール語だが、123の言語が使用されており（CBS, 2012）、南アジアにおける多民族・多言語国家として知られる。山岳地帯、丘陵地帯、平地地帯を併せ持つ特異な国土を有し、このようなさまざまな地形に数多くの異なる民族が暮らすネパールは、多様性に富む国の一つと言える。

　他方、同国は未だに後発開発途上国に甘んじている。1日1ドル未満で生活をする人口は1990年の33.5％から2010年には19.7％まで減少したも

　2　とくに、近年私立学校の台頭が著しいアフリカおよびアジアに位置する国々における子どもたちの転校の多さが指摘されている。たとえば、アフリカにおいてはマラウイ（Taniguchi, 2017）やザンビア（Ezaki & Sekiya, 2017）、アジアにおいてはインド（James & Woodhead, 2014）やネパール（Ezaki, 2017）などの事例が報告されている。

のの（National Planning Commission, 2013）、2015 年時点の人間開発指数のランキングでは 188 カ国中 144 位であり、南アジアに位置する国々の中で最下位のパキスタンの次に低い順位となっている（United Nations Development Programme, 2016）。

ネパールの教育制度は、2009 年に発表された 7 カ年間の国家教育政策である「学校セクター改革プログラム（School Sector Reform Programme）2009 - 2015」の実施以来、1 - 5 年生の初等レベル（5 - 9 歳）および 6 - 8 年生の前期中等レベル（10 - 12 歳）は基礎教育に含まれ、9 - 10 年生の中等レベル（13 - 14 歳）および 11 - 12 年生の後期中等レベル（15 - 16 歳）は中等教育に位置付けられる。学校のタイプは、公立学校および私立学校の 2 つに大別され、その他に Madarasa、Gumba/Vihar、Ashram/Gurukul といった宗教学校が存在する。ネパールにおいては日本のような通学区規制が存在しないため、子どもたちは自由に学校選択を行い、転校することができる。

ネパールにおける子どもたちの「質の高い教育」を求める就学フロー

ネパールでは、とくに 1990 年頃から街中を中心に私立学校が台頭し、そこに在籍する子どもたちの数が増加している。2010／2011 年の国民生活水準調査（National Living Standards Survey）によると、私立学校に在籍する子どもたちの割合は、1995 年の 7.5％から 2010 年にはその 3 倍以上の 26.8％にのぼる（CBS 2011）。

ネパール社会では、英語力および 10 年生の生徒を対象に実施される卒業認定試験（School Leaving Certificate: SLC）[3] の結果が、その後の進学や就職において非常に重要であると言われているが、私立学校の SLC 合格率は、公立学校のそれよりも高いこと（Bhatta, 2004; Santwana Memorial Academy Educational Research Center, 2008; Thapa, 2015）が報告されている。また、一般的に公立学校の教授言語はネパール語であるのに対

3　近年、10 年生の生徒を対象に実施される卒業認定試験は「Secondary Education Examination」に改称され、SLC は 12 年生を対象に実施される全国統一試験を指すこととなった。

し、私立学校の教授言語は英語のみ、またはネパール語および英語とされる。そのため、多くの人々が私立学校を高く評価しており、子どもたちを私立学校に通わせることを望んでいる（Subedi, Shrestha, Maharjan, & Suvedi, 2013）。その流れを受け、同国では「公立学校から私立学校へ」、「郊外から私立学校が集まる街中へ」といった子どもたちの「質の高い教育」を求める動きが発生している。

　ネパールで見られる転校には、年度内に発生するものと年度間に発生するものの2種類がある。著者はこれまで、ネパール郊外に位置する公立学校5校を対象として、年度内にそれらの学校から発生する個々の子どもたちの就学フローについて調査を実施した（Ezaki, 2017）。その結果、対象地域では「公立学校から私立学校へ」といった「質の高い教育」を求める大きなフローが確認でき、それらのフローの大部分を就学前教育であるECD（Early Childhood Development）の子どもたちが占めることが明らかとなった。しかしながら、年度内のフローだけではなく、年度間のフローや地域間における「質の高い教育」を求めるフローを明らかにしなければ、「質の高い教育」を求めるダイナミズム全体を明らかにすることはできない。

　そこで、本章では、次の3つのリサーチクエスチョンを設定する。1）Ezaki（2017）において確認された「質の高い教育」を求めるフローは、年度間においても発生しているのか、2）年度間のフローにおいても、その大部分をECDの子どもたちが占めるのか、3）「郊外の学校から街中の学校へ」といった地域間のフローにおいてはどうか。以上の3点を明らかにすることにより、「質の高い教育」を求めるダイナミズム全体を解明することを試みる。

　4　ネパール国内における英語重視の潮流により、近年英語での授業を導入する公立学校も出現してきている（Joshi, 2016）。

第 2 節　調査概要

調査対象地域および学校

上述の公立学校を中心とした子どもたちの就学フローの実態調査（Ezaki, 2017）では、次の 2 点を対象地域の選定条件として設定した。1) 近年私立学校の設立が急増している地域、2) 子どもたちのフローを追跡できる、ある程度孤立した地域であること。そして、バグマティ県バクタプル郡の郊外 A 地区を対象地域として選定した。

本章では、Ezaki（2017）において明らかとなった公立学校からの年度内のフローを比較対象とし、年度間のフローや地域間のフローを明らかにして「質の高い教育」を求めるダイナミズム全体を解明するため、引き続き同地域において調査を実施することとした。バクタプル郡は、近年私立学校の在籍者数が増加している地域であり（Department of Education, 2011）、郊外 A 地区は小高い丘に位置し、街中へのアクセスの道が 1 本しかない孤立した位置関係にある。そのため、郊外 A 地区から街中の私立学校に通う子どもたちは、スクールバスを利用して学校に通っている。

本章の対象校としては、Ezaki（2017）と同様の郊外 A 地区に位置する公立学校全 5 校に加えて、同じく郊外 A 地区に位置する唯一の私立学校の合計 6 校とした。そして、これらの学校との間で子どもたちのフローが存在する街中における私立学校 7 校を関連校とする（表 1）。公立学校 5 校のうち 1 校は ECD のクラスから中等教育最終学年である 12 年生のクラスまであり、残りの 4 校は ECD のクラスから初等教育最終学年である 5 年生のクラスまでとなっている。私立学校 7 校は、1 校のみ 12 年生までのクラスを有し、残りの 6 校は 10 年生までのクラスを持つ学校である。学費については、公立学校よりも私立学校の方が高く、最も低額の私立学校でも公立学校の約 10 倍である。また、教授言語は、公立学校 5 校はネパール語であるのに対し、私立学校は英語のみ、またはネパール語および英語である。さらに、2014 年時点の SLC 合格率を比較すると、郊外の公立学校は 56.4％に留まるものの、郊外の私立学校は 90.0％、街中の私立学校に

表1　対象校および関連校の特性

対象校

学校	学校種	受入学年	位置	児童生徒数	1年生にかかる費用	教授言語	SLC合格率
S1	公立	ECD-5	郊外	25	Rs.0	ネパール語	—
S2	公立	ECD-5	郊外	28	Rs.0	ネパール語	—
S3	公立	ECD-5	郊外	17	Rs.55	ネパール語	—
S4	公立	ECD-5	郊外	73	Rs.0	ネパール語	—
S5	公立	ECD-12	郊外	328	Rs.530	ネパール語	56.4%
S6	私立	ECD-10	郊外	162	Rs.15,750	ネパール語／英語	90.0%

関連校

学校	学校種	受入学年	位置	児童生徒数	1年生にかかる費用	教授言語	SLC合格率
S7	私立	ECD-10	街中	234	Rs.13,550	ネパール語／英語	100%
S8	私立	ECD-10	街中	467	Rs.24,700	ネパール語／英語	98.2%
S9	私立	ECD-12	街中	973	Rs.5,000	英語	100%
S10	私立	ECD-10	街中	140	Rs.18,200	英語	—
S11	私立	ECD-10	街中	123	Rs.25,400	英語	100%
S12	私立	ECD-10	街中	223	Rs.23,600	英語	100%
S13	私立	ECD-10	街中	637	Rs.61,000	英語	100%

注：費用は、年会費、月謝、試験料、教科書代、バス代等が含まれる。
　　教授言語は、初等教育レベルのものを指す。
　　S10の子どもたちは、SLCを2015年より受験し始めたため記録なし。
出所：Ezaki（2017）をもとに、本章に合わせて著者修正。

至ってはほぼ100%である。

「質の高い教育」を求める就学フローの定義

　「教育の質」とは、教育の目標、教育課程、指導方法、学業成績、学校経営など、教育の質の向上に結びつく領域を指すが（浜野 2005）、実際のところ「教育の質」を定義することは難しく、それが意味する内容や範囲も、この言葉が用いられる文脈によって異なる（礒田・村田 2005）。

　ネパール社会においては、上述の通り公立学校と私立学校の教育格差問題が深刻になりつつあり、公立学校より私立学校の方がより質の高い教育

を提供していると認識されている。このことは、保護者に対して私立学校を選択した理由を尋ねた際に、「質の高い教育」と答える保護者が多い（Subedi et al., 2013; Joshi, 2014）ことからも分かる。そして、保護者たちは「教育の質」についてはしばしばSLCの結果に言及することから（Joshi, 2014）、具体的に数値として目に見えるものが教育の質を測る主な指標となっていると考えられる。

さらに、街中と郊外または地方に位置する学校については、郊外や地方の子どもたちがより良い教育を求めて街中に出てくることからも分かるように、より競争の激しい街中に位置する学校は、郊外または地方に位置する学校よりもレベルが高いと考えられている[5]。

したがって、本章では「公立学校から私立学校へ」、「郊外の学校から街中の学校へ」といった子どもたちの動きを「質の高い教育」を求める就学フローと定義する。

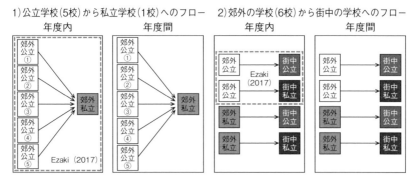

図1　分析方法模式図

出所：著者作成。破線で囲まれている部分は、Ezaki（2017）の結果を引用する。

---

[5] たとえば、ネパールの首都であるカトマンズを対象地域として学校教育が経済的に恵まれない家庭に与える影響について調査したValentin（2005）によると、教育施設については大部分において街中の方が良く、地方から街中に移住してきた人々は、街中における学校教育を子どもたちに受けさせることによって、より高い社会経済的地位に就くことを夢見ている。

調査方法

　調査方法は Ezaki（2017）を踏襲し、学校記録を用いた調査および教員に対する半構造化インタビュー調査とする。データソースは、対象校 6 校に保管されている登録簿や出席簿といった学校記録であり、2013 年および 2014 年のものを使用する。学校によっては 2015 年に同国において発生した M7.8 の大地震により学校記録の喪失が想定されたため、2 年分のデータを使用する。これらのデータより転校生を把握し、一人ひとりの転校先の学校および転校時期について対象者を熟知する教員にインタビューを実施した。Ezaki（2017）と同様に、本章の対象は ECD から初等教育最終学年の 5 年生までの子どもたちであり、対象地域の子どもたちのフローに焦点を当てているため、郡を跨ぐフローは本分析の対象外とする。

　分析方法は大きく 2 つに分かれる。分析方法 1 においては、1)「公立学校から私立学校へ」のフロー、2)「郊外の学校から街中の学校へ」のフローについて分析する（図 1）。1) については、郊外における公立学校 5 校（郊外公立）から唯一の私立学校（郊外私立）へのフローに着目し、年度間のフローを明らかにする。そして、Ezaki（2017）の年度内のフローと比較する。2) については、郊外の学校（郊外公立 5 校および郊外私立 1 校の合計 6 校）から街中の学校（街中公立および街中私立）へのフローに着目し、まずは年度間における郊外公立から街中の学校へのフローを明らかにする。そして、Ezaki（2017）の年度内のフローと比較する。次に、年度内および年度間における郊外私立から街中の学校へのフローを明らかにし比較する。分析方法 2 においては、年度内および年度間における各フローの子どもたちを ECD と他学年に分類し、それらの人数を比較する。分析方法 1 と同様に、年度内における郊外公立からのフローについては Ezaki（2017）の結果を引用する。

第3節　個々の子どもたちの就学フロー

分析1　「質の高い教育」を求めるフロー

　対象校からの「質の高い教育」を求めるフローを表2に示した。1）公立学校（郊外公立）から私立学校（郊外私立）へのフローについては、年度間のフローは11件確認された（No. 1-1'）。Ezaki（2017）の年度内のフロー（No. 1-1、16件）と合わせると合計27件となる。年度間と年度内のフローを比較すると、年度間よりも年度内に転校する者が若干多い。

　2）郊外の学校から街中の学校へのフローについては、まず郊外公立から街中の学校へのフローに着目すると、年度間における街中公立へのフローは0件であったが（No. 2-1'）、街中私立へのフローは14件確認された（No. 2-2'）。Ezaki（2017）の年度内のフローは、街中公立へのフローは1件（No. 2-1）、街中私立へのフローは26件であった（No. 2-2）。つまり、街中公立へのフローは、年度内および年度間の両期間においてほとんど発

表2　「質の高い教育」を求める就学フロー

1）公立学校から私立学校へのフロー

年度内			年度間		
No.	就学フロー	人数	No.	就学フロー	人数
1-1	郊外公立→郊外私立	16	1-1'	郊外公立→郊外私立	11

2）郊外の学校から街中の学校へのフロー

年度内			年度間		
No.	就学フロー	人数	No.	就学フロー	人数
2-1	郊外公立→街中公立	1	2-1'	郊外公立→街中公立	0
2-2	郊外公立→街中私立	26	2-2'	郊外公立→街中私立	14
2-3	郊外私立→街中公立	0	2-3'	郊外私立→街中公立	0
2-4	郊外私立→街中私立	0	2-4'	郊外私立→街中私立	39
		27			53

出所：No.1-1、2-1、2-2については Ezaki（2017）の結果を、その他については分析結果をもとに著者作成。

第9章　ネパールにおける「質の高い教育」を求めるダイナミズムとその背後に潜む影　227

生していないが、街中私立へのフローは年度内と年度間のフローを合わせると40件にのぼり、とくに年度内におけるフローが多い。

次に、郊外私立から街中の学校へのフローに着目すると、街中公立へのフローについては年度内および年度間の両期間において1件も発生していなかった（No. 2-3、2-3'）。また、街中私立へのフローについても年度内においては皆無であった（No. 2-4）。他方、年度間においては39件のフローが確認された（No. 2-4'）。すなわち、郊外私立においては年度内に他校へ転校する子どもは存在せず、年度間に転校する場合、転校先は私立学校

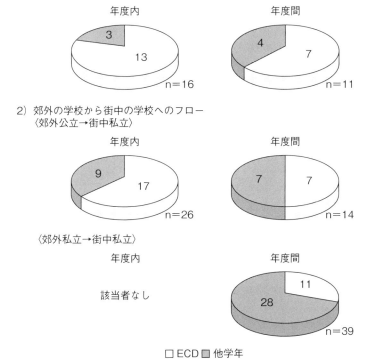

図2　各フローにおけるECDと他学年の人数比

出所：年度内の郊外公立→郊外私立および郊外公立→街中私立についてはEzaki（2017）の結果を、その他については分析結果をもとに著者作成。

のみである。

分析2　就学前教育（ECD）と他学年の子どもたち

　該当者が1人以下の郊外公立から街中公立へのフロー（表2、No. 2-1、2-1'）、郊外私立から街中公立へのフロー（表2、No. 2-3、2-3'）、年度内における郊外私立から街中私立へのフロー（表2、No. 2-4）以外の、各フローにおけるECDと他学年の子どもたちの人数比を図2に示した。1）公立学校（郊外公立）から私立学校（郊外私立）へのフローについては、年度間においてはECDの子どもが7人、他学年の子どもが4人であった。年度内においてはECDの子どもが13人、他学年の子どもが3人であり（Ezaki, 2017）、年度内および年度間の両期間においてECDの子どもの方が多く、とくに年度内においてその傾向が強いことが分かる。

　2）郊外の学校から街中の学校へのフローについては、まず郊外公立から街中私立へのフローに着目すると、年度間においてはECDの子どもと他学年の子どもが7人ずつと同人数であった。しかしながら、同人数といっても、1学年ずつの子どもと比較するとECDの子どもの方が多い。年度内においてはECDの子どもが17人、他学年の子どもが9人であり、このフローにおいてもECDの子どもの方が多い。次に、郊外私立から街中私立へのフローに着目すると、年度間におけるECDの子どもは11人、他学年はその2倍以上の28人であり、郊外公立からのフローとは異なる傾向を示している。

第4節　「質の高い教育」を求めるダイナミズムとその背後に潜む影

ダイナミズムの構造と保護者の戦略

　前節において、郊外公立からのフローと郊外私立からのフローにおいて差異が見られることが明らかとなった（表2・図2）。本項ではこの点に着目し、郊外公立からのフローと郊外私立からのフローに分けて、「質の高

い教育」を求めるダイナミズムの構造を考察していく。

　まず、フローの数に着目する。Ezaki（2017）で明らかとなった郊外公立からの年度内におけるフロー43件と合わせると、2013年および2014年に対象校から発生した「質の高い教育」を求めるフローは合計107件にのぼる（表2）。郊外公立における2013年および2014年の合計人数[6]は454人であり、郊外公立からのフローは合計68件であったため、転校率は15.0％となる。他方、郊外私立における2013年および2014年の合計人数[7]は407人であり、郊外私立からのフローは合計39件であったため、転校率は9.6％となる。これより、対象校における約1割の子どもたちがより良い教育を求めて他校へ転校しており、とりわけ郊外公立からのフローが多いことが分かる。

　街中の学校へのフローに着目した場合、街中私立へのフローは合計79件発生していたのに対し、街中公立へのフローは1件しか確認されなかった。これは、通学手段の問題や保護者の公立学校への関心の度合いが影響していると考えられる。一般的に、公立学校はスクールバスを所有しておらず、郊外の子どもたちが街中の公立学校に通うことを選択すると、徒歩で通学するか、一般のバスを利用しなければならない。また、いくら街中の学校とはいえ、一般的に教育の質が低いと認識されている公立学校であることには変わりがないため、保護者にとってそれらの学校に子どもを通わせるインセンティブは働いていないことが窺える。

　次に、フローの発生時期に着目すると、郊外公立からのフローについては年度内および年度間の両期間に発生していたが、郊外私立からのフローについては年度間にしか発生していなかった。公立学校はほぼ無償のため、子どもたちが年度途中に私立学校へ転校しても保護者に経済的負担はない。他方、子どもを私立学校に通わせている保護者は、すでに在籍中の学校に対して学費を支払っており、年度途中に子どもが他の私立学校へ転校すると、転校先の学校にも学費を支払わなければならなくなる。ゆえに、郊外公立および郊外私立からのフローにおける転校時期には差異が生まれ

　6　ここでの合計人数とは、年度始まりの人数を指す。
　7　同上。

たと考えられる。

　各フローにおける ECD の子どもたちの人数比に関しては、年度内および年度間の両期間において、郊外公立から郊外私立へのフローにおける ECD の子どもたちの人数比は、郊外公立から街中私立へのフローにおける ECD の子どもたちのそれよりも高かった。これには、自宅から学校までの距離が影響している可能性がある。保護者たちは、学校が何をするところかさえ理解していない幼児を、いきなりバスに乗せて自宅から距離のある街中の私立学校へ通わせることはリスクが高すぎると考えている（Ezaki, 2017）[8]。

　では、なぜ郊外公立からのフローの大部分を ECD の子どもたちが占めるのか。この点について詳細に考察するために、子どもを私立学校に通わせている保護者に追加のインタビュー調査を実施した。すると、「英語」に関するコメントが多く聞かれた。上述の通り、ネパール社会において英語力はきわめて重要である。国内における外資系企業の従業員や海外援助組織の従業員などといった高収入の職業に就きたいと考える者、より良い教育を求める留学希望者、より高収入の職業を求める海外出稼ぎ労働希望者等にとって英語は必要不可欠であり、英語を話せることが子どもたちの明るい将来に繋がると考えられているためである。また、多くの保護者は、外国語である英語を習得するには早期に英語教育を始めることが重要との考えから、子どもをできるだけ早い段階から私立学校に通わせることを望んでいる。しかしながら、経済的に余裕があるわけではなく、また、教科の勉強がメインではない ECD のクラスであれば、わざわざ高い学費のかかる私立学校へ行かせなくても良いとも考えている。ゆえに、まずは経済的および距離的にアクセスしやすい公立学校に入学させ、学校という場所に慣れさせ、学習の準備が整えば年度途中であっても私立学校に転校させるといった戦略を取っている。このような保護者の戦略は、ネパールに限らず、公立学校の機能不全および私立学校の台頭が指摘されている、隣国のインドにおいても確認されている（Vennam, Komanduri, Cooper,

---

　8　ただし、兄姉がいる場合は、幼い子どもであっても兄姉とともに街中の私立学校に躊躇なく通わせることが確認されている。

Crivello, & Woodhead, 2009; Streuli, Vennam, & Woodhead, 2011）。

　他方、年度間のみにしか確認されなかった郊外私立から街中私立へのフローに着目すると、ECD の子どもたちの人数比は、他学年の子どもたちのそれよりも低かった。これは、経済的に厳しい状況にはなく、最初から子どもを郊外私立に通学させることが可能な保護者は、英語教育のことを気にしなくて良いため、街中私立に慌てて転校させる必要はないと考えているためではないだろうか。

　以上より、世界的に「質の高い教育」を求める動きが発生している中、保護者たちはいかに子どもたちにより良い教育を与えるか戦略的に考え、家庭の置かれた経済的状況や学校への通学距離に応じて積極的に学校選択をしていることが分かる。他方、その中において公立学校は「質の高い教育」を求める動きに乗るための「踏み台」となってしまっているように見える。

郊外公立出身者に見られる学校へのアクセスの制限

　前項より、郊外公立および郊外私立における子どもたちの転校時期や転校生の学年において差異が見られ、その原因の一つとして家庭の経済状況が考えられることが明らかとなった。そこで、本項では、彼らの転校先に着目し、同じ私立学校といっても同程度の学費が必要となる私立学校に転校する傾向があるのか、それとも転校先においても差異が見られるのかについて考察する。

　対象校の転校先である郊外私立および街中の私立関連校を学費ごとに、1）≦ Rs. 10,000、2）Rs. 10,001 – 20,000、3）≧ Rs. 20,001 の 3 つのグループに分け、郊外公立および郊外私立から他の私立学校へのフローにおける各グループの割合を比較した（図 3）。その結果、郊外公立出身者については、学費が中程度の学校（2）Rs. 10,001 – 20,000）の割合が最も高く、学費が高額な学校（3）≧ Rs. 20,001）の割合は最も低いことが明らかとなった。一方、郊外私立出身者については、学費が高額な学校（3）≧ Rs. 20,001）および中程度の学校（2）Rs. 10,001 – 20,000）の割合が高く、とりわけ高額な学校については 46.2% を占める。3 つのグループにおいて学費が最も低額な学校（1）≦ Rs. 10,000）については、郊外公立出身者

の割合は郊外私立出身者のそれの約2倍となっていた。これらの分布を統計処理したところ、1％水準で有意差が認められた（$\chi^2 = 27.01$, df = 2, $P < 0.01$）。

これより、同じ「質の高い教育」を求めるフローといっても、郊外公立出身者と郊外私立出身者の転校先には差異が見られ、郊外公立出身者は高額な私立学校にはアクセスできない傾向があることが示唆された。

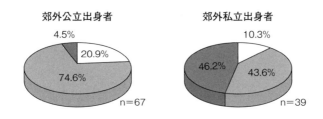

図3　郊外公立出身者および郊外私立出身者における転校先の割合

出所：分析結果をもとに著者作成。

郊外公立出身者の脆弱なフロー

ここまでは子どもたちの「質の高い教育」を求めるフローについて詳細に考察してきた。しかしながら、将来への希望を持って「質の高い教育」を求めるフローに乗っていく子どもたちが存在する一方で、逆戻りしてしまう子どもたちも存在する。本項では、そのような子どもたちのフロー、すなわちバックフローについて記す。

学校記録をもとにした教員へのインタビュー調査において、私立学校に転校したにもかかわらず、翌年度に郊外公立に戻ってきている子どもが確認された。中には、転校から数カ月後に郊外公立に戻ってきている子どもも存在した。郊外公立の教員によると、このような事態が生じる原因は、「英語の授業についていけなかった」、「新しい学校に馴染めなかった」等さまざまだが、最も大きな原因は経済的理由とのことである。上述の通り、郊外私立および街中の私立関連校の学費は、最も低額な私立学校と比較し

ても公立学校の学費の約 10 倍であり、保護者への負担は大きいことが分かる。それでも子どもたちの将来を思い、保護者は家庭に経済的な余裕がある時は子どもを私立学校へ、ない時は公立学校へ行かせている。この現象は、ネパールにおける他地域においても指摘されている（Bhatta & Budathoki, 2013）。

　このような子どもたちの「質の高い教育」を求めるフローは脆弱性が高く、保護者の病気、離婚、失業といった環境の変化、武力紛争、自然災害等の外部要因の力が加わると、大きく影響されることとなる。たとえば、ネパールは 2015 年に M7.8 の大地震に見舞われ、多くの歴史的建造物や人々の家屋が倒壊し、8,790 人もの人々が命を落とした（National Planning Commission, 2015）。対象地域においても大多数の家屋が被災し、震災直後には海外の非政府組織（NGO）やドナーが緊急援助に入り、要救助者の捜索活動や人道支援物資の支給が実施された。人々は家屋のみならず生活面や経済面においてもダメージを受けており、その際には公立学校から私立学校へのフロー数は減少し、平時と比較して 5.7 倍ものバックフローが発生することとなった（Ezaki, 2017）。

第 5 節　おわりに

　本章では、個々の子どもたちの就学フローに着目し、「質の高い教育」を求めるダイナミズム全体を解明することを試みた。その結果、年度間および地域間においても「質の高い教育」を求めるフローが発生しており、1 年間において対象校における約 1 割の子どもたちがより良い教育を求めて他校へ転校していることが明らかとなった。また、同じ「質の高い教育」を求めるフローといっても、郊外に位置する公立学校からのフローと私立学校からのフローには、転校時期および転校生の学年において差異が見られた。具体的には、公立学校では年度内および年度間の両期間においてフローが発生しており、その大部分を ECD の子どもたちが占めていたが、私立学校では年度間にしかフローは発生しておらず、ECD よりも他学年の子どもたちの方が多く確認された。

公立学校出身の子どもたちは、私立学校出身の子どもたちと比較して経済的に余裕がないため、保護者はまず、経済的および距離的にアクセスしやすい公立学校に子どもたちを通わせ、学校という場に慣れさせる。そして、学習の準備が整ったと判断できれば、年度途中であっても私立学校に転校させ、なるべく早い段階から英語教育に触れさせるといった戦略を取っていた。このように、世界的に大きな動きとなりつつある「質の高い教育」を求めるダイナミズムの下、ネパールにおいては子どもたちにいかにより良い教育を受けさせるか戦略的に考えられており、各家庭の状況に合わせた、積極的な学校選択が実施されていることが明らかとなった。

　このような教育熱の高まりが見られる一方、その背後に潜む影も確認された。国民形成を担い、基礎教育を保証するはずの公立学校は、「質の高い教育」を求めるダイナミズムの下において、「質の高い教育」を求める動きに乗る「踏み台」となってしまっており、意欲的な子どもたちは私立学校へ流れてしまっていた。また、個人レベルでは、経済的に余裕のない子どもたちのフローほど脆弱性が高く、高額な私立学校へのアクセスには制限が見られた。ネパールをはじめ、公立学校と私立学校の教育格差が指摘される開発途上国において、公立学校が提供する教育が、保護者や子どもたちにとっても魅力的なものであるようにすることは、きわめて重要かつ大きな課題であり、今後その問題はさらに深刻化していくのではないかと考えられる。

　本章では、子どもたちの学校選択の結果であるフローを解明し、「質の高い教育」を求めるダイナミズムとそこに潜む影について記した。今後は、「質の高い教育」を求める動きに乗った結果、子どもたちは真により良い教育を受けられるようになったのか、また、その経験は子どもたちの将来にどのように繋がったのか、といったことについても検討していきたい。また、本章の研究成果は、ネパール国内の一つの地域を対象とした事例研究であり、ネパール国全体について述べるものではない。今後は、異なる特性を持つ地域において同研究を実施し、一般化の条件についても考えてみたい。

第9章　ネパールにおける「質の高い教育」を求めるダイナミズムとその背後に潜む影　235

［参考文献］

Bhatta, P., & Budathoki, S. B. (2013). *Understanding Private Educationscape (s) in Nepal* (Education Support Program (ESP) Working Paper Series No. 57).

Bhatta, S. D. (2004). *A descriptive analysis of the disparities in school performance in the SLC exams* (SLC Study Report #1). Kathmandu: The Education Sector Advisory Team, Ministry of Education and Sports.

Central Bureau of Statistics (CBS), National Planning Commission Secretariat, Government of Nepal. (2011). *Nepal living standards survey 2010/11.* Kathmandu: CBS.

Central Bureau of Statistics (CBS), National Planning Commission Secretariat, Government of Nepal. (2012). *National population and housing census 2011.* Kathmandu: CBS.

Damie, F. (2002). Pupil mobility and educational achievement in schools: an empirical analysis. *Educational Research, 44* (2), 197–215.

Department of Education, Ministry of Education, Government of Nepal. (2011). *School level educational statistics of Nepal: Consolidated report 2010 (2067).* Bhaktapur: Department of Education.

Ezaki, N. (2017). Impact of the 2015 Nepal earthquakes on children's schooling: Focusing on individual children's enrolment flow. *Education 3-13: International Journal of Primary, Elementary and Early Years Education.* doi: 10.1080/03004279.2017.1383502

Ezaki, N., & Sekiya, T. (2017). Study on individual children's enrollment patterns in the Republic of Zambia: Focusing on children who cannot move on to secondary education. *Kwansei Gakuin University Social Science Review, 22,* 19–31.

Harlech-Jones, B., Baig, M., Sajid, S., & ur-Rahman, S. (2005). Private schooling in the northern areas of Pakistan: A decade of rapid expansion. *International Journal of Educational Development, 22,* 557–568.

James, Z., & Woodhead, M. (2014). Choosing and changing schools in India's private and government sectors: Young lives evidence from Andhra Pradesh. *Oxford Review of Education, 40* (1), 73–90.

Joshi, P. (2014). Parent decision-making when selecting schools: The case of Nepal. *Prospects, 44* (3), 411–428.

Joshi, P. (2016). Experiencing and responding to private competition: The importance of subjectivity and intermediate outcomes. *Comparative Education Review, 60* (3), 571–600.

National Planning Commission, Government of Nepal. (2013). *Nepal millennium development goals progress report 2013*. Kathmandu: National Planning Commission.

National Planning Commission, Government of Nepal. (2015). *Nepal earthquake 2015 post disaster needs assessment executive summary*. Kathmandu: National Planning Commission.

Nishimura, M., & Yamano, T. (2013). Emerging private education in Africa: Determinants of school choice in rural Kenya. *World Development, 43,* 266–275.

Ream, R. K. (2003). Counterfeit social capital and Mexican-American underachievement. *Educational Evaluation and Policy Analysis, 25* (3), 237–262.

Rumberger, R. W., Larson, K. A., Ream, R. K., & Palardy, G. J. (1999). *The educational consequences of mobility for California students and schools* (Research Series 99–2). California: Policy Analysis for California Education.

Santwana Memorial Academy Educational Research Center. (2008). *A comparative study of school cost between community and institutional schools*. Nepal: Department of Education.

Scherrer, J. (2013). The negative effects of student mobility: Mobility as a predictor, mobility as a mediator. *International Journal of Education Policy & Leadership, 8* (1), 1–14.

South, S. J., Haynie, D. L., & Bose, S. (2007). Student mobility and school dropout. *Social Science Research, 36,* 68–94.

Strand, S. (2002). Pupil mobility, attainment and progress during key stage 1: A study in cautions interpretation. *British Education Research Journal, 28,* 63–78.

Strand, S., & Demie, F. (2006). Pupil mobility, attainment and progress in primary school. *British Educational Research Journal, 32* (4), 551–568.

Strand, S., & Demie, F. (2007). Pupil mobility, attainment and progress in secondary school. *Educational Studies, 33* (3), 313–331.

Streuli, N., Vennam, U., & Woodhead, M. (2011). *Increasing choice or*

第9章　ネパールにおける「質の高い教育」を求めるダイナミズムとその背後に潜む影　237

inequality? Pathways through early education in Andhra Pradesh, India (Working Paper No. 58, Studies in Early Childhood Transitions). The Hague: Bernard van Leer Foundation.

Subedi, G., Shrestha, M. G., Maharjan, R., & Suvedi, M. (2013). *Dimensions and implications of privatization of education in Nepal: The case of primary and secondary schools* (Education Support Program (ESP) Working Paper Series No. 48).

Taniguchi, K. (2017). Determinants of student mobility in primary school in rural Malawi: An event history analysis. *World Journal of Education, 7* (2), 19-30.

Thapa, A. (2015). Public and private school performance in Nepal: an analysis using the SLC examination. *Education Economics, 23* (1), 47-62.

United Nations Development Programme (UNDP). (2016). *Human development report 2016: Human development for everyone.* New York: UNDP.

United Nations Educational, Scientific and Cultural Organization (UNESCO). (2009). *EFA global monitoring report 2009 – Overcoming inequality: Why governance matters.* Paris: UNESCO.

United Nations Educational, Scientific and Cultural Organization (UNESCO). (2015). *EFA global monitoring report 2015 – Education for all 2000-2015: Achievements and challenges.* Paris: UNESCO.

Valentin, K. (2005). *Schooled for the future? Educational policy and everyday life among urban squatters in Nepal.* Greenwich, Connecticut: Information Age Publishing Inc.

Vennam, U., Komanduri, A., Cooper, E., Crivello, G., & Woodhead, M. (2009). *Early childhood education trajectories and transitions: A study of the experiences and perspectives of parents and children in Andhra Pradesh, India* (Working paper No. 52). Oxford: Young Lives.

礒田正美・村田敏雄，2005，「教育課程（カリキュラム）」独立行政法人国際協力機構編『日本の教育経験——途上国の教育開発を考える』東信堂，176-221.

浜野隆，2005，「初等教育」黒田一雄・横関祐見子編『国際教育開発論——理論と実践』有斐閣，82-102.

第10章

MYANMAR

ミャンマー初等教育における子どもたちの修学軌跡
個別の社会経済的地位の違いに着目して

吉田 夏帆／Aye Aye Aung

❖ 変革するミャンマー教育

● 軍政から民政へ

(軍事政権時代) (民政移管以降)

海外のドナーや研究者らによる援助や調査研究の実施はこれまで厳しく制限されてきた。

海外からの援助を正式に広く要請。さらなる教育拡充を目指した教育改革が急速に推進されている。

● 横断的データに見る教育概況

【初等教育の純就学率】99.6%に到達　【初等教育の留年率】1.1%へと大幅低下

RQ：子どもたちはどのような修学の軌跡を辿った結果、初等教育修了や退学へと至っているのか？

他方、【初等教育最終学年までの残存率】74.8%　【中等教育への純就学率】56.5%

あまり芳しくない…

＊縦断的データを用いて個別の社会経済状況に留意しながら教育状況を見てみると…？

❖ ヤンゴン管区域の対象校における子どもたちの特徴

● ヤンゴン管区域の社会経済状況の異なる3つのタウンシップより、SESの異なる子どもたちが集まる基礎教育学校3校を選定。

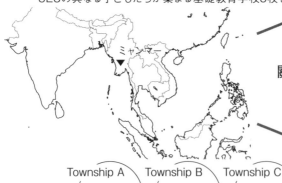

Sekiya(2014)や關谷(2018)に倣い、修学軌跡の視覚化を試みる。

Township A / School 1 SES高位
Township B / School 2 SES中位
Township C / School 3 SES低位

＊SES(Socio-Economic Status) ＝ 社会経済的地位

第 10 章　ミャンマー初等教育における子どもたちの修学軌跡　241

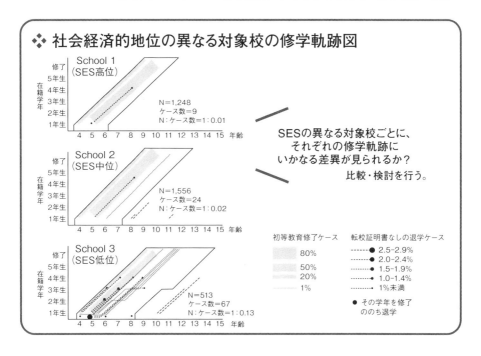

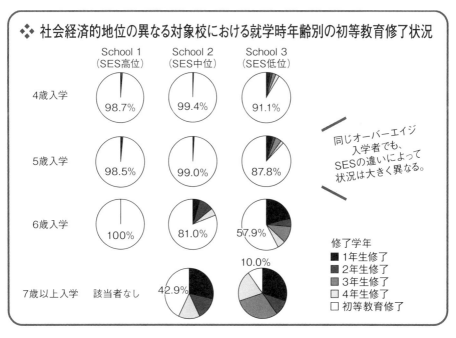

第1節　変革するミャンマー教育

軍政から民政へ、躍進する教育改革

　本章で対象とするミャンマー連邦共和国（以下、ミャンマー）は、長らく軍事政権によって国家運営がなされ、国際関係の研究分野において「東南アジア最後の研究対象国」と言われてきた国である。ミャンマーは軍事政権時代、その特有の政治事情から、海外のドナーや研究者らによる援助・調査研究の実施は困難な状況が続いていた。とりわけ教育セクターへの介入は、国際協力機構（Japan International Cooperation Agency）や国連児童基金（United Nations Children's Fund: UNICEF）など一部の機関を除いて厳しく制限されてきた経緯がある。

　そのような中、初等・基礎教育の拡充を目指す世界的な潮流を受け、1990年代以降、ミャンマーでも基礎教育セクター[1]の発展に向けて独自に教育改革が実施されてきた。教員の質向上を目指し、教員養成制度の見直しならびに教育短大の改編が行われた。また、初等教育カリキュラムの大幅改定に伴い、初等教育課程では、それまで除外されていた「理科」が復活し、「総合学習」と呼ばれる科目[2]が創設された。初等教育課程の高学年においては、それまで個別の科目として扱われていた「地理」「歴史」「公民」が「社会」という1つの科目に再編された（増田 2012）。さらに、初等教育における高い留年率・退学率の一大要因と捉えられていた、一度の学年末試験の結果で進級の可否を決定する評価制度（ヌヌウェイ 1998）も見直され、年間を通じて継続的に子どもたちの学習成果を評価しようとする「学力継続評価制度（Continuous Assessment and Progression System）」が導入された[3]（Ministry of Education, 2012）。この新評価制度

　1　ミャンマーでは、初等教育・前期中等教育・後期中等教育の教育段階が「基礎教育」と見なされている（Ministry of Education, 2016）。

　2　ミャンマーで創設された「総合学習」とは、日本の「生活科」に相当するような科目で、これには「自然科学」「道徳市民性」「生活技能」などが含まれている（増田 2012; 小島 2002）。

　3　1991年、UNICEFなどの提言を受け、ミャンマーでも「評価方法改善プロジェ

第 10 章　ミャンマー初等教育における子どもたちの修学軌跡　243

の下、各教科の単元末テスト（Chapter End Test）や学年末試験などに
もとづいて子どもたちの学習成果が評価されるようになり、学校現場では
合格基準を満たさない子どもに対して補習や追試験の実施も義務付けられ
た[4]。これにより、基本的には初等教育において自動進級と同等となったと
言える[5]。2000 年代には、それまで長い間ミャンマーで親しまれてきた「KG
（Kindergarten）、1 年生（Standard 1）、2 年生（Standard 2）から 10 年生
（Standard 10）」という初等教育から中等教育にかけての学年呼称が、既
存の「KG」を「1 年生（Grade 1）」と読み替える形で、「1 年生（Grade 1）、
2 年生（Grade 2）から 11 年生（Grade 11）」という新呼称へ改められた[6]（田
中 2015）（表 1）。

　2011 年の民政移管以降、新政権を迎えたミャンマーでは、あらゆる
分野での改革が急速に進み、それに応じて教育セクターにおける改革も

表 1　ミャンマー基礎教育における新旧学年呼称の比較

教育段階 （正規の就学年齢）	初等教育 （5-9 歳）		前期中等教育 （10-13 歳）	後期中等教育 （14-15 歳）
旧呼称	KG （Kindergarten） ＋	1-4 年生 （Standard1-4）	5-8 年生 （Standard5-8）	9-10 年生 （Standard9-10）
新呼称	1-5 年生 （Grade1-5）		6-9 年生 （Grade6-9）	10-11 年生 （Grade10-11）

出所：田中（2015）を参考に、本章に合わせて著者修正。

クト」が発足した。このプロジェクト開始当初は、選ばれた市町村の学校のみが対象
であったが、1998 年以降、その対象範囲は全国の学校の前期中等教育課程にまで拡
大された（Ministry of Education, 2012）。
　4　1998 年に全国に広がった「学力継続評価制度」の内容については、既存文献に
よって見解の相違が見られたため、本章では、対象校の校長および教員へのインタ
ビューによって収集した情報をもとに記している。
　5　ただし、近年、初等教育ならびに前期中等教育の最終学年において卒業試験
を導入することが決定しており、2014 年度には全国の小学校で一斉に実施された
（Ministry of Education, 2016; 田中 2015）。
　6　なお、田中（2015）は、現在も古い学年呼称が完全に消滅しておらず、新呼称
と旧呼称が混在しているという問題を指摘している。本章の対象校で保管されていた
近年の学校記録を見ても、新呼称と旧呼称の記載が混在している状態が窺えた。

一層躍進することとなる。2012 年には「包括的教育セクターレビュー（Comprehensive Education Sector Review）」が開始され、エビデンスベースのより効果的な改革実施に向けて、ミャンマーにおける教育セクター全体の現状やそこに横たわる課題、目標とのギャップなどを詳細に把握することが目指された（United Nations Children's Fund ［UNICEF］, 2012）。また、この包括的教育セクターレビューの実施を機に、新政権が開発パートナーの協力を正式に広く要請したことで、これまで海外からの介入が厳しく制限されてきた教育セクターに対し、国際援助機関や二国間援助機関など多数のドナーが支援や調査研究に参画し始めた（国際協力機構他 2013; The Partnership Group for Aid Effectiveness, 2013）。

　約 3 年半にわたり実施された包括的教育セクターレビューの成果や、2014 年に新たに承認された国家教育法（National Education Law）およびその翌年の改正国家教育法（National Education Law Amendment）の枠組み等にもとづいて、「国家教育戦略計画 2016-21（National Education Strategic Plan 2016-21）」が策定され、さらなる教育発展を目指す「国家教育戦略計画目標（National Education Strategic Plan Goal）」が打ち出された。この目標は、就学前教育、基礎教育、高等教育、教師教育、技術教育・職業訓練など、9 つの分野における「変革（Transformation Shifts）」を通じて達成される見込みである。とくに、基礎教育セクターに関する変革の項目は多数挙げられており、基礎教育の完全普及、学習成果を評価する制度の改善、基礎教育行政の地方分権化などが確認できる（Ministry of Education, 2016）。また、基礎教育の就学年数も、これまでの KG を含む合計 11 年間から、KG および 12 年制の合計 13 年間への延長が計画され、それに合わせて正規の就学年齢も 5 歳から 17 歳の範囲に拡張される見込みである（Ministry of Education, 2016）。さらに、それらと並行して、KG を含む初等教育の全教科を対象とするカリキュラムの改定作業も現在進行中であり、それに応じて教科書や教師用指導書も段階的に刷新されている（国際協力機構人間開発部 2016）。これら一連の取り組みは、現在急速に進められている国家規模の大改革であり、ミャンマーの子どもたちの修学に大きな影響をもたらすと想定される。

第 10 章　ミャンマー初等教育における子どもたちの修学軌跡　245

統計データに見る近年の教育概況

　2017 年時点の初等教育の純就学率は 99.6％（United Nations Educational, Scientific and Cultural Organization Institute for Statistics［UNESCO Institute for Statistics］, 2017）に達し、その完全普及は達成間近に見える。初等教育の留年率を見ても、学力継続評価制度導入以前の 1990 年においては 17.7％（Union of Myanmar, 1999）であったが、導入以降の 2017 年には 1.1％（UNESCO Institute for Statistics, 2017）へと改善されており、軍事政権時代に導入された学力継続評価制度が子どもたちの留年防止に寄与していると考えられる。他方、最終学年までの残存率に着目すると、74.8％（UNESCO Institute for Statistics, 2017）と決して良好とは言えない数値が報告されており、続く中等教育における純就学率を見ても、56.5％（UNESCO Institute for Statistics, 2017）と未だ低い数値に留まる。学年が上がるにつれて就学者数も減少傾向にあり、とくに初等教育から前期中等教育、前期中等教育から後期中等教育への進学時において、それぞれ多くの退学が発生すると指摘されている（牟田 2014）。

なぜ子どもたちは学校を去ってしまうのか

　ミャンマー新政権が重点課題の一つに掲げる「基礎教育の完全普及」を達成するためには、子どもたち全員が初等教育を修了できることが重要となる。しかしながら、前述した近年の教育統計からも見て取れるように、一度は初等教育課程に入学したものの、修了できずに学校を去ってしまう子どもたちが多く存在する。

　そもそもミャンマーの子どもたちは、入学したのちどのような修学の軌跡を辿った結果、修了や退学へと至るのであろうか。また、子どもたちの修学の過程において、一体何が彼らの修学継続を妨げているのであろうか。

　2011 年の民政移管以降、ミャンマー政府や多数の海外ドナーによる同国基礎教育セクターの現状分析および課題の把握が進み、その結果を記した報告書なども次々と公表されつつある一方、学校内における子どもたちの修学の動向に着目して現状や課題を捉えることを試みた報告はこれまでなされていない。また、海外のドナーや研究者らによる調査研究が活発に

行われてきた他の開発途上国と比較し、ミャンマーの教育セクターにおける研究蓄積は乏しく、マクロな視点からの現状分析や修学阻害要因の検討も含め、未だ十分とは言い難い。2014年、約30年振りに同国で実施された人口・住宅国勢調査結果によれば、都市部と農村部等による違いは言うまでもなく、同じ管区域内や州内であっても、タウンシップによって人々の社会経済状況が大きく異なるという報告があり[7]、同国の修学実態やそこに横たわる課題を的確に把握するためには、個別の家庭背景も考慮した分析が求められる。

　そこで、本章では、入学から進級や留年を経て修了や退学に至るまでの子どもたち一人ひとりの修学軌跡を、個別の家庭背景に留意しながら明らかにすることで、ミャンマー初等教育の修学実態の現状分析ならびにそこに横たわる課題の検討を行う。そして、得られた分析結果から、改革の最中にある同国教育セクターに向けて、より効果的な政策の立案および案件の実施に資する教育開発の示唆を得ることを試みる。

第2節　ヤンゴン管区域の対象校における子どもたちの特徴

対象地域および学校の選定

　対象地域は、ミャンマーの多数派を構成するビルマ族が多く在住し[8]、同

　7　ミャンマーは、7つの管区域（ザガイン・タニンダーリ・バゴー・マグウェ・マンダレー・ヤンゴン・エーヤワディ）、7つの州（カチン・カヤー・カイン（カレンとも呼ぶ）・チン・モン・ラカイン・シャン）、1つの連邦直轄区域（ネピドー）、その他複数の自治区域で構成される（Myanmar Information Management Unit, 2013）。また、「タウンシップ（Township）」は、ミャンマーの行政区画において、「管区域（Region）・州（State）・連邦直轄区域（Union Territory）・各自治区域（Self-Administered Division および Self-Administered Zone）」、「県（District）」に次ぐレベルの区域とされている（ミャンマー連邦共和国 2010; 伊野 2010）。ミャンマー連邦共和国憲法（2008）の和訳版（ミャンマー連邦共和国 2010）では、「Township」を「郡」と訳しているが、本章ではそのまま片仮名表記の「タウンシップ」を用いることとする。

　8　ミャンマーには135の民族が存在し、それらは8つの主要民族に分類されると言われている。同国国勢調査結果（Ministry of Home and Religious Affairs, 1986）によれば、8つの主要民族の割合は、それぞれカチン（1.4%）、カヤー（0.4%）、カ

国教育省の学校訪問調査の実施許可および現地教育関係者の調査協力が得られるヤンゴン管区域とした。本章では、個別の家庭背景を踏まえた修学実態の解明を目指しているため、対象地域の人口・住宅国勢調査結果（Department of Population, 2015）を参考に、社会経済状況の異なる3つのタウンシップを選定した。そして、そこから、異なる家庭背景の子どもたちが集まるとされる基礎教育学校（Basic Education School）3校を対象とした。対象校の特性は、表2に示す。

表2　対象校の特性一覧（2014年度）

学校名	学校タイプ	就学可能な教育課程	児童・生徒数（人）	教職員数（人）	所在タウンシップの特徴
School1	基礎教育高校（Basic Education High School）（2部制）	基礎教育の全課程	4,510（初等教育課程のみは、1,863）	108	上流階級向けの商業地区、アカデミック・エリア
School2	基礎教育小学校（Basic Education Primary School）（2部制）	初等教育課程のみ	1,660	36	郊外市街地
School3	基礎教育小学校（Basic Education Primary School）（1部制）	初等教育課程のみ	548	17	工業地域を含む新興地域

出所：各対象校の学校情報冊子（2014）および The Yangon Directory（2013）をもとに著者作成。

対象校に在籍する子どもたちの家庭背景

子どもたちの家庭背景を表す代表的な指標の一つに、「社会経済的地位（Socio-Economic Status: SES）[10]」が挙げられる。本来は、家庭訪問調査などにより関連する情報を収集すべきである。しかしながら、同国特有の政

レン（6.2%）、チン（2.2%）、ビルマ（69.0%）、モン（2.4%）、ラカイン（4.5%）、シャン（8.5%）と報告されている。

9　「基礎教育学校」は、ミャンマー教育省の管轄下にある学校で、全国で45,387校存在し、僧院学校（1,538校）や私立学校（438校）と比べてもその数は圧倒的に多い（Ministry of Education, 2016）。なお、本章で述べる「私立学校」とは、「私立学校登録法（The Private School Registration Law）」（The Republic of the Union of Myanmar, 2011）にもとづき教育省が認可した学校のことで、同じ私立でも、教育省管轄外のインターナショナルスクールなどとは区別されている。

10　「社会経済的地位」とは、一般的に、「学歴」、「職業」、「所得」の3つの要素か

治事情から、調査実施時点では、一研究者によるそのような情報を収集するための調査実施の許可を得ることは困難であった。

　他方、各対象校の校長や教員に対する事前の聞き取り調査によれば、School 1 については、子どもたちの大部分が当校の所在タウンシップと同じタウンシップ（Township A1）およびその周辺の複数のタウンシップ（Township A2、A3、A4、A5、A6）に在住しており、School 2 および School 3 については、子どもたちの大部分が各校の所在タウンシップと同じタウンシップ（それぞれ Township B および Township C）に在住していることが確認できた。そこで、本章では、「子どもたちが在住する各タウンシップの特徴」と「各対象校に在籍する子どもたちの特徴」を近似する情報と捉え、前述した SES という指標を用いて、各対象校に在籍する子どもたちの家庭背景を整理していきたい。SES のベースとなる保護者の教育面および経済面の指標である「学歴」、「職業」、「所得」の代替データとして、対象地域の人口・住宅国勢調査結果（Department of Population, 2015）で報告されている各タウンシップの関連情報を活用する。各タウンシップの SES（教育面および経済面の水準）に関する情報は、下記の通りである。なお、以下では、それぞれの人口や世帯に占める各項目の割合が高いか低いかについて、対象タウンシップ間で比較し判断している。また、それらの割合の高い順に、各対象タウンシップを並べて記載している。

〈25 歳以上人口の最終学歴〉

　最終学歴が高等教育（大学）の者の割合は、Township A1 および A2 が 40％台、Township A3 および A4 が 30％台と高く、Township A5、A6、B が 20％台と続き、Township C が 10％台と低い。対して、最終学歴が初等教育の者の割合は、Township C が 30％台と高く、Township A6 および B が 20％台と続き、Township A5、A4、A3、A2、A1 が 10％台と低い。

〈家屋の屋根の材料〉

　家屋の屋根がタイルやレンガ、コンクリートといった質の良い材料の世

ら構成されると言われており、学歴が高く所得が多い家庭ほど SES も高くなる（耳塚他 2014）。

帯の割合は、Township A3 が 30％台、Township A4 および A1 が 20％台と高く、Township A5 および A2 が 10％台、Township A6 および B が 7％前後と続き、Township C が 1％未満と低い。対して、前者よりも質の劣る材料である葉・竹・木の世帯の割合は、Township C が 5％弱と高く、Township A6 および B が 3％前後と続き、Township A3、A5、A4、A1、A2 が 1％未満と低い。

〈家屋の壁や床の材料〉

家屋の壁や床がタイルやレンガ、コンクリートといった質の良い材料の世帯の割合は、Township A1 および A2 が 80％台と高く、Township A4、A3、A5、A6 が 40％台から 60％台と続き、Township B が 30％台、Township C が 20％台と低い。対して、前者よりも質の劣る材料である葉・竹・土の世帯の割合は、Township C が 10％台と高く、Township B および A6 が 7％台と続き、Township A5、A3、A4、A1、A2 が 1％未満から 4％未満と低い。

〈トイレの様式〉

トイレが水洗式の世帯の割合は、Township A3、A1、A2 が 30％前後と高く、Township A5、A4、A6 が 10％前後と続き、Township B が 5％台、Township C が 1％台と低い。対して、汲み取り式の世帯の割合は、Township C が 4％台と高く、Township A6 および B が 1％台と続き、Township A5、A4、A1、A3、A2 が 1％未満と低い。

〈照明設備に必要なエネルギー〉

電気が利用可能な世帯の割合は、Township A2、A1、A3、A4、A5 が 98％以上ととくに高く、Township A6 および B が 80％台と続き、Township C が 70％台と低い。

〈情報通信に関する機器や設備〉

ラジオ・テレビ・固定電話・携帯電話・コンピューターのすべてが利用可能で、かつ、インターネットの利用を可能とする設備が自宅に備え付けられている世帯の割合は、Township A1、A2、A3、A4 が 8％前後と高く、Township A5 および A6 が 4％台と続き、Township B が 2％台、Township C が 1％未満と低い。対して、前述した機器のすべてが利用不

可能で、かつ、インターネットの利用を可能とする設備も自宅に備え付けられていない世帯の割合は、Township C が 20％台と高く、Township A6 および B が 10％台と続き、Township A5、A4、A3、A2、A1 が 5％未満と低い。

　以上より、対象タウンシップ間で SES のベースとなる教育面および経済面の水準を比較すると、School 1 在籍者の居住地にあたる Township A1 から A6 のうち、A1 および A2 がとくに高く、続いて A3、A4、A5 も高い傾向にあった。Township A6 および School 2 在籍者の居住地にあたる Township B は中位程度で、School 3 在籍者の居住地の Township C は低い傾向にあることが読み取れる。加えて、School 1 が存在する Township A1 の周辺に位置する複数のタウンシップ（Township A2、A3、A4、A5、A6）に在住しながら School 1 に通う子どもたちについては、次の 2 つのことが言える。第一に、各周辺タウンシップにおいても通学可能な初等教育課程を有する基礎教育学校は多数あるにもかかわらず、たとえ距離は離れようとも、対象地域の中でも大学合格率が高く、指折りの優秀校と言われる School 1 へ子どもを通わせていることから、彼らの家庭はとくに教育熱心である可能性が高い。第二に、各周辺タウンシップから School 1 へ通う手段として、主にスクールバスの利用や保護者による自家用車等での送迎が挙げられる。このことから、各周辺タウンシップから School 1 に通う子どもたちは、スクールバス利用料金が支払い可能な、あるいは、自家用車等が所有可能な経済的に余裕のある家庭に属していると考えられる。これらの点を考慮すると、School 1 には、各周辺タウンシップの中でもとくに SES が上位の家庭の子どもが多く集まっている可能性が高いと推察できる。したがって、各対象校に在籍する子どもたちの SES は、School 1（Township A1、A2、A3、A4、A5、A6）＞ School 2（Township B）＞ School 3（Township C）の順で高いと整理した。

対象校における縦断的データの収集
　データソースは、対象校に在籍する子どもたち一人ひとりの基本情報や修学軌跡が記録されている学籍登録簿である。この学籍登録簿に記されて

いる情報をもとに、対象校への入学から、進級や留年を経て、初等教育修了あるいは退学などに至るまでの個々人の修学軌跡を縦断的に追跡し、データベース化した。また、必要に応じて、対象校の校長や教員ならびに現地教育関係者へ確認のための半構造化インタビュー調査を実施した。

　本章で分析対象としたのは、2001年度から2006年度までに対象校へ入学してから初等教育修了、あるいは、一定期間以上在籍し、他の基礎教育学校に転校する際に必要な転校証明書（Transfer Certificate）なしの退学により、2015年までに対象校を離籍したことが確認できた合計3,317人（School 1 = 1,248人、School 2 = 1,556人、School 3 = 513人）の子どもたちである。[11]

修学軌跡を視覚化する

　本章では、「子どもたちはどのような修学の軌跡を辿った結果、修了や退学へと至っているのか」というリサーチクエスチョンに答えるべく、対象校の子どもたち一人ひとりの修学軌跡の視覚化を試みる。ホンジュラス共和国を対象とした分析事例（Sekiya 2014; 關谷 2018）に倣い、対象校への入学から進級や留年を経て、初等教育修了あるいは転校証明書なしの退学に至るまでの子どもたちの修学のプロセスを、在籍学年や年齢との関係で視覚化し図に示す。そして、個々人の修学事例に着目し、異なるSESの子どもたちが集まる対象校ごとに、修学の軌跡にいかなる差異が見られるのか比較および検討を行う。

　なお、各対象校に在籍する子どもたちの家庭背景については、前々項で整理したSESのベースとなる教育面および経済面の水準に関する情報を

　11　本章では、対象校における分析に限定するため、転入者・転出者のデータは除外した。さらに、現地の教育関係者によれば、「ミャンマーの基礎教育学校では、入学後の在籍期間が数カ月未満での転校の場合は、転校証明書の代わりに出生証明書（Birth Certificate）などを用いて再入学する形で他校へ移ることが可能であるため、子どもたちも転校証明書の取得が義務付けられていない」とのことであった。ゆえに、入学後、数カ月未満の在籍で転校証明書を取得せず退学した者のデータについては、転校（再入学）か退学か、学籍登録簿の情報からでは判断が難しいため、分析対象から外すこととした。

もとに、それぞれ「School 1 = SES 高位」「School 2 = SES 中位」「School 3 = SES 低位」と分類する。

第3節　社会経済的地位が異なる子どもたちの修学軌跡

修学軌跡図の見方

Sekiya（2014）や關谷（2018）に倣い、子どもたちの修学軌跡を在籍学年（縦軸）と年齢（横軸）の関係で視覚化した（図1）。実線（灰色）は初等教育修了者、破線（黒色）は転校証明書なしの退学者の修学軌跡を示している。それぞれ全体人数に対する割合で線の太さを変え、初等教育修了者については1%以上、転校証明書なしの退学者については0.3%以上の修学軌跡を描き込んだ。転校証明書なしの退学事例の頭部に付されている、あるいはそれ自体が単独で付されている黒丸記号（•）は、学籍登録簿より在籍が確認できた最後の学年を修了したのち退学に至ったケースを示しており、その大きさはそれぞれの全体人数に対する割合に応じて示されている。

実線で囲んだ範囲は、実線、破線、丸記号では表れない程度の少数ではあるものの、その範囲内に修学した子どもが存在することを意味している。なお、実線で囲まれている範囲外の破線は、それぞれ集団から外れて1例ずつ確認された子どもたちの修学軌跡を示している。

社会経済的地位高位の子どもたちの修学軌跡

School 1（SES高位）における初等教育の修学者数は1,248人（男子656人、女子592人）で、初等教育修了者が1,230人（98.6%）、転校証明書なしの退学者が18人（1.4%）であった。修学軌跡の数は全9ケース確認され、修学者数と修学軌跡数の比率は1：0.01であった。修学者が存在する年齢幅は4歳から11歳までに及ぶ。

初等教育修了事例は全3ケースあり、例数の多いものから順に、1番目が正規の就学年齢とされる5歳で入学し留年せずストレートで修了す

るケース（920 例で全体の 73.7％）、2 番目が正規の就学年齢より 1 年早い 4 歳で入学し留年せずストレートで修了するケース（303 例で全体の24.3％）、3 番目が 6 歳で入学し留年せずストレートで修了するケース（7例で全体の 0.6％）であった。

　転校証明書なしの退学事例は全 6 ケースあり、最も例数が多いのは 5 歳で入学し留年せず 1 年生まで修了したのち退学に至るケース（6 例で全体の 0.5％）で、2 番目が 5 歳で入学し 4 年生まで留年せずストレートで修了したのち退学に至るケース（5 例で全体の 0.4％）であった。3 番目には、①4 歳で入学し 1 年生まで修了したのち退学に至るケース、②4 歳で入学し 4 年生まで留年せずストレートで修了したのち退学に至るケース、③5歳で入学し 3 年生まで留年せずストレートで修了したのち退学に至るケース（各 2 例で全体の 0.2％ずつ）の 3 ケースが確認できた。

社会経済的地位中位の子どもたちの修学軌跡

　School 2（SES 中位）における初等教育の修学者数は 1,556 人（男子 775 人、女子 781 人）で、修了者が 1,534 人（98.6％）、転校証明書なしの退学者が22 人（1.4％）であった。修学軌跡の数は全 24 ケース確認され、修学者数と修学軌跡数の比率は 1：0.02 であった。修学者が存在する年齢幅は 4 歳から 12 歳までに及ぶ。

　初等教育修了事例は全 10 ケースあり、最も例数が多いのは 5 歳で入学し留年せずストレートで修了するケース（1,188 例で全体の 76.3％）、2 番目が正規の就学年齢より 1 年早い 4 歳で入学し留年せずストレートで修了するケース（316 例で全体の 20.3％）、3 番目が 6 歳で入学し留年せずストレートで修了するケース（17 例で全体の 1.1％）であった。

　転校証明書なしの退学事例は全 14 ケースあり、最も例数が多いのは 5歳で入学し 4 年生まで留年せずストレートで修了したのち退学に至るケース（5 例で全体の 0.3％）で、2 番目が 5 歳で入学し 2 年生まで留年せずにストレートで修了したのち退学に至るケース（3 例で全体の 0.2％）であった。3 番目には、①5 歳で入学し 3 年生まで留年せずストレートで修了したのち退学に至るケース、②6 歳で入学し 2 年生まで留年せずストレート

で修了したのち退学に至るケース（各2例で全体の0.1％ずつ）の2ケースが確認できた。

社会経済的地位低位の子どもたちの修学軌跡

School 3（SES 低位）における初等教育の修学者数は513人（男子243人、女子270人）で、修了者が441人（86.0％）、転校証明書なしの退学者が72人（14.0％）であった。修学軌跡の数は全67ケース確認され、修

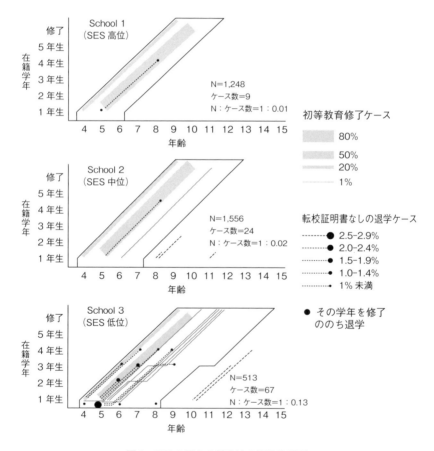

図1　SES の異なる対象校の修学軌跡図

出所：分析結果をもとに著者作成。

学者数と修学軌跡数の比率は1：0.13であった。修学者が存在する年齢幅は4歳から14歳までに及ぶ。

初等教育修了事例は全32ケースあり、最も例数が多いのは5歳で入学し留年せずストレートで修了するケース（261例で全体の50.9%）、2番目が正規の就学年齢より一年早い4歳で入学し留年せずストレートで修了するケース（97例で全体の18.9%）であった。3番目には、①5歳で入学し初年度に留年したのちストレートで修了するケース、②5歳で入学し初年度に1年生は修了したが、翌年度に留年したのちストレートで修了するケース（各14例で全体の2.7%ずつ）の2ケースが確認できた。

転校証明書なしの退学事例は全35ケースあり、最も例数が多いのは5歳で入学し留年せず1年生まで修了したのち退学に至るケース（14例で全体の2.7%）、2番目が5歳で入学し3年生まで留年せずストレートで修了したのち退学に至るケース（7例で全体の1.4%）、3番目が5歳で入学し2年生まで留年せずストレートで修了したのち退学に至るケース（6例で全体の1.2%）であった。

社会経済的地位によって修学軌跡にいかなる差異が見られるか

各対象校の修学軌跡図を比較すると、SESが高い対象校ほど修学軌跡のばらつきや範囲が正規の就学年齢を含む4-5歳で入学し留年せずストレートで修了するケースに集約されている。他方、SESが低い対象校ほどオーバーエイジ（6歳以上）での入学者が増え、修学軌跡のばらつきや範囲も拡散あるいは拡張の傾向にある。修学軌跡のケース数を見ても、SESが高い対象校ほどその数は少なく、反対にSESが低い対象校ほどその数は多くなっている。[12]

12　修学軌跡は、個人の入学するタイミング（就学時の年齢）、進級や留年のタイミング、留年の回数、退学や修了に至るタイミングなどの組み合わせによって構成される。したがって、就学を開始する年齢がさまざまであったり、何度も留年を繰り返したりするなど、複雑かつ煩雑な修学軌跡を辿る子どもが多いほど修学軌跡は多様化し、それに比例してケース数も増加する。反対に、たとえば、日本の初等教育のように、正規の年齢以外で就学を開始する子どもがほとんど存在せず、また、自動進級によりほぼ全員が留年せずストレートで卒業に至る場合は、修学軌跡のばらつきや範囲も非常に小さく、そのケース数も限りなく「1」に近づくということになる。

初等教育修了事例に着目すると、SESの高い対象校ほど全修了者の割合が高く（School 1 = 98.6%、School 2 = 98.6%、School 3 = 86.0%）、留年なしのストレート修了者の割合も高い（School 1 = 98.6%、School 2 = 97.9%、School 3 = 71.5%）。

留年を含む修学事例に着目すると、School 1（SES高位）は留年経験者の割合が0%であるのに対し、School 2（SES中位）では0.7%、School 3（SES低位）では18.1%と、SESが低い対象校ほどその割合が高くなっている。本章の第1節でも述べた通り、学力継続評価制度の導入以降、各対象校でも合格基準を満たさない子どもに対して補習や追試験が実施され、初等教育においては基本的に自動進級となったため、留年者は生じ得ないはずである。それにもかかわらず、なぜSESの低い対象校では、一定数の留年経験者が存在するのであろうか。この点を確認するべく、子どもたちが留年に至った理由や背景について、留年経験者が在籍した対象校の校長へインタビューを実施した。その結果、とくに留年経験者の割合が高いSchool 3（SES低位）では、「授業についていけず、試験を受けても良い点数が取れないことを子ども本人が自覚しており、試験を受けるのが嫌で、試験日になると学校に来なくなる」、「保護者が試験日をきちんと把握しておらず、試験期間中でも子どもを連れて帰郷してしまう」、「貧困家庭では、家事や親の仕事の手伝い等で試験期間中にもかかわらず学校を休んでしまう」などの情報が得られた。このような理由から、子どもたちが単元末テストや学年末試験、補習や追試験を受けずに不合格となり、結果的に留年に至るケースが見られる。一方、留年経験者がわずかながらも確認されたSchool 2（SES中位）では、「子どもが授業内容を十分に理解できていないことを心配し、同じ学年をやり直してでも、授業内容を理解できるようになるまでしっかり勉強させた方が良い」と判断した保護者が、校長に対し自分の子どもを留年させてもらえるよう依頼するというケースが多く見受けられた。このことから、SESの高い家庭ほど、保護者の教育に対するケアも手厚く、学校を休んだり、試験日を逃したりするようなこともないため、子どもは留年せずに修学できると考えられる。対して、SESの低い家庭ほど、保護者の教育への関心も低く、学校を頻繁に休んだり、家庭

第 10 章　ミャンマー初等教育における子どもたちの修学軌跡　257

の事情等で試験日を逃したりしてしまうことも珍しくないため、子どもも留年に至りやすいと考えられる。さらに、同じ留年でも、SES の違いによって、子どもの学習内容の習得度合いを考慮して保護者が希望する「ポジティブな留年」と、保護者の教育への関心の低さや厳しい家庭経済状況などに起因する「ネガティブな留年」に分かれ得る傾向があることも指摘しておきたい。

　最後に、転校証明書なしの退学事例に着目すると、SES の低い対象校ほどその割合が高い（School 1 = 1.4％、School 2 = 1.4％、School 3 = 14.0％）。しかし、これらの数値には、転校証明書を取得せず対象校を退学したのち、転校証明書を必須としないミャンマー教育省管轄外のインターナショナルスクールや海外の学校、あるいは僧院学校等へ転校し修学を継続している者が含まれている可能性を否定できない。そこで、転校証明書を取得せず退学した者のその後の修学継続状況を確認するべく、各対象校の校長や教員ならびに現地教育関係者へインタビューを実施した。その結果、School 1（SES 高位）では、2001 年度から 2006 年度までに入学し転校証明書を取得せず退学した 21 人[13]のうち、4 人分の情報を得ることができた。2 人はミャンマー国内のインターナショナルスクールへ転校し、別の 2 人は家庭の事情で海外へ移住したことが確認された。[14]他方、転校証明書なしの退学ののち、僧院学校へ転校し修学を継続している可能性については、当校の教員や現地教育関係者より、「当校はヤンゴン管区域の中でも指折りの有名校で、富裕層の子どもが多く集まっているため、彼らがあえて貧困層のセーフティーネットとされる僧院学校へ転校し修学を継続する道を選ぶとは考えにくい」という意見が得られたことから、その可能性は非常に低いと推察できる。したがって、School 1（SES 高位）におい

　13　この 21 人の中には、転出者のデータとして処理したため、本章の分析対象から除外した者も数人含まれている。

　14　この海外へ移った 2 人のうち、1 人は渡航先の学校へ転校したことが確認できた。一方で、もう 1 人については、渡航先における修学継続状況は定かでないものの、当校の校長や教員へのインタビューによれば、「海外へ移住可能な経済水準の家庭の子どもであれば、保護者も教育を重要視している可能性が高く、移住後も渡航先の学校で修学を継続していると考えられる」ということであった。

ては、転校証明書なしで退学したのちも、インターナショナルスクールや海外の学校などで修学を継続している可能性が高いものかと思われる。

　School 2（SES 中位）では、当時の状況を知る校長や教員がおらず、転校証明書を取得せず退学した者のその後の修学継続状況に関する情報を得ることができなかった。他方、転校証明書なしで退学した 22 人のうち 19 人分の保護者の職業が確認され、その内訳は、①市場や路上での物売り（7 人）、②商人（3 人）、③公務員・日雇い労働者（各 2 人）、④大型バスの配車サービス業・クリニック開業・運転手・バスの車掌・レンガ積み（各 1 人）であった。現地の教育関係者によれば、これらの職業の中で、子どもをインターナショナルスクールや海外の学校へ就学させることが可能な経済力や家庭環境を有し得るのは「大型バスの配車サービス業」および「クリニック開業」（計 2 人）のみで、それ以外の職業に就く保護者が子どもをインターナショナルスクールや海外の学校へ就学させるのはきわめて厳しいであろうとのことであった。また、当校の校長によれば、「僧院学校から当校へ転入してくるケースは時々見られるが、当校から僧院学校へ転校する子どもはほとんどいない（2016 年度は 0 人だった）」ことから、転校証明書なしで退学したのち、僧院学校へ転校し修学を継続している可能性も低いと考えられる。したがって、この残りの子どもたちについては、校長や教員へのインタビューからは確実な情報が得られなかったため必ずしも断定できないが、転校証明書なしで退学したのち、修学を継続していない可能性の方が高いものかと思われる。

　School 3（SES 低位）においても、当時の状況を知る校長や教員がおらず、転校証明書を取得せず退学した者のその後の修学継続状況に関する情報を得ることができなかった。他方、転校証明書なしで退学した 72 人のうち 52 人分の保護者の職業が確認され、その内訳は、①商人（11 人）、②市場や路上での物売り（7 人）、③大工（5 人）、④公務員・三輪自転車の運転手・レンガ積み・日雇い労働者（各 3 人）、⑤運転手・婦人服の仕立屋・兵役・工房の従業員（各 2 人）、⑥建築家・電話通信会社の従業員・仏塔の管理人・彫刻家・作家・刑務所の職員・機械工や修理工・国立大学の事務員・車磨き（各 1 人）であった。現地教育関係者によれば、これらの職業の中で、

第 10 章　ミャンマー初等教育における子どもたちの修学軌跡　259

子どもをインターナショナルスクールや海外の学校へ就学させることが可能な経済力や家庭環境を有し得るのは「建築家」（1 人）のみで、それ以外の職業に就く保護者が子どもをインターナショナルスクールや海外の学校へ就学させるのはきわめて厳しいであろうとのことであった。また、当校の校長によれば、「僧院学校から当校に転入してくるケースは珍しくないが、当校から僧院学校へ転校するケースはほとんど見られない」とのことから、転校証明書なしで退学したのち、僧院学校へ転校し修学を継続している可能性も低いと言える。したがって、School 3（SES 低位）においても、この残りの子どもたちについては、校長や教員へのインタビューからは確実な情報が得られなかったため必ずしも断定できないが、転校証明書なしで退学したのち、修学を継続していない可能性の方が高いものかと思われる。

　以上より、SES が高い家庭の子どもほど、転校証明書を取得せず対象校を退学したのちも、転校証明書を必須としないインターナショナルスクールや海外の学校で修学を継続し、より高い教育達成を実現している可能性が高い。その一方で、SES の低い家庭の子どもほど、転校証明書を取得せず対象校を退学したのちに修学を継続している可能性は低いと考えられる。したがって、School 1（SES 高位）の退学者の割合は本項で提示した数値よりもさらに低く、対して、School 2（SES 中位）および School 3（SES 低位）のそれは、本項で提示した数値と比較しほぼ大差ないと推測されよう。

社会経済的地位と就学時年齢の関係

　本項では、就学時の年齢によって、4 歳入学、5 歳入学、6 歳入学、7 歳以上入学の 4 つのグループに分類し、SES の異なる子どもたちが集まる対象校ごとに、それぞれ何年生まで修了できているかを図 2 に示して分析する。さらに、得られた分析結果の理由や背景についても検討を加える。

　4 歳および正規の就学年齢である 5 歳入学のグループに着目すると、School 1（SES 高位）および School 2（SES 中位）については 98％以上とほぼ全員が初等教育を修了できており、School 3（SES 低位）についても

修了状況が90%前後と良い傾向にある。一方、6歳入学グループに着目すると、School 1（SES 高位）のみ全員が初等教育を修了できているのに対し、School 2（SES 中位）および School 3（SES 低位）の修了状況は、それぞれ4歳および5歳入学のグループと比較し好ましくない傾向にある。さらに、7歳以上入学グループでは、School 2（SES 中位）および School 3（SES 低位）ともに初等教育を修了できているのが7歳で入学した者のみで、8歳以上で入学した者については全員が修了できていなかった。2要因の分散分析および下位検定の結果からも、School 2（SES 中位）および School 3（SES 低位）では、4歳および5歳入学のグループと6歳以上入学グループ間の平均修了学年において、それぞれ0.1％水準で有意差が認められた。

　School 2（SES 中位）および School 3（SES 低位）のオーバーエイジの子どもたちの修了状況が芳しくない理由について、両校の校長や教員ならびに現地教育関係者へインタビューを実施した。その結果、「周囲が年下の子どもたちばかりで、自分がオーバーエイジであることが恥ずかしい」などの理由から、徐々に学校を離れてしまうケースが見受けられるとの情報が得られた。また、School 3（SES 低位）の校長からは、「ヤンゴンのような街中では、年齢が上がれば従事可能な職種も増えて仕事も得やすくなるため、貧しい家庭のオーバーエイジの子どもほど労働市場へ流れていく傾向がある」とする意見も得られた。ヤンゴン管区域の工業地域で働く子どもたちを対象とした聞き取り調査の報告（International Labour Organization, 2015）を見ても、学校を離れて働き始めた理由について、調査対象者全員が「家計を助けるため」、半数以上が「家族の借金返済のため」と回答しており、厳しい家庭環境が子どもたちを労働へ向かわせる主な要因となっていることが窺える。

　他方で、一般的に SES の高い家庭ほど、保護者も教育熱心で子どもの修学継続のためのケアも手厚く、経済的にも余裕があるため、たとえオーバーエイジの子どもであっても働きに出る必要に迫られることはないと推察できる。このことから、同じオーバーエイジでも、修学継続にあたり有利な環境が整っている SES の高い家庭の子どもは初等教育を修了できるのに対し、SES の低い家庭の子どもほど、上述したようなオーバーエイ

第 10 章　ミャンマー初等教育における子どもたちの修学軌跡　261

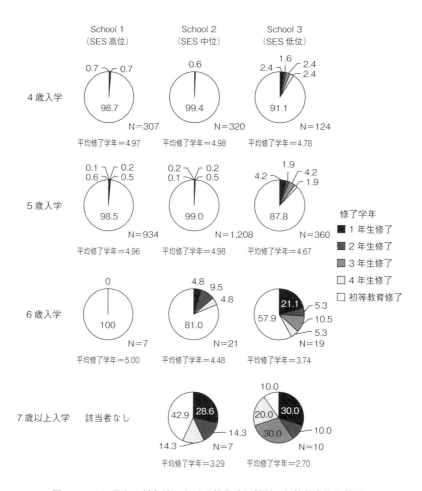

図 2　SES の異なる対象校における就学時年齢別の初等教育修了状況

出所：分析結果をもとに著者作成。

ジによる負の影響を受けやすく、初等教育における修了状況も芳しくない状態にあると考えられる。このようなオーバーエイジによる負の側面を解消していくためには、単に正規の年齢での就学を推奨するだけでなく、彼らの修学継続状況が芳しくない、その背景にも留意して対策を講じていく必要があると言えよう。

第4節　子どもたちの修学軌跡から見えてくるもの

　本章では、ミャンマーの基礎教育学校（初等教育課程）を対象に、SES
の違いによって、子どもたちの修学軌跡にいかなる差異が見られるか比較
および検討を行った。その結果、SES の高い学校ほど、修学軌跡のばらつ
きや範囲が小さく、初等教育における全修了者および留年なしのストレー
ト修了者の割合が高いことが明らかとなった。一方、SES の低い学校ほど、
修学軌跡のばらつきや範囲が拡散あるいは拡張の傾向にあり、初等教育に
おける全修了者および留年なしのストレート修了者の割合も低いことが分
かった。また、留年に着目した分析からは、SES 低位の学校では、「授業
についていけず、試験を受けても良い点数が取れないから試験日になると
学校を休む」などの理由から定期試験や追試験などを受験しないことで不
合格となり留年に至った事例が確認された一方で、SES 中位の学校では、
「子どもの授業の習得度合いが不十分だと判断した保護者が、あえて同じ
学年をやり直させる」などの理由から留年に至った事例が確認された。こ
のことから、同じ留年でも、SES の違いによって「ネガティブな理由に
よる留年」と「ポジティブな理由による留年」に分かれ得る傾向が窺えた。
さらに、SES の異なる対象校ごとに、就学時年齢による初等教育修了状
況の違いを分析した結果からは、同じオーバーエイジでも、SES の低い
家庭の子どもほどその負の影響を受けやすく、修了状況も芳しくない状態
にある傾向が読み取れた。ミャンマー新政権が重点課題の一つに掲げる「基
礎教育の完全普及」を達成するためには、このような現状や課題を考慮し、
教育改革を推し進めていくことが必要であろう。

　他方、明治初期の日本に目を向けると、近代教育システムを普及させる
際、教育セクターからのアプローチだけでは初等教育の就学率は容易に向
上しなかったが、産業の近代化が進むにつれて都市部の工場で人材が必要
とされ、1900 年頃から初等教育の就学率は大幅に改善し、中等教育への
進学率も向上したという教育発展の事例がある（国際協力機構 2005）。こ
のことから、ミャンマーにおける基礎教育のより一層の拡充を目指すにあ
たり、「教育」と「産業および経済」の両輪が上手く噛み合うような開発

第 10 章　ミャンマー初等教育における子どもたちの修学軌跡　263

を行うという視点も重要なポイントになるだろう。同国では 2011 年の民政移管に伴い、経済の自由化が推進され、海外からの投資も著しく増加し、近年急激な経済発展の兆しにある。この一大好機を逃さず、「教育」と「産業および経済」の両輪を意識した開発・改革を行い、経済成長に伴う貧富の格差拡大の動きに配慮しつつ、さらなる教育発展を目指していくことが、今のミャンマーに求められているのではないだろうか。

　なお、本研究は、ミャンマーの中では都市部に相当するヤンゴン管区域の基礎教育学校を対象とした一事例研究であり、本章で提示した分析結果は同国全体を代表するものではない。ゆえに、今後は農村部や少数民族が多く居住する州など、異なる特性を持つ地域へも調査研究を拡大していきたい。

［参考文献］

Department of Population, Ministry of Immigration and Population, The Republic of the Union of Myanmar. (2015). *The 2014 Myanmar Population and Housing Census, Yangon Region, Census Report Volume 3-L.*

International Labour Organization (ILO). (2015). *Rapid Assessment on Child Labour in Hlaing Thar Yar Industrial Zone in Yangon, Myanmar - 2015.* Geneva: ILO.

Ministry of Education, The Government of the Republic of the Union of Myanmar. (2012). *Education for All: Access to and Quality of Education in Myanmar.* Retrieved from http://yangon.sites.unicnetwork.org/files/2013/05/Education-for-All-in-Myanmar-Final-2012-FEB-2.pdf

Ministry of Education, The Government of the Republic of the Union of Myanmar. (2016). *National Education Strategic Plan 2016-21.* Retrieved from https://www.britishcouncil.org/sites/default/files/myanmar_national_education_strategic_plan_2016-21.pdf

Ministry of Home and Religious Affairs, The Socialist Republic of the Union of Burma. (1986). *BURMA 1983 POPULATION CENSUS.*

Myanmar Information Management Unit. (2013). *Myanmar States/ Regions and Self-Administered Zones/Division.* Retrieved from https://reliefweb.

int/sites/reliefweb.int/files/resources/Myanmar%20State%20
Region%20and%20Self%20Administered%20Zones%20Division%20
as%20of%205%20Mar%202013.pdf

Sekiya, T. (2014). Individual patterns of enrolment in primary schools in the Republic of Honduras. *Education 3-13: International Journal of Primary, Elementary and Early Years Education, 42* (5), 460-474.

The Partnership Group for Aid Effectiveness. (2013). *MYANMAR DONOR PROFILES.*

The Republic of the Union of Myanmar. (2011). The Private School Registration Law (The Pyidaungsu Hluttaw Law No. 14/2011). Retrieved from http://themimu.info/sites/themimu.info/files/documents/Private_School_Registration_Law_2011_ENG.pdf

UNESCO Institute for Statistics. (2017). *Myanmar, Education and Literacy. UNESCO Institute for Statistics.* Retrieved June 18, 2018, from *http://uis.unesco.org/en/country/mm*

Union of Myanmar. (1999). *Education for All (EFA): The Year 2000 Assessment.* Retrieved from http://unesdoc.unesco.org/images/0022/002200/220024eo.pdf

United Nations Children's Fund (UNICEF). (2012). *Terms of Reference for Myanmar Comprehensive Education Sector Review (CESR).* Retrieved from *https://www.unicef.org/.../CESR_TOR_FINAL_4_July_2012.docx*

伊野憲治, 2010,「第2章 新憲法の概要と特徴」工藤年博編『ミャンマー軍事政権の行方』日本貿易振興機構アジア経済研究所.

国際協力機構編, 2005,『日本の教育経験――途上国の教育開発を考える』東信堂.

国際協力機構 (JICA)・株式会社パデコ・アイシーネット株式会社, 2013,『ミャンマー国教育セクター情報収集・確認調査ファイナルレポート』国際協力機構.

国際協力機構人間開発部, 2016,『ミャンマー連邦共和国初等教育カリキュラム改定プロジェクト実施協議報告書』国際協力機構.

小島文英, 2002,「ミャンマーの児童中心主義と合科的指導の採択にまつわる課題――日本における社会科および生活科の成立過程との対比において」『国際基督教大学学報I-A 教育研究』44: 43-55.

關谷武司, 2018,「EFA/MDGs 前後の初等教育における修学軌跡の変容――中米ホンジュラス共和国における事例」『国際学研究』7 (1): 41-51.

田中義隆, 2015,『21世紀型スキルと諸外国の教育実践――求められる新しい能

力育成』明石書店.

ヌヌウェイ，1998，「ミャンマーと日本における学校教育と教員養成課程に関する比較研究」『北海道大學教育學部紀要』76: 119-147.

増田知子，2012，「第7章 ミャンマー軍政の教育政策」工藤年博編『ミャンマー政治の実像——軍政23年の功罪と新政権のゆくえ』日本貿易振興機構アジア経済研究所.

耳塚寛明・浜野隆・垂見裕子・山田哲也・中島ゆり・中西啓喜・冨士原紀絵・土屋隆裕，2014，「平成25年度全国学力・学習状況調査（きめ細かい調査）の結果を活用した学力に影響を与える要因分析に関する調査研究」国立大学法人お茶の水女子大学.

ミャンマー連邦共和国，2010，「補足資料 ミャンマー連邦共和国憲法（日本語訳）」工藤年博編『ミャンマー軍事政権の行方』日本貿易振興機構アジア経済研究所.

牟田博光，2014，「推移率に基づくミャンマー国基礎教育の効率性分析」日本評価学会第15回全国大会発表要旨集録.

終章

Education 2030 に向けてミクロな修学実態分析がもたらし得る可能性
座談会での記録から

關谷：各章を担当いただきました先生方と、それぞれの章を超えたさまざまなディスカッションをさせていただきたいと思います。まず、このミクロな視点の研究とは、一体どういうことに興味を持っている研究者たちが取り組み、いかなる意義があると思われますか。

北村：政策的に教育を開発途上国で普及させたり、人材育成を行ったりということを、当事国であるとか、国際機関、海外の援助国、NGO等も関わりながら取り組んでいる。僕たち、開発途上国の教育分野の研究をしている人間にとって、政策レベルの努力と実際に現場に起こっていること、そこをうまく繋ぐ視点を持つというのが研究者の役割なのかなと思っていたりします。もし、仮に自分たちを教育開発研究者と呼ぶとすると、教育開発という分野で研究している人間というのは、政策と実践を繋ぐという役割に意識的でないと、自分たちの研究の意義というのを見つけられないんじゃないかなと感じますね。それは両方同じバランスでやると言いたいわけじゃなく、より政策の方にフォーカスを当てていたり、より実践のところを見たりする。それはそれぞれの研究のスタイルとかアプローチとか考え方、経験を踏まえてやるんだと思うのですが、いずれにしても自分の立ち位置がどこにあるのかがすごく大事なのかなと思います。そういう意味で今回、ミクロで見るという話を伺った時に、ミクロだけが大事だという話ではなくて、マクロがあるからこそミクロが大事だし、ミクロがあるからこそマクロも見えるようになる、そういう研究のあり方が大事なのかなということを、ちょっと考えています。

石坂：私も学位は公共政策という分野で取っているんですが、今の大学の業務では、どちらかというと国際協力の現場に近いJICAのお仕事をいただきながら、とくに算数教育をずっとやっています。私の出発点というのは教育政策なので、北村先生が言われたように両方を繋ぐということが非常に大事で。自分がバックグラウンドとして政策をやっていたので、現場だけで済ませてしまわないことにそのことが生かせているのかなと感じています。ですから今回、このテー

終章　Education 2030に向けてミクロな修学実態分析がもたらし得る可能性　269

マで關谷先生からお話をいただいて、ボリビアで調査ができ、また、現場と政策両方から見られたということは非常に良かったと思っております。

小川：私は開発途上国の教育政策とその実施についてマクロの視点から見ており、政策や計画が実際に学校レベルにどのように反映されているのか、また、されていないのかを研究対象の一つとしています。その一方、教育政策分析を行う上でミクロの視点から学校や家計レベルでのデータを分析して問題点を明らかにすることは大切であると考えます。たとえば、マラウイの初等教育無償化政策について話をすると、無償化政策ですので、単に言葉から理解すると、初等教育が無償化されたのかなという印象ですが、実際にミクロな視点から学校や家計レベルでインタビュー調査を行うと、1994年に無償化政策が導入された後の方が、学校は父兄からより多くのお金を集めていたということが分かりました。首都リロングウェで政策を遂行している教育省の政府官僚や、政府を支援している国際援助機関の教育担当者にこの事実を共有した時に、彼らが驚いていたのが印象に残っています。中央で政策を実施されている方々は、現場で何が起こっているのかあまり理解されていないことがよくあります。その点では、マクロとミクロの双方の視点から政策分析を行うのは意義があることだと思います。

　　もう1つ例を挙げると、ウガンダでは初等教育無償化政策の一環として自動進級制が1997年に導入されましたが、この政策が内部効率性や教育の質向上に効果的であったかを分析するには、ミクロレベルのデータを分析する必要があります。ですので、ミクロの視点からの研究を行うことにより、学校や家計レベルでの問題を明らかにするだけではなく、マクロレベルでの政策とミクロである教育現場の現状のギャップをより一層明らかにすることができる。このことから私はミクロの視点からの研究はとても大切だと思います。

川口：研究手法について一つ。私が院生の時分に、名古屋大学の山田肖子先生や早稲田大学の黒田一雄先生らを中心に、開発研究と比較教育

の融合を志向するような研究をされていました。そこでは、比較教育の先生たちは、地域研究寄りのことをおっしゃられていて、政策提言なんかはしてはいけないと。あるがままの事象を描き出すことが重要だと言われていたことが印象に残っています。開発研究は、どうしても mission-driven が多いとか、量的な研究が多いとか、マクロからしか見ないと指摘される先生もいました。比較研究と開発には、そういう違いがあるのではないか。だからこそ、比較の人と開発の人が一緒になってやれば面白いのではないのかなど、いろいろ議論されていたわけですが、今回關谷先生の科研に参加させていただいて、この科研はそれぞれの良いところが合わさったような研究ではないかと思います。とくに研究手法がしっかり確立している。私が関わっているアフリカ関係の研究では、開発でも地域の方でもそうだと思いますが、方法論がそんなにしっかりしていないものも多いですね。今回の研究はこれだけしっかりしていて、かつマクロとミクロと両方からきっちりと見ることができた。自分自身もあやふやなままやっていて、今まで分かったつもりでやっていましたけど、自分が知らなかったことが、この研究を通してすごくたくさん見えてきたんですね。そういう意味でも、本当に自分にとってすごく良い経験になりました。

北村：今、川口さんが言われたことは、非常に大事だと思います。僕もいろんな仲間、研究者たちと一緒に比較教育学と呼ばれる分野で勉強してきました。日本の中では地域研究が今まで比較的主流で、どちらかというと現地の言葉をとにかく覚えて、現地になじみ溶け込んで、透明人間のように現地の様子を描写する。そのことが大事だという研究ですよね。そこには重要な意味がありますし、そこを支える理論的枠組みもあるわけです。他方で、開発研究はまさに先ほどおっしゃったように、どちらかというと mission-driven で、むしろ、そこで透明人間じゃなくて、目に見える形で姿を持って政策提言に繋がるような研究をしたりとか、実際にそこの現場が改善したり変わるために何かをするということがミッションとして、まず設定さ

終章　Education 2030に向けてミクロな修学実態分析がもたらし得る可能性　271

れる研究。

　そうした中、日本での教育開発研究は、今まで政策的なミッションにずっと引きずられてきている。先ほど小川さんもおっしゃったように、具体的な現場のミッションとのギャップが本来あるのに、ギャップに対して提言する時に、どちらかというと、やはり政策の方から見ながら、こんなギャップがある、あんなギャップがあると指摘する感じを受けていた気がするんです。むしろ現場に入ってみてミクロなところから見てギャップを見るというんですかね。上から見ているギャップじゃなくて、下から見ているギャップみたいなことを考える上で、今回のこういう研究プロジェクトって、大変意味があると思います。

　実は、ここで僕らがミクロと言って、この本の中でいろんな研究手法を使っている中で、先ほどの地域研究であるとか人類学的なアプローチでやっている人たちから見れば、それはミクロと呼ばないという捉え方もあるんですね。ミクロで計量的な研究のことを、必ずしも人類学的な研究ではミクロとは言わないと。それは地域的にはミクロかもしれないけど、視点として、そこに一人ひとりに寄り添うような意味でミクロじゃないというふうに捉える人もいると思うんですけど、僕はそれでいいと思うんですね。

　つまり、この研究ではミクロと言った時に、地理的に非常に現場に近いところで見る、けれども実は見ているのはかなりマクロなんですよね。すごく大きなデータをミクロで見ている。こういう意義もあるし、またいくつかの章は、僕らのカンボジアの章もそうですけれども、実際に個人に迫って、ミクロになっていった時に、個人という単位でミクロだという話をしている。僕は開発研究ではどちらも大事なミクロ研究だと思っていて。そこのところはなぜかというと、やはり mission-driven ということがある。ミクロなレベルで大きなデータを見たり、ミクロな個人という小さなデータを見たりすること、どちらもギャップを理解する時にすごく大事じゃないかと思うんです。

小川：今のミクロレベルの話でも、一つは質的な見方、もう一つは量的な見方があります。最近の研究の傾向として、この両方のアプローチを使ったミックスアプローチが頻繁に研究手法として使われています。まずは家計調査などミクロのデータを使って量的分析を行い、サンプルを絞って質的な分析を行う。あるいは、質的な分析を行った上で量的な分析を行うケースもあります。つまり、質でやって量で見る。量でやって質で見る。両方の研究方法を混合した研究は最近の研究のトレンドの一つになっています。それぞれの見方に良い点もあれば、逆に限界もありますから、ミクロの視点からの分析であっても両方の手法を使って研究を行うのは大切であると考えます。

關谷：今のいくつかの対立軸的な視点に加え、もう一つ、私自身がこの研究を始めた動機となった経験談を共有させてください。私は、2000年にJICAの専門家として中米のホンジュラスに赴任したのですが、大使館付きの国際協力案件の担当者として入った時、ちょうどホンジュラス政府が貧困削減戦略ペーパー（PRSP）をまとめる時だったんですね。ドナーも一丸となって、ホンジュラスという国がどういう教育政策を採るべきなのかについて支援する。私はここで、大使級会合の下の実務者会議で教育セクターを担当し、PRSP策定に関わりました。まさにマクロな教育政策の議論に明け暮れるわけです。そして、それが終わると、次は大使館とJICAから教育プロジェクトの案件形成を期待され、初等教育の算数指導力向上プロジェクトを立ち上げることになります。さらには、そのプロジェクト・チーフアドバイザーとして、全国の教員と児童を対象に教科書や教員指導書の開発を束ねることになりました。今度はミクロな草の根の国際協力です。プロジェクトリーダーとして各プロジェクトサイトを歩いていくと、PRSP策定過程でこうあるべきだとディスカッションしたことが、現場に落とした時に違和感がある。あそこで我々が想定していた姿と、今目の前で見ている実態がどうも違う。
　これはきちんと確認していかないと、もしかしたらあの政策は意

終章　Education 2030 に向けてミクロな修学実態分析がもたらし得る可能性　273

味がないんじゃないのかという疑問をふつふつと感じるようになりました。そこでプロジェクトを回すかたわら、私は根っこが研究者なものですから、実際に学校記録などをしらみつぶしに調べ上げ、そこから明らかになる事象の真偽を、子どもたち、保護者、教員、あるいは地域の有力者、そういった人たちに一つずつ確認するという作業を進めていきました。その時に、実は誰も気付いていないようなびっくりする事実に出くわすわけです。一つの例を言うと、ホンジュラスは 80 年代、90 年代と、10％を超えるような高い留年率を示し、2000 年の頃は小学生の平均在籍年数がおよそ 4.5 年という理解が教育関係者の間で当然のこととして共有されていた。ところが、実際に 1 人ずつ子どもたちの修学実態を追いかけて詳しく調べてみると、一番多い修学パターンは、一度も留年しないでストレートに卒業するパターンであるということが分かった。そして、その次に多いのは、1 年生に入学してすぐに辞めてしまう、つまり 1 年生も修了しないで退学し、二度と学校教育を受けない子どもたち。恐らく、その先に成人向けの識字教育ぐらいは受けるのかもしれませんが、このように決定的に対照的な修学実態を示すグループが最頻出で併存している。その後を見てみても、修学実態の良いパターンと悪いパターン、それらが交互に来るんですね。これって、我々が頼りにする統計の世界で前提条件になっていることが多い正規分布の状態になっていない。結局、きちんと卒業する子どもたちと、1 年生も修了できないような子どもたちを平均で見ると在籍期間は 4.5 年ですよねと言う。4 年生で退学する子どもがものすごく多いような印象を持ってしまうけど、違うんです。4 年生あたりで退学する子ってとても少ないんです。そうすると、マクロな政策論で僕たちが行う、4 年生で辞めちゃう子をどうやったら卒業まで持っていけるんだというディスカッションは、実はまったく前提を間違えていて、意味をなさない議論だったりするんです。そういうことに気付くきっかけだったのが、この研究だったんです。

小川：確かに關谷先生がおっしゃられるように、ミクロな視点で生徒一人

ひとりの修学パターンを分析するのはとても重要な研究だと思います
すし、その研究成果をもとに政策提言ができると思います。私からも、生徒の就学に関するケースを一つ紹介させてください。マクロレベルで生徒の就学を分析する指標として総就学率や純就学率をよく使いますが、この指標には限界があります。たとえば、マダガスカルの2000年の指標では、総就学率が90％で、2015年までには初等教育の完全普及はもう10％頑張れば良いのではないかと思いますが、ミレニアム開発目標で使われた初等教育の修了率を見ると、26％程度です。農村部の修了率は12％で、農村部の女の子の修了率は11％でした。これは学年別にも分析をすることができますが、この指標からなぜ内部効率性が低いのかを、丁寧に教育を提供する供給側と教育を受ける需要側からの視点でさらなる分析を行うことが、教育政策に反映させる上で必要ですし、実証研究をもとに行う政策提言は不可欠ではないでしょうか。

石坂：MDGsからSDGsに変わる中で、いわゆる就学の量的拡大がある程度達成されたと国際社会の中で認められ、これから質の改善が課題であると言われている。この研究の良いところは、量的な拡大をミクロで追跡して柔軟に見ていくところなんですが、質的な面も実は見ることができるというのが、私の感想です。ボリビアのデータを見ると、教育政策の方で大きな流れの変化があって、その中の量的なところで、いろんな形の修学パターンがあり、何度も学校を転校しているケースがある。こうなると、やはり、学びの連続性が失われてしまうことが分かってきた。ここがこの研究の非常に良い面かなと思っています。

川口：データの解釈のところで私自身が感じたのが、マクロとミクロを行き来しなければいけないということです。自分の立ち位置を意識的に動かさなければいけないということは常々思い、それなりに実践してきたつもりでした。ですが、今回の調査では、ミクロの中だけでもいろいろな立ち位置があることを改めて実感し、その気付きがデータ分析においても重要になりました。ミクロの中での行き来と

終章　Education 2030に向けてミクロな修学実態分析がもたらし得る可能性　275

いいますか、視座の移動というものの必要性をもっとしっかりとし
なければいけないと改めて実感しました。同じデータを分析して解
釈する時も、学校の先生の立場から解釈する場合と、生徒自身が持
つ「思い」みたいなものから見た場合とはまったく異なりました。
保護者が学力ではなく、単に子どもの学歴に期待をかけたりする事
例も確認されました。こういったところで、ミクロの中でも立ち位
置を移動することがすごく重要だと改めて思う機会になりました。

伴：　ラオスの例をお話させていただくと、多くの先行研究やレポートで
は試験結果等のマクロデータを用いて、少数民族は多数派民族と比
較して成績が低い、識字率が低い、といった民族格差については述
べられています。ですが、今回、学校現場というミクロな視点で少
数民族児童の学習環境を見てみると、少数民族でも同一民族の先生
から教わっている子は成績が良いことが明らかになり、ミクロな研
究はマクロなデータからは分からない事実を明らかにすることがで
きるのだと感じました。また、インタビュー調査ではさらに突っ込
んで、先生が児童と同一民族でなくても、実は先生の嫁いだ先が学
校の子どもたちと同一の民族で、民族語や児童のカルチャーもよく
分かっているといったケースも確認できました。このように現場に
はデータだけでは見落としてしまうような事実も隠れており、そう
いったことを丁寧に明らかにしていくことが、ミクロ研究の役割で
はないかと思っています。

關谷：まさにミクロな中でも、いろんな絡みが見られますね。子どもの就
学率を上げたいと思うんだけれども、なぜ就学率が上がらないのか。
そこで、個々人に注目してみると、たとえば、田舎の方へ行くと労
働市場が乏しくて、高校を出ても女の子は家政婦をしている。小学
校1年生で辞めた女の子も家政婦をしている。これでは、いくら国
が「教育は大事なんですよ」と言っても、地方では「いや、問題は
そこじゃないんだ」、「教育では解決できないでしょう」となってし
まう。このような教育以外のセクターの問題もありましたね。

芦田：そうですね。たとえば、ホンジュラスの地方都市では、初等教育の

6年生を修了してもしていなくても、結局そこにある労働市場に縛られて就ける仕事は同じ。より社会的地位の高い、収入の高い職業に就こうと思えば、高等教育まで行かないとダメ。しかも首都まで出ていかないと、そういった職業には就けないという状況が、統計局、国政調査の雇用状況の分布と照らし合わせて見えてきました。

もう一つ、島嶼部における調査の中で興味深かったことがあります。親の職業を尋ねると皆さん漁師。でも、漁師といっても1年間ずっと漁業をやっているわけじゃなく、季節労働なので職業が転々と変わっていたり、それに合わせて住んでいる場所も変わっていたりします。そのため、学籍簿のデータを見ると、翌年には子どもたちがいない。保護者が漁師として、ずっとそこにいる場合にはその子どもを追跡することは可能なのですが、結局小学校を出ても出ていなくても自分も漁師という同じ職業になるので、小学校を修了するインセンティブがそもそもない、という状況が色濃く見えてきました。そういったところが、こういうミクロな研究じゃなければ見えてこなかった視点で面白いと思います。

北村：僕らのカンボジアのケースを見ると、そもそも何でこういう研究に関心を持ったかというと、今まで何年もカンボジアに行っていろんなお話を伺っている中で、先ほどの話にも繋がるんですが、政策担当者の言っていることや援助機関の人たちが言っていることと、村の中での話にちょっとずれがあるんですよね。すごく大きなずれではないんですけど、ちょっとしたずれがある。たとえば、女の子の就学が非常に問題とされていて、それは実際、データとしてもそうだし、ミクロに現場に入っていって女の子で就学できていない子が多いというのも事実。でも、同時に就学とか退学、就学の継続が困難な理由として、経済的理由とジェンダーの問題がある。とくに女の子には、カンボジアでは政策的にも、その2つを何とかしようということで教育省も取り組んできた。ところが、ミクロで見れば貧しい家庭の女の子が高校まで通っていたりするケースもないわけじゃないんですよね。それがマジョリティだとは言わないけど、決

して少なくない子がそういう現象にある時に、これをどう解釈すれ
ばいいのか分からなくて。それでこういう研究をしてみようと、ミ
クロにもっといろんな話を聞いたりしてみたいと思ったんですね。

　そういう中で、この研究に繋がる一連の研究の中で分かったこと
だったんですけど、就学を決定する要因として一番大きかったのが
親の意識という研究成果が出た。今回の本には収録してないんです
けど、分析する中で、経済的要因であるとかジェンダーとかも聞
いてはいるんですけど、それよりも親の意識が一番大きな影響を及
ぼしているということが見えたんですよね。親が教育の意義を理解
していたり大事だと思っていたりすると就学を継続する傾向にあっ
て、逆に親がそれを理解していないと、経済的にそこまで貧しくな
くても辞めてしまうというようなことがある。

　政策的には、教育省はなかなか親の意識喚起や意識を高めるよう
な政策ということは今まで考えてこなかった。以前にも教育省にそ
ういう提言をしたことがあったんですけど、今回さらにもっと細か
く話を聞いたりする中で、親の意識にも実はいろんなパターンがあ
ることが分かってきた。学校教育は大事。でも、確かに労働市場の
問題とか、教育セクターだけでは変えられないことがたくさんある
んですが、結構、農村部でも、分かりやすい例で女の子が就く職業
として教師があるわけです。学校に通えば、きっと教師になってそ
れで働いてくれる、稼いでくれると思うので、学校に通わせたいと
言う。ところが、そこからもう少し聞いてみると、教師になるには
どのくらいの教育を受ければいいのか分かっていない。小学校を出
れば教師になれるのか、大学まで行かなきゃ教師になれないのか。
そもそもカンボジアのクメール語の中に学校、大学という言葉はあ
るんですが、それらを同じ言葉で表したりすることもあるんですね。
農村部の教育歴のない親や保護者の中には、学校と言われるともう
すべての学校って1つだと思っているんですね。そこに中学、高校、
大学というような段階があることすら、十分には理解していなかっ
たりする。

だから、親の意識を高めるといっても、実はそこにもいくつもの
レベルがあることに今回気付いたりして、どうしても労働市場の問
題で変えられないところもあるけど、同時に親が気付くことによっ
て変えられる部分もあるんじゃないか。少なくとも、こういう職業
なら女性でも就けるのかと。ただ、そこに至る道筋がよく分かって
いない。だから結局、本当の意味での教育の重要性みたいなところ
までは、もしかしたら保護者は理解できていないのかなと感じたり
したんです。

吉田：保護者の意識で言うと、ミャンマーの場合、以前は留年や退学が多
く見られたのですが、それでは駄目だということで、政府が1998
年度から学力継続評価制度という新しい評価制度を導入しました。
それ以降、近年の教育統計によれば、初等教育の留年率は1.1％ま
で改善されています。けれども、今回本書に収録している研究結果
では、社会経済的に恵まれている家庭の子どもが集まる対象校の留
年率はゼロだったのですが、社会経済的に厳しい家庭の子どもが集
まる対象校では留年率が18％もあったんですね。現行の評価制度
だと、初等教育ではたとえ試験で落第しても、補習や追試験を受け
れば合格扱いとなり進級できるはずなのに……。ではなぜ、後者の
対象校では留年率が高いのか調べてみると、たとえば、保護者がき
ちんと子どもの面倒を見てあげられず、試験日がいつかということ
も把握できていない。子どもたち自身も5歳、6歳、7歳と幼いので、
試験日がいつなのかよく分かっておらず、定期試験や補習・追試験
の日でも学校を休んでしまい、その結果、留年に至っているという
事例が多数見られました。このように、保護者の意識があるかない
かで、留年するか否かというところまで影響してしまっている状況
が読み取れました。

川口：マラウイの場合、先ほど北村先生のお話でもそうでしたが、女性に
とって教職というのが一つの大きなマーケットになっています。無
償化政策で小学校にたくさんの子どもたちがあふれているので、先
生が足りない。それで職のない女性が教職を目指す。

教育制度は8・4制なんですけど、かつては中等教育のはじめの2年間を終えると教職への道が開けた時期もありました。ですから、当時はある意味で小学校に8年間通うことより、中等学校に入ることが重要になりました。それでノンフォーマルの無認可学校や私立中学校が爆発的に増えました。一応そこに行って、小学校課程の修了試験に合格することの意味合いや価値感が高くなりました。

政府や国際機関の方々は、公立学校の残存率とかをすごく気にするわけですが、それほど保護者は公立小学校の修了ということは気にしてなくて。それには、中等教育の2年間だけ終えることを考えている側面もあるかもしれません。本人も小学校を卒業してないのに中等教育に勝手に入ったりするんです。本当ならあり得ない話ですが、それでも現実として中等教育の2年間を終え、それで小学校の先生になるという女性が結構いるようです。

芦田：あり得ない事例といえば、以前カンボジアの調査で見てきたものですが、オーバーエイジの問題に着目して入学年齢のデータを調べていたところ、とても高い年齢の子がいました。15歳で小学校入学とか、20歳ぐらいで小学校在学とか。ホンジュラスの場合にもそういった特異なパターンがありました。17歳ぐらいで、やっと小学校卒業など。ところが、カンボジアの場合、学校記録上はオーバーエイジで記録されているんですが、実際に学籍簿に添付されている写真を見ると6歳くらいの子どもなんです。なぜそういったことが起こるのかというと、そもそも出生登録の日付を間違えていて。それを修正しないまま就学しているので、学校で記載される記録がとんでもない生年月日になる。それでオーバーエイジという形で報告されてしまっている。だから、マクロなデータで見た時には、オーバーエイジの子どもが多いねという状態に見えるんですけど、実際に現場へ行くと、こういうとんちんかんな状況になっていることが判明しました。

北村：その国の歴史的な背景とかの影響について、他の先生方からも言及があると思うんですけど、カンボジアの場合は出生登録がでたらめ

というのは、よくある話なんですね。その一番大きな原因として、皆さんもよくご存じの紛争や内戦がずっと続いたり、クメール・ルージュの時代があったり。子どもが生まれてもすぐに登録できなかった人たちがたくさんいます。それが、平和な時代になっても慣習化されず、「どこかのタイミングで届ければいいんだよね」と。だから、よく友人のカンボジア人で、自分と同い年のはずなのに登録上は5つぐらい若いとかいるんですよ。

吉田：ミャンマーでは逆に、子どもを早く就学させたいがために、親が実際の誕生日より早い年月日を役所に報告している、という事例を現地の方からいくつか聞いたことがあります。これはつまり、ミャンマーでは本来5歳で就学を開始すべきところが、実際には4歳や3歳で就学してしまっている子どももいる、ということになるんです。

關谷：日本も昔そういう時期があって。たとえば私の母は昭和5年の12月31日に生まれたんですけど、当時は数え年だったので、生まれた時が1歳で、すぐ正月をまたいだら2歳になる。生まれてすぐなのに2歳になるのはかわいそうだからといって、祖父母が出生届をしばらく出さず、2月1日にようやく出した。現在母は86ですけど、「そういうことで、私の誕生日は昭和6年2月1日でございます」というのは日本でもあったんですよね。

　学校記録の保管状況について話をすると、川口先生はアフリカの学校記録のデータを探すのに相当ご苦労されて、私が絶対あるはずだから探してくださいと言ったら、かけずり回って本当に貴重な学校記録を校長先生の家まで行って探してくださった。他方、ホンジュラスは非常に学校記録の整備がいいんです。大抵の学校では10年、20年前の記録でも残っています。100年以上前の学校記録が残っていることもありました。それが、また驚くほどきれいな筆記体で、鳥の羽でインクをつけて書いた学校記録。それがはるかな時を越えて残っているんです。むしろ最近の学校記録の方が、字も下手だし、平気で間違いをぐちゃぐちゃと消したりとかしてあるんです。昔の先生は社会的にエリートだったのかなあ、と思わされます。また、

終章　Education 2030 に向けてミクロな修学実態分析がもたらし得る可能性　281

　　　　ホンジュラスの面白いところは、家庭訪問に行っても、子どもたち
　　　　の卒業証書や各学年の修了書が、どんなに貧しそうな家に行っても
　　　　ちゃんと出てくるんです。
芦田：それは本当に驚きました。私の博論執筆の際に、学校記録がそもそ
　　　　もどこまで信頼できるのかと質問されることがありました。中米を
　　　　フィールドとして研究に従事している身からすれば、信憑性は大変
　　　　高いことを体感できるんですけども、それは周りにはなかなか理解
　　　　してもらえない。そこで、どれだけ信憑性が高いのかを確認するた
　　　　めに改めて家庭を訪問し、学校記録と保護者や就学者だった本人か
　　　　らの情報を突き合わせるという追跡調査をしました。その結果、学
　　　　校記録と聞き取り情報の一致率が 98% でした。残りの 2% は、学校
　　　　記録が誤っていたというより、保護者や本人の記憶が定かでないと
　　　　いうケースでした。
　　　　　ホンジュラスやエルサルバドルをはじめ、ラテンアメリカはド
　　　　キュメント文化のところがあるので、記録がすごく大切になる。卒
　　　　業証書とかは、各家庭を訪問すると誇らしく壁に飾ってあることが
　　　　多いですね。
江嵜：ホンジュラスと比べると、現在私が研究対象にしているネパールの
　　　　地域では状況が大きく異なります。学校によっては、学校記録を
　　　　鍵付きのロッカーに入れて保管しているところもあるので、教員の
　　　　方々も学校記録を貴重なものとして認識されているのかなと思いま
　　　　す。しかし、その信憑性と言いますか、質はどうなのかと言いますと、
　　　　とても良いとは言えません。たとえば、ネパールでは学校の在籍者
　　　　数によって政府からの補助金の金額が決まります。そのため、学校
　　　　側はできるだけ多くの子どもたちに学校に登録してもらいたいと考
　　　　え、保護者たちに登録するよう積極的に働きかけます。保護者たち
　　　　はそれに応えるのですが、その際に 1 校だけに登録するのではなく
　　　　て、同じコミュニティにある別の学校にも登録をしていることがあ
　　　　るのです。つまり、二重登録ですね。
　　　　　また、転校が多いので、記録を正確に残すということが容易では

ないようです。ネパールでは転校手続きの方法は決まっているので
すが、それがきちんと行われているのかというと、そうではありま
せん。中には、勝手に転校してしまう子どもが存在します。教員か
らすると、その子どもは休みなのか、転校したのか、それとも退学
したのか分からないので、記録ではとりあえず休みと記されていま
す。しかし、その子どもが違う学校の制服を着て歩いているのを見
た、とかで転校の事実を知ることがあるようです。今回の対象地
域はある程度孤立した地域で、コミュニティの繋がりが強く地域の
人々はみんな知り合い同士なので、記録上追跡が難しいところはイ
ンタビューで押さえることができました。同じ学校記録をベースに
した追跡手法でも、ネパールではホンジュラスやミャンマーよりイ
ンタビューに重点を置くように努めました。

小川：私はウガンダとモンゴルで調査を行いました。ウガンダでは初等教
育の自動進級制が導入されていますが、モンゴルではそのような政
策や制度はありません。しかし、ほとんどの生徒は進級をします。
その理由を学校で調査を行った時に尋ねると、生徒が留年したり退
学したりすると教師の評価に直接繋がるので、全員進級をさせると
の説明を受けました。江嵜さん、ところで、ネパールではどうして
二重登録の事実が分かったのでしょうか。

江嵜：これは今回の章論文での分析から分かったというよりは、個々の子
どもたちの修学パターンを縦断的に追跡した研究で分かったことな
のですが、家庭訪問調査のリストを見ると同じ名前があり、実際に
訪問してみると、この2人はどうやら同じ人だということが分かり
ました。その後、再度学校記録に戻り、教員の方にインタビューも
させていただいて、二重登録であることを確認しました。とても骨
の折れる作業でした。

川口：同じような経験が私にもありまして。二重登録どころか三重登録と
かもしているんですよね。こっちの学校にはあっちの学校に行って
いると言って、あっちにはこっちの学校に行っていると言う。でも、
結局どこにも行ってなくて家で農作業しているというケースも確認

終章　Education 2030 に向けてミクロな修学実態分析がもたらし得る可能性　283

　　　されました。最後、無認可の学校に行って少し勉強して、試験だけ
　　　を受ける。そのような感じでごにょごにょとしながら、学歴を重ね
　　　ている実態は結構多いと思われます。

闘谷：1人の子どもが2つ、3つの学校に所属していて、マクロなデータ
　　　ではそれらを全部カウントしてしまうので、さも人数が多いみたい
　　　に見える。他にも、1人の先生がここで働いているのに、書類上は
　　　異なる学校にも在籍していることになっていて、給料を二重でも
　　　らっている。こんなことが是正できない。これでは、国の人件費が
　　　膨らむのは当たり前ですね。先進国の人間からすると、あり得ない
　　　と思うけど、開発途上国ではそういうことが当たり前のごとくある。
　　　だから、開発途上国を対象とする研究や事業では、ミクロな実態を
　　　踏まえておくのが必須なんです。

江嵜：ですが、実際の調査は本当に大変ですね。ザンビアでは予備調査で
　　　14校回り、その中できちんと子どもの修学パターンが追えそうな
　　　記録は2校しかありませんでした。そのうち1校は約2,000人の子
　　　どもたちが在籍している大規模校だったのですが、彼らの学校記録
　　　が校内のいろんなところに分散していたのです。そのため、まずは
　　　学校記録を1つの部屋に集めるところから作業が始まり、校長先生
　　　も教員の方々もそれらを両手に抱えて持ってきてくださいました。
　　　もちろん、年代も学年もクラスもばらばらです。とくに成績表は1
　　　枚1枚分散していたので、その整理は大変な作業でした。結局、整
　　　理とデータの収集だけで1週間くらいかかってしまいました。最後
　　　に校長先生にご挨拶した時には、「ありがとう！　助かったよ。来
　　　年からはちゃんと整理するよ」というコメントをいただきました。

吉田：ミャンマーでは学校記録はとてもしっかりしていて、これまで見か
　　　けた規定上あり得ない修学パターンは、数万人中1人だけでした。
　　　「この子どもはオーバーエイジだから、1年生ではなく2年生から
　　　就学させます」という当時の校長先生のメモ書き付きで、オーバー
　　　エイジで入学した子どもを飛び級扱いしていたものくらいでした。
　　　他にも、たとえば、子どもの名前の記載がちょっと間違えていたり

すると、上からきちんと二重線で消して正しいものを記載し直し、何を参照として修正したのかというメモまで貼り付けられていたりして。さらに、それを承認したという証明のために、校長先生によってその上に必ずサインがしてありました。

　他の国の学校記録で見られる、さまざまに複雑で理解しがたい事例はミャンマーにはあまり当てはまらない。では、その背景は何かというと、もともと勤勉な国民性もあるのかもしれませんが、おそらく軍事政権で長らく厳しく統制されてきた影響が強く残っているためではないかと考えています。

關谷：ラオスは社会主義で、社会的な統制は厳しくはなくてもそれなりにあるのかなと思うんですが、学校記録はちゃんとしていましたか？

伴：今回、北部のルアンナムタと中部のヴィエンチャン、南部のチャンパーサックと、異なる地域で学校記録を見たんですけれども、北部のルアンナムタにおいては、学校記録を見せてくださいとお願いしたら、すぐに校長先生が持ってきてくれることが多かったですね。一方で、南部の地域だと、段ボール箱などにぐちゃぐちゃになって入れられていて、泥だらけになった学籍簿が出てきたり、先生たちがそれぞれ保管していたり。「去年の記録はありますか？」と先生に聞くと、「去年の先生が持って帰っちゃったからここにはないです」なんてことも。この種の研究をするには、なかなかラオスは難しいところもあるのかなという印象はありました。

吉田：追加でコメントをさせていただくと、ミャンマーの場合、政府の管轄下にある管区域はデータも比較的しっかり残っていると思うのですが、少数民族が多く暮らす州になると、たとえばラカイン州出身の先生によれば、もう雨季の時期は雨がすごくて、そんな学校記録なんて保管していられる状況ではないとお聞きしたことがあります。毎年、雨季のたびに記録が流れてしまうのだとか。でも、状況は州によるのでしょうね。以前、モン州にも調査に行かせていただいたのですが、モン州の対象校では学校記録の保管等もすごくしっかりしていました。ヤンゴンの対象校よりも保管状況が良くて、第

終章　Education 2030 に向けてミクロな修学実態分析がもたらし得る可能性　285

二次世界大戦期あたりの学校記録が残っていた対象校もありました。

石坂：今のお話で、学校側のデータ管理がまちまちというのもあるんですけど、学籍簿のフォーマット自体が80年代とか90年代になるとそれぞれ手書きでやっていたりする。その後、時が経つにつれて、徐々にフォーマットができてくる。ただし、それが県によって違う。ボリビアでは定性的評価が導入されたんですが、ある県では5年間、きちっとやるべき期間に定性的評価をやったんだけど、他の県では2年間しかやっていないとか、またもとの評価（定量的評価）に戻るとか、ばらつきがある。そのあたりを教育省側がどこまで把握しているのか、あるいは本当に県ごとで違っていていいんだろうかと思いました。

關谷：いろんな国のこういう学校の記録とかを調べて歩いていると、ドナーの役割って結構大きいんだなと思ったことがありました。その国独自でやっている時にはフォーマットなんかはバラバラなんですけど、ドナーが入ると、このフォーマットでもってデータを集計しようとお願いをして、それがそれなりに定着して重要な統計情報が残っていく、というのは感じましたね。

江嵜：それはネパールにも当てはまると思います。援助がたくさん入っているところはきちんとしたフォーマットで、それこそ細かいところまで記入するようになっていますが、そうではないところでは、教員の方々がご自身で購入されたノートに、思い思いに記入欄を作られています。こういったところにも、ネパール国内で差があるなと感じました。

吉田：そういう点では、ミャンマーは他の開発途上国と比べて海外からの援助はかつて限られていた方ですが、私が知っているヤンゴンとモン州では、60-70年前からすでに全国統一のフォーマットで子どもたちの修学状況等が記録されていました。やはり、これもミャンマーが社会主義や軍事政権といった国家体制を経験してきていることが、影響しているのかもしれません。

芦田：關谷先生のご意見に加えてなんですが、記録の残っている状況は年代によってもすごく違うと感じていて。ホンジュラスの場合は、先生がさっきおっしゃったように1800年代とかの記録も残っていたりします。ただ、シロアリに食べられていなければ。カンボジアの場合、気候的なところもあるかなと思うのですが、シロアリに食べられてしまっている確率が結構高く、記録が残っていなくて。

　他の国で見てみると、たとえばエルサルバドルだと内戦の期間はまったく記録が残っていない。でも、内戦後の期間からEFA、MDGs、SDGsという年代を経ていくと、やはり上から下りてくる教育政策がありますので、その一環でデータをちゃんと残していこう、就学者の数をカウントしよう、記録を残そうという動きがあったのかなと。それでデータが見つかる確率が高くなるのを感じます。カンボジアもEFAの声かけが本格化した1990年代からになると、しっかり子どもたちを追跡できるデータが残っていました。

江嵜：ネパールでは2015年4月に大震災が発生しました。その震災が子どもたちの就学状況に与えた影響を調査するため、被害の大きかった地方を回って学校記録の有無を調べたことがあります。やはり震災で学校が崩壊してしまったところもあり、あらゆるものが失われていました。武力紛争や自然災害といった外部要因は、子どもたちの就学状況にネガティブに影響すると言われていますが、学校記録の状態にも影響するのだなと感じました。

關谷：今回、章論文としては書いていませんが、東ティモールへ行った時に、ものの見事に内戦時代の記録はまったくありませんでした。学校が襲撃され燃やされているので、何も残っていなかったですね。だから江嵜さんが言われた通りで、やはり平和でない国、自然災害に見舞われる国については情報すら取りにくくなりますね。貧困は脆弱性とイコールなので、悲劇はさらに大きくなる。一番にその影響を被るのは子どもたち。しかし、発信すべき情報自体が消失してしまう。そういうのを目の当たりにしましたね。

石坂：ちょっと質問なんですけど、学校記録が電子データ化されている国

は、どれくらいありますか？　ボリビアは電子化されています。転校の状況を追うことができたのは、電子化されていたからでした。

關谷：確か、ドミニカ共和国に、あれは米州開発銀行じゃなかったかなと思うんですけど、すべてデータをデジタル化するというプロジェクトが行われました。各学校が学校情報をインターネットで教育省に提出して、中央ですべての学校の子どもたちのデータが一括管理できる。そうなると個々の子どもたちを縦断的に追っかけることも、いとも簡単にできるということを2010年、2011年ぐらいの時にやり出したんじゃないかと思います。芦田先生とホンジュラスに入った時も、かつてのカウンターパートだった教育省次官が言っていたんですけど、すべての学校のデータをデジタル化していると。ただ、未だに、デジタルデータにもとづいた画期的な研究報告が出るとか、政策が出るというのは聞いていません。この辺がやはり本来、こうすればこうなるはずだよねという、いわゆるマクロレベルでの政策が、現場に落としていった時に、なぜかその通りいかない。ちょっと我々日本人からすると分かりにくいところだけれど、計画したことがそのまま進む状況なら、いつまでも開発途上国の状態に甘んじることはない。自分たちの目線だけでものを考えても、なかなかその通りにはいかないですね。

芦田：カンボジアのデータの例ですが、近年のデータになると手書きではなくプリントアウトされているものがありました。それだと個々の先生による字の癖がないので追跡しやすくていいんですね。そのデータが見つかった時に、もとのデータファイルはないのかと校長先生にお聞きしたところ、元ファイルは保管してないと。パソコンはあっても、ただワープロのようにその時に作成して印刷し、データは消す。結構そういった状況が確認できました。

關谷：さて、ここまで非常に面白いご意見をいろいろと頂戴いたしました。そろそろまとめに入ろうかなと思うんですけど、先生方、それぞれの調査対象国に立脚しながらでも構いませんし、他の国の知見を得ながらでも構いません。今後さらに、この研究を深化させ、次への

プロセスとして、じゃ、こういうところが課題ですね、こういうことをやってみるべきだねといったご意見があれば承って、最後の締めとできればと思います。

小川：量と質的研究の限界についてコメントします。たとえば、世界銀行などの国際機関ですと、国全体対象に多くのサンプル数のデータを取りそれを分析しますので、客観的な分析ができます。その一方で、客観的過ぎて現実とかけ離れている結果が出ることもあります。質的な研究ですと、サンプル数もあまり多くなく主観的な研究になる恐れがありますので、数少ないサンプルから政策提言をする際には気を付ける必要があります。

關谷：小川先生のおっしゃる通り、安易な一般化は危険ですね。そういう意味からも、マクロな調査とミクロな調査をミックスして実態把握に努めることは重要になりますね。

石坂：国際社会というか、国際協力をする国や機関が何らかの形で介入をして、たとえば就学の改善をしたという地域、あるいは学校を対象に、どういうふうに変わったかを見るのも面白いかなと思いますね。

　ふと思い出したのが、JICA がやっている、「みんなの学校プロジェクト」。就学率の向上や成績向上に取り組んでいますよね。このプロジェクトの学校を対象としてずっと追ってみると、プロジェクトの効果がミクロなレベルでどうなっているのかも見られると思いますし、国際協力の実態を比較するといった意味でも、面白いかなと思いました。

吉田：今回、ミャンマーの章で、社会経済状況別に子どもたちの修学軌跡を視覚化しましたが、社会経済的に恵まれている家庭の子どもが集まる対象校では、1,248 人を追跡してパターン数は 9 通りしか出なかったんですね。社会経済的に厳しい家庭の子どもが集まる対象校でも、少し増えて 67 通り。ところが、ホンジュラスの事例だと、約 1,300 人の子どもたちの修学パターンの数が、全部で 291 通りでした。

　その国の修学パターンの数が多くなるということは、それだけ留

終章　Education 2030 に向けてミクロな修学実態分析がもたらし得る可能性　289

年を繰り返す子どもや、規定上あり得ない修学軌跡を辿る子どもが多いということを意味します。これをヒントに、修学パターンの数やばらつきの程度、その範囲から、その国の統治体制はどうなのか、その国民性はどうなのか、あるいは修学状況の改善度合いはどのように変化してきているのか、というようなことも観察できるのではないかと思いました。ですので、ラテンアメリカやアフリカ、アジア、他の地域の国では、社会体制やこれまでの歴史の歩み方などによってそれらがどのように違ってくるのか、といった点も非常に興味があります。

江嵜：ネパールのことに限ってしまいますが、これからも転校の事例に着目していきたいと考えています。現在、ネパールにおける個々の子どもたちの修学パターンの研究を進めていて、そこでも少し興味深いことが分かってきています。初等教育レベルでは、転校は「公立学校から私立学校へ」のケースが多いのですが、転校先の私立学校では公立学校で在籍していた学年よりも下の学年に在籍していることがあるのです。たとえば、公立学校で４年生に在籍していた子どもが、私立学校に転校すると、なぜか２年生に在籍しているのです。現地の方に、なぜこのようなことが起こっているのか尋ねると、「カリキュラムが違うからだよ」とおっしゃっていました。そこで、詳しく調べていくと、確かに教授言語や教材などは異なりますが、学習内容については公立学校も私立学校もほとんど同じということが分かりました。より良い教育を求めて転校しているにもかかわらず、学年を下げられてしまっている。こういうところにフォーカスして、ネパールの研究は進めていきたいと思っています。

北村：それって、たとえば私立の方が教育の内容が良くて、公立の子の学力が十分でないから意図的に私立は２年生に入れたりしているということですよね。それは結構、合理的な判断をしているという解釈もあるのかなと思うと、非常に面白い。

江嵜：はい、表向きはそういうことだと思います。逆に私立学校から公立学校に転校する子どもも稀にいるのですが、その場合には学年が上

げられていることがあります。たとえば、私立学校で3年生に在籍していた子どもが、公立学校に転校するとなぜか6年生に在籍していたりします。学習内容はほとんど同じですから、そこまで学年が飛んでしまうと、学びの系統性を保つことが難しくなります。

關谷：そこでさらに興味深いのが、ビジネス的な合理性。たとえば、そういう扱いを受けている子どもを見ると、男の子の方が多いんです。なぜかというと、男の子は学校をなかなか辞めないので、下の学年に下ろすと卒業するまでに長く学校に行き続ける。結果的に男の子の場合には授業料をたくさん払うことになるんですね。こういうことが、現場で声を聞くと出てくるんです。

川口：私もまさしく關谷先生がおっしゃったビジネス的な合理性のところを申し上げようと思っていました。公立の小学校の先生は学校に登録してほしいんですね。登録だけしてほしくて、できればその後は来てほしくないという本音（!?）を垣間見ることができました。授業料が無料になって教室は子どもたちで溢れかえっていますから、できるだけ来てほしくない。でも、子どもたちが来たことにしておかないと自分が怒られる。逆に、私立の場合、登録は別にいいんだけど実際に来て継続してほしい。授業料をずっと払ってほしいわけですね。私立とかNGOによる無認可学校なんか、とくにそうですけど、別に登録はいつでもいいから、何歳でもいいし、とりあえず来て学費を払ってほしいというような、何か、その辺りにすごくビジネス的な合理性があると感じました。

關谷：他にも広げてみたい取り組みはありますか。

芦田：ホンジュラスのデータは幼稚園から小学校、中学校、高校ぐらいまで全部収集できている部分があります。なので、教育段階の終わりまで通じた全体の分析をして、それがすでに社会人になっている対象者の現在の生活にどう繋がっているのか、個人に着目してもっと追究していきたいなと思っています。また、1800年代後半からのデータも収集できていますので、歴史的な視点を持った検討も新しく進めていきたいと思います。

終章　Education 2030 に向けてミクロな修学実態分析がもたらし得る可能性　291

北村：学校に通っているということの意味、そこで何を学んでいるのかという学びの意味みたいなものを、皆さんで取り上げてほしいと思います。「教育の質」と言っても良いのですが、何をそこで学んでいるのか、あるいは学んでいないのかとか、どういう経験をしているのか。そういったものを取り巻く環境や、教師と生徒の関係性、家庭と学校の関係性とか。いろんなものを含めて、それを、せっかくこういった修学実態の大きなデータを皆さんは取っている中で、最初のあたりで小川さんがおっしゃったように、どうミックスしていくか。質的な研究と量的な研究をミックスしたりしていく中で、やはりそこの質的な方が、まだまだいろんな分析の余地があるような気がするので、そこはぜひ伺ってみたいなというのが一つ。

　　もう一つは今、芦田さんから教育段階を通してという話がありましたが、最終的に卒業してどんな職業に就いているのかとか、そこはすごく大変だと思いますし、本当はそこまで知りたいですよね。それはすべての生徒たちには当然不可能とはいえ、たとえば、あるパターンがまさにあって、こういうケースの人たちがいると。数的には限られたものでも、こういうふうに修学していくと、こういうふうに職業に就ける。しかも、それを経年的に取っているので、先ほどの労働市場であるとか社会状況、政治体制の変化とか、そういうものを含めて、この時期はこうだったけど 2000 年代になるとこうだとか、何かそういうダイナミックな研究になっていくと非常に面白いんじゃないかなというふうに思うんです。

川口：別のテーマになりますが、今回本当に面白かった発見の一つは、復学という現象です。新たな指標ではないですけど、現時点では復学率みたいな指標がないわけです。マラウイでは男の子よりも女の子の方が退学しやすいんですけど、復学は女の子の方がしやすいんですよね。だから、男の子は復学に関しては脆弱な存在と捉えることができる。そう考えると、今回は学校の持っている就学記録から追っていったわけですが、今度は個人が持っている修学履歴みたいなのからも併せて追っていくと、20 歳とか 30 歳になってから中等教育

に復学するような女性とか、結構確認することができると思います。先ほどのお話にもありました社会との関係を踏まえて、働くということと就学ということで、順番がごちゃごちゃになっている人が対象国には多くいらっしゃると思います。それでSDGsの life long learning の観点もありますけども、比較的長いスパンで、その人の人生の中での修学を検討するような研究も、いつか実施してみたいと思います。

石坂：カンボジアで北村先生たちがされたナラティブ・アプローチというか、一人ひとりの軌跡をきちっと追っていき、その人数をある程度増やして、客観的に検証するということが大事なんじゃないかなと思いました。

芦田：お話を伺っていて、今まさにこれかなと思ったのが、そういった労力を必要とする作業って、研究者だからできる部分じゃないかなと思います。ドナーだとか、教育政策を策定する教育省の方だとかが、そういったところに実際に入っていくのは現実的ではない。じゃ、誰ができるのかといったら、そういう専門性を持って、公的な資金を用いて、時間をかけることができる人。それは研究者なのではないかと。ここで、研究者がやる「べき」と言ったら、いろいろな語弊があると思いますが、そうではなくて研究者だからこそできる仕事の一つなのではないかと思います。

江嵜：私も芦田さんがおっしゃる通りだと思います。ネパールを研究対象にしようと思った時に、まずは肌感覚でネパールの教育状況を知りたかったので、いろいろな国際機関で働かれているコンサルタントの方々にアドバイスをいただきました。その時に、「ネパールは転校が多いから、一人ひとり追うなんて無理だよ」と言われたのですが、「その転校率ってどれくらいなのですか」とお聞きすると、「いや、それは知らないけど」と言われました。結局、本当のところは誰も知らない。だから、やはり芦田さんがおっしゃったように、そういうところまで入っていって、きちんと分析するというのは、研究者の大きな役割なのかなと感じました。

終章　Education 2030に向けてミクロな修学実態分析がもたらし得る可能性　293

關谷：素晴らしい。時間も参りましたので、まだまだ言いたいことは尽きないですが。情報を共有することで新たに得たヒントとか、私たちが頑張らなきゃいけないことが見えてくる。もっともっと一晩中でも議論したいぐらいなんですけど、今回限られた時間の中で貴重なご意見をいただけて、本当にありがとうございました。この研究はこれから先も、さらにそれぞれの国で、それぞれのテーマを持ちながら続けていき、またお互いに発展させていければと思っておりますので、引き続きどうぞよろしくお願いいたします。

あとがき

　西暦 2000 年という節目の時期、私はラテンアメリカの一つの国で援助関係者として働いていました。当時は、開発途上国が抱える巨額の債務をどのように棒引きにするかを巡って、当事国政府とドナー関係者が「貧困削減戦略文書」をまとめていました。私は、大使級会合の下に位置付く実務者会合に出席し、主に教育分野の政策論議に加わりました。出席者はそれぞれの組織や国の代表者として喧々諤々の意見を交わし、関係者が合意できる内容を作り上げていきます。しかし、そこでの議論はかなりあるべき論でなされ、対象国の教育実態にどこまで沿うものなのかは疑問に感じていました。それもそのはず、後々分かってくるのですが、教育政策に限ってもそれぞれの組織や国の代表者として会合に出てくる立場の人は、ほとんど地方の教育現場へなど赴くことすらない方々だったのです。

　私はその後、教育分野の技術協力プロジェクト形成のための調査を命じられます。また幸いなことに、その調査結果をもとに企画立案されたプロジェクトのリーダーにも指名されました。そこで深く関わりを持った教育の現場と国家レベルの教育政策論議には乖離があることを感じることになります。もともとが研究者ですから、疑問に感じると調べないわけにはいきません。

　国際協力の分野も、今でこそ評価花盛りで、プロジェクトの実施にあたっては、ベースライン調査、エンドライン調査が当たり前です。プロジェクト実施期間中も定点観測情報の収集をモニタリングとして行いますが、当時は「研究じゃないんだから、そんなことに使う予算はありません」と言われたものです。それでもめげず、ミクロレベルの調査を現地に張り付いてやってみると、実に興味深いことがたくさん出てくる。ある時など、1890 年代の学校記録が学校の倉庫から見つかり、きちんと整理していくと、驚いたことに 120 年以上経過した現在まで途切れずに繋がっている！ところどころ虫に食われたりしているものの、その成績評価簿は鳥の羽で書かれていたようで、流れるような美しい筆記体で綴られ、間違いの一つ

もない。最近の、修正だらけの評価簿とはモノが違う。当時、小学校の先生はきわめて限られたエリートだったのであろうことが推測に難くない。

　あるいは、ある国では、植民地にされていた時の学校記録が見つかりました。やはり整然と記述されています。ところが、独立が勝ち取られてから、教育も自分たちの手に取り戻された途端、皮肉なことに資料は散逸し、ほとんど研究に耐え得るレベルではなくなっていました。各章の原稿にあるように、中身の分析から驚くような事実の発見がたくさんあるのですが、これらのように調査のとっかかりだけでも、思わぬ発見があるものです。

　欧米の開発系研究者による研究業績は貴重なものが多いように思います。それは、彼らの研究能力や意欲もあるでしょうが、潤沢な予算や身分保障が、それを可能にしているのではないでしょうか。私が援助に関わることになった時、私の勤務していた大学は長期赴任を認めてはくれず、退職して援助の世界に飛び込まざるを得ませんでした。赴任してみると、現地に在住している他の先進国からのプロジェクトリーダーや政策アドバイザーたちは、本国の大学研究者のポストを維持したまま、現地に長期赴任していました。そのため、現地における人間関係がしっかり構築され、学校現場の実情にも精通していました。他方日本の研究者は、本務校の授業に縛られ、長期に大学を空けることができない。ゆえに、日本の援助関係者は開発コンサルタント主力で、大学研究者が長期に専門家をやることはあり得ない。これでは、研究の現場色は薄くならざるを得ない。このような研究環境ゆえか、学会発表などを聞いていても、現地の教育関係者なら誰でも知っているようなことを、さも新たに発見したかのような報告に出合うことがあります。開発途上国を対象とした、とりわけ教育開発の研究は未だ蓄積が浅いとはいえ、研究というなら、そういうものであっていいわけはない。研究者として、時間とエネルギーと専門性を注ぎ込んで、現地の人も知らないような事実を暴き出す。それでなければ、研究からの貢献は難しいのではないでしょうか。

　我々教育開発の研究者はそういうデータを自ら発掘し、分析し、考察することを通して、何らかの結論をまとめ、そして政策提言に生かしていく。今回、この日本学術振興会科学研究費補助金（基盤研究、海外学術調査）で、

そういうことができる研究者の先生方と、現場の開発専門家の方々や現地
カウンターパートの皆さんと協働させていただいた結果、本書の原稿を書
き起こすことができました。このことをとても嬉しく思うと同時に、文末
に記した関係者の皆さんに心から感謝申し上げたい。

　この本が、国際教育開発の現場に貢献でき、ご協力くださったすべての
学校、先生方、子どもたちと保護者の皆さんのお役に立てることを願って
やみません。また、これから教育開発の研究者の道を志す院生や若手研究
者の方々に少しでも参考になれば望外の幸せです。

編者　**關谷 武司**

[お世話になった皆さま]（敬称略）

　Zoila Aurora Herrera Oyuela、Donaldo Cárcamo（ホンジュラス）、Mayra
Valle Torres（エルサルバドル）、チコーザ・ピリ（マラウイ）、中井 一芳、Milton
Chabalala（ザンビア）、Chet Chealy、Sam Sideth Dy（カンボジア）、Phouphet
Kyophilavong（ラオス）、Dhirja Bahadur Kayastha（ネパール）他、お世話になっ
た研究協力者の皆さま。

略語表

複数の章において使用	
EFA	Education for All
JICA	Japan International Cooperation Agency
MDGs	Millennium Development Goals
NGO	Non-Governmental Organization
SDGs	Sustainable Development Goals
序章	
OECD	Organisation for Economic Co-operation and Development
第 1 章　ホンジュラス	
USAID	United States Agency for International Development
第 2 章　エルサルバドル	
EDUCO	Un Programa de Educación para Administrado por la Comunidad en las Zonas Rurales
EDI	Education for All Development Index
SBM	School-Based Management
第 3 章　ボリビア	
ESFM	Escuelas Superiores de Formación de Maestras y Maestros
MAS	Movimiento Al Socialismo
MESCP	Modelo Educativo Sociocomunitario y Productivo
Ley070	Ley de 070 de la Educatión "Avelino Siñani – Elizardo Pérez"
Ley1565	Ley 1565 de Reforma Educativa
PROFOCOM	Programa de Formación Complementaria para Maestras y Maestros en Ejercicio
PSP	Proyecto Socioproductivo
UNEFCO	Unidad Especializada de Formación Continua
第 4 章　マラウイ	
CDSS	Community Day Secondary School
JCE	Junior Certificate of Education
MSCE	Malawi Secondary School Certificate of Education
PSLCE	Primary School Leaving Certificate Examination
SS	Secondary School
第 5 章　ザンビア	
BESSIP	Basic Education Subsector Investment Programme

第6章 ウガンダ	
BTVET	Business, Technical, Vocational Education and Training
HIV	Human Immunodeficiency Virus
UPE	Universal Primary Education
第7章 ラオス	
ASLO	Assessment of Student Learning Outcome
第8章 カンボジア	
MoEYS	Ministry of Education, Youth and Sport
第9章 ネパール	
ECD	Early Childhood Development
SLC	School Leaving Certificate
第10章 ミャンマー	
KG	Kindergarten
SES	Socio-Economic Status
UNICEF	United Nations Children's Fund
終章	
PRSP	Poverty Reduction Strategy Paper

索　引

アルファベット

EFA（Education for All）
→ 万人のための教育（EFA）
MDGs（Millennium Development Goals）
→ ミレニアム開発目標（MDGs）
NGO（Non-Governmental Organization）
→ 非政府組織（NGO）
OECD（Organisation for Economic Co-operation and Development）
→ 経済協力開発機構（OECD）
SDGs（Sustainable Development Goals）
→ 持続可能な開発目標（SDGs）

あ行

アフリカ　104, 142, 270, 280
移行　189, 211
一時退学　124
インタビュー　5, 83, 111, 147
援助機関　5, 244, 269, 276
援助協調　37
横断的データ　4, 6

か行

外部効率性　143
学業達成　21, 46, 74
学習到達度　144
学校外教育（ノンフォーマル教育）37, 63

学校教育（フォーマル教育）　21, 53, 63, 86, 143, 144, 189
学校記録　39, 65, 170, 273, 280, 281, 286
機会費用　113, 114, 192
技術協力　37, 64
基礎教育　20, 64, 122, 209, 242, 244
機能的識字　52
休学　111, 114
教育援助　5
教育開発　5, 20, 115, 268, 271
教育格差　25, 162, 164, 168, 179, 223, 234
教育管理情報システム（Education Management Information System）188
教育機会　24, 189
教育行政　22, 122, 244
教育支出　74, 106, 152, 153
教育達成　46, 49, 132, 259
教育2030行動枠組み　26
教育の質　26, 96, 104, 143, 188, 223
教育へのアクセス　22, 123, 175, 190
教授言語　24, 105, 125, 163, 220
緊急援助　233
グローバル教育モニタリングレポート　4, 62
経済協力開発機構（OECD）　27
高等教育　26, 28, 106, 142, 167, 244, 276
公立学校　23, 65, 143, 153, 218, 220, 234, 289
国際機関　3, 36, 104, 188
国際協力機構（JICA）　37, 242, 272
国連開発計画（UNDP）　64
国連教育科学文化機関（UNESCO）3, 25, 26, 186
国連児童基金（UNICEF）　242
コミュニティ　65, 166, 190, 209

さ行

サハラ以南アフリカ　21, 22, 122
残存率　40, 150, 162, 245, 279
参与観察　5, 165
ジェンダー　26, 28, 62, 115, 276
識字　23, 144
識字率　20, 162
持続可能な開発目標（SDGs）　3, 5,
　　28
質的調査　5, 194
質問紙調査　5, 126
自動進級　55, 256
自動進級制　55, 125, 144, 150, 269
社会経済的地位（SES）　25, 247
修学軌跡　43, 44, 67, 110, 252, 262,
　　288
修学記録　40, 107
修学パターン　6, 40, 66, 127, 273
就学フロー　219, 223, 226
就学前教育　28, 54, 228, 244
縦断的データ　6, 47, 63, 250
住民参加　65
修了率　23, 36, 37, 75, 108, 123, 151,
　　190, 274
授業料　23, 153, 209, 290
出生順位　46, 132
純就学率　5, 21, 36, 106, 162, 188, 245,
　　274
障がい　25, 114, 164
少数民族　162, 163, 275
女子教育　115, 122
初等教育　21, 24, 28, 36, 122
初等教育卒業試験　105
初等教育の完全普及（Universal
　　Primary Education: UPE）　5, 20,
　　142
私立学校　23, 149, 153, 218, 221, 223,
　　232, 289
親和性　165, 170, 179

世界教育フォーラム　20
世帯調査　189
先住民　24, 82
総就学率　106, 274

た行

退学　38, 47
退学率　4, 43, 123, 242
多民族　82
多民族国家　24, 162, 163, 179
地方分権　122, 244
中等教育　24, 28, 106, 123, 154, 189,
　　245, 279
中途退学　3, 22, 48, 65, 109, 124, 152,
　　186, 187
直接費用　113, 191
転校　23, 93, 221, 251, 274, 281
東南アジア　24, 163, 165

な行

内戦　63, 74, 187, 280, 286
内部効率性　22, 36, 40, 123, 143, 148,
　　152, 168, 269
ナラティブ　208, 211
ナラティブ研究　195
人間開発指数　37, 64, 125, 220

は行

半構造化インタビュー　39, 126, 169,
　　194, 225, 251
万人のための教育（EFA）　4, 20,
　　186
万人のための教育世界会議（ジョムティ
　　エン会議）　62, 142
万人のための教育世界宣言　36, 122
非政府組織（NGO）　24, 104, 179,
　　233

複雑性理論（Complexity theory）
　　　　192, 208
不就学　　21, 62
武力紛争　　25, 63, 125, 233
保持　　186, 189, 208

ま行

南アジア　　4, 22, 186, 219
ミレニアム開発目標（MDGs）　　4,
　　　20, 36, 62, 122, 142, 162, 186,
　　　218, 274
民営化　　149, 153
民間セクター　　154

ら行

ライフヒストリー　　5
ラテンアメリカ　　4, 22, 38, 62, 281
留年　　3, 22, 38, 47, 69, 124, 262
留年率　　4, 43, 149, 242, 273

執筆者略歴（執筆順）

芦田 明美（あしだ あけみ）———————————（序章・第1章・第2章・終章）
東京大学大学院教育学研究科特別研究員（日本学術振興会 PD）
　専門分野：国際教育開発／比較教育学
　[主要著書・論文]
Ashida, A. (2018). *The Actual Effect on Enrollment of "Education for All": Analysis Using Longitudinal Individual Data*. Union Press.
Ashida, A., & Sekiya, T. (2016). Changes in the repetition and dropout Situation in Honduran primary education since the late 1980s. *Education 3-13: International Journal of Primary, Elementary and Early Years Education, 44* (4), 458-477.
Ashida, A. (2015). Study of Factors Preventing Children from Enrolment in Primary School in the Republic of Honduras: Analysis Using Structural Equation Modelling. *Education 3-13: International Journal of Primary, Elementary and Early Years Education, 43* (5), 569-594.

石坂 広樹（いしざか ひろき）———————————————（第3章・終章）
鳴門教育大学大学院学校教育研究科准教授
　専門分野：教育政策／国際教育協力／算数教育／教育調査／教育経済学
　[主要著書・論文]
Ishizaka, H. (2017). *Políticas educativas de descolonización en Bolivia en el siglo XXI: Sus luces y sombras, BOLIVIA ANTE EL SIGLO XXI: HISTORIA POLÍTICA, ECONOMIA, SOCIEDAD Y CULTURA*. Plural editores.
Ishizaka, H. (2015). A Study on Fijian Secondary School Students' Anxiety toward Mathematics and their Academic Achievement: Considering School Avoidance and Teachers' awareness. *NUE Journal of International Educational Cooperation, 7*, 11-20.
Ishizaka, H. (2011). *Introducción de Estudio de Política Educativa para Analizar Casos Concretos -Tomando un Rumbo hacia el Equilibrio entre el Poder Educativo y el Derecho a la Educación-*. Litografía e Imprenta LIL, S.A.

川口 純（かわぐち じゅん）———————————————（第4章・終章）
筑波大学大学院人間系教育研究科助教
　専門分野：国際教育開発論
　[主要著書・論文]
川口純, 2017,「教育の質のグローバルガバナンスと開発」『国際開発研究』25: 47-56.
川口純, 2016,「マラウイの「無資格教員」に関する一考察：誰が、なぜ、雇用されていたのか」『アフリカ教育研究』7: 105-118.
川口純, 2016,「マラウイ中等学校における良い学校改善実践──教員の問題意識と教育観に着目して」『国際教育協力論集』19 (1): 45-54.

江嵜 那留穂（えざき なるほ）———————————（第5章・第9章・終章）
関西学院大学大学院国際学研究科博士課程後期課程・日本学術振興会特別研究員（DC）
　専門分野：国際教育開発
　[主要著書・論文]

Ezaki, N. (2017). Impact of the 2015 Nepal earthquakes on children's schooling: Focusing on individual children's enrolment flow. *Education 3-13: International Journal of Primary, Elementary and Early Years Education*. doi: 10.1080/03004279.2017.1383502

Ezaki, N., & Sekiya, T. (2017). Study on individual children's enrollment patterns in the Republic of Zambia: Focusing on children who cannot move on to secondary education. *Kwansei Gakuin University Social Science Review, 22*, 19-31.

中村 聡（なかむら さとし）——————————————————（第5章）
北海道大学国際連携機構アフリカルサカオフィス特任講師
専門分野：国際教育協力／教師教育／異文化間教育
[主要著書・論文]
中村聡・山口敬治・奥村正裕，2015，「『世界最後のフロンティア』と日本の未来をつなぐ——サブサハラ・アフリカ地域における留学コーディネーター配置事業」『ウェブマガジン「留学交流」2015年7月号』52: 42-48.
小野由美子・前田美子・中村聡，2014，「青年海外協力隊に参加した現職教員の意識変容のケースヒストリー」『鳴門教育大学学校教育研究紀要』28: 75-86.
中村聡，2008，「アフリカにおける教育分野セクタープログラムの分析枠組みについて——ザンビア国基礎教育分野投資計画及び教育省教育開発戦略計画を事例に」『広島大学大学院国際協力研究科国際協力研究誌』14 (1): 113-125.

小川 啓一（おがわ けいいち）——————————————（第6章・終章）
神戸大学大学院国際協力研究科教授
専門分野：教育経済学／教育財政学／比較国際教育学
[主要著書・論文]
Sisouphanthing, V., & Ogawa, K. (2018). Determinants of Household Education Expenditure by Category in Vietnam. *Journal of Economic & Business Administration, 217* (6), 49-60.
Kyophilavong, P., Ogawa, K., Kim, B., & Nouansavanh, K. (2018). Does Education Promote Economic Growth in Lao PDR?: Evidence from Cointegration and Granger Causality Approaches. *The Journal of Development Areas, 52* (2), 1-11.
Ogawa, K., & Nishimura, M. (Eds.). (2015). *Comparative Analysis on Universal Primary Education Policy and Practice in Sub-Saharan Africa: The Cases of Ghana, Kenya, Malawi, and Uganda*. Sense Publishers.

James Wokadala ——————————————————————（第6章）
Senior Lecturer, College of Business and Management Sciences, Makerere University
専門分野：Economics of Education, Education Statistics, Education Policy
[主要著書・論文]
Wokadala, J., & Barungi, M. (2015). Benefit Incidence Analysis of Government Spending on Public–private Partnership Schooling under Universal Secondary Education Policy in Uganda. *Africa Education Review,12* (3), 381-397.
Wokadala, J. (2013). Microfinance-Poverty Nexus in Uganda: A Micro-Level Analysis. *Journal of International Development Studies, 22* (1), 121-131.
Wokadala, J. (2012). Exploring Technical Efficiency of Rural and Urban Lower Secondary Schools in Uganda. *Journal of Educational Planning and Administration, 26* (2), 343-364.

伴 遥奈（ばん はるな）—————————————————————（第7章・終章）
双日株式会社環境インフラ事業部所属
　専門分野：国際教育開発
　［主要著書・論文］
伴遥奈，2018，「教員と児童の民族親和性と学業成績との関連——ラオス人民民主共和国を例
に」関西学院大学大学院国際学研究科2017年度修士学位論文.

乾 美紀（いぬい みき）—————————————————————————（第7章）
兵庫県立大学環境人間学部准教授
　専門分野：比較教育学／多文化共生教育
　［主要著書・論文］
Inui, M. (2015). Hmong Women and Education: Challenge for Empowerment in the Lao
PDR. *Hmong Studies Journal, 16,* 1-24.
乾美紀，2017，「ラオスの市民性教育——可能性と課題」平田利文編『アセアン共同体の市民
性教育』東信堂，108-126.
乾美紀，2017，「ラオスにおける学力調査の現状と格差是正の試み——地域間格差を中心に」『比
較教育学研究』54: 174-186.

北村 友人（きたむら ゆうと）—————————————————（第8章・終章）
東京大学大学院教育学研究科准教授
　専門分野：比較教育学／国際教育開発論
　［主要著書・論文］
Kitamura, Y., Edwards Jr., D. B., Chhinh, S., & Williams, J. H.(Eds.)(2015). *The political
economy of schooling in Cambodia: Issues of equity and quality.* New York: Palgrave
Macmillan.
北村友人編，2016，『〈岩波講座〉教育 変革への展望 グローバル時代の市民形成』岩波書店.
北村友人，2015，『国際教育開発の研究射程——「持続可能な社会」の実現へ向けた比較教育
学の最前線』東信堂.

D. Brent Edwards Jr.———————————————————————（第8章）
Assistant Professor of Education, University of Hawaii
　専門分野：Education and International Development, Globalization, Policy
Analysis, Political Economy of Education Reform, International Organizations and
the Global Governance of Education, Quasi-Market Education Reforms
　［主要著書・論文］
Edwards Jr., D. B. (2018). *Global education policy, impact evaluations, and alternatives: The
political economy of knowledge production.* New York: Palgrave MacMillan.
Edwards Jr., D. B. (2018). *The trajectory of global education policy: Community-based
management in El Salvador and the global reform agenda.* New York: Palgrave MacMillan.
Kitamura, Y., Edwards Jr., D. B., Chhinh, S., & Williams, J. (Eds.). (2015). *The political
economy of schooling in Cambodia: Issues of equity and quality.* New York: Palgrave
MacMillan.

Chhinh Sitha———————————————————————————（第8章）
Senior Researcher, Educational Research Council, Ministry of Education, Youth and
Sport, Cambodia

専門分野：Policy and Political Economy of Education
[主要著書・論文]
Chhinh, S., & Dy, S. S. (2009). Education reform context and process in Cambodia. In Y. Hirosato, & Y. Kitamura (Eds.), *The Political Economy of Educational Reforms and Capacity Development in Southeast Asia* (pp. 113-130). Springer Netherlands.
Chhinh, S. (2008). Innovation and reform in teacher education in Cambodia. *Indian Journal of Teacher Education, 4* (2), 5-20.

James H. Williams ——————————————————— (第8章)
Professor, International Education and International Affairs, Department of Education Leadership, School of Education and Human Development, George Washington University
専門分野：Comparative Education, Education and International Development
[主要著書・論文]
Shepler, S., & Williams, J. H. (2017). Understanding Sierra Leonean and Liberian Teachers' views on discussing past wars in their classrooms. In Bellino, M., Paulston, J., & Worden, E.A. (Guest editors), Special Issue. Education and transitional justice. *Comparative Education.*
Bellino, M., & Williams, J. H. (2017). *(Re)constructing memory: Education, identity and conflict.* Rotterdam, NL: Sense Publishers.
Williams, J. H., & Bokhorst-Heng, W. A. (2016). *(Re)constructing memory: Textbooks, identity, nation, state.* Rotterdam, NL: Sense Publishers.
Williams J. H., & Cummings, W. K. (2015). Education from the Bottom Up: UNICEF's Education Program in Somali.*International Peacekeeping.*

吉田 夏帆 （よしだ なつほ） ——————————————— (第10章・終章)
関西学院大学大学院国際学研究科博士課程後期課程・日本学術振興会特別研究員 （DC）
専門分野：国際教育開発
[主要著書・論文]
吉田夏帆, 2017, 「教育政策の変化と学習者の修学状況に関する検討——ミャンマー軍事政権下の初等教育に着目して」関西学院大学大学院国際学研究科 2016 年度修士学位論文.
吉田夏帆, 2016, 「第3章 世界に貢献する『グローバル人材』 第2節 世界の本当の姿『先進国と途上国』『紛争』『環境』」「Column アボリジナルの悲劇」關谷武司編, 関西学院大学発行『世界へ挑む君たちへ 実践型グローバル人材教育論』関西学院大学出版会, 133-135, 139-144, 156.

Aye Aye Aung——————————————————————— (第10章)
Assistant Lecturer, Department of Educational Psychology, Sagaing University of Education
専門分野：Educational Test and Measurement
[主要著書・論文]
Aye Aye Myint, & Aye Aye Aung. (2016). The Relationship Between Emotional Intelligence and Job Performance of Myanmar School Teachers. *AsTEN Journal of Teacher Education, 1* (1), 1-16.
Aye Aye Aung. (2015). *An Assessment of Emotional Intelligence Impact on Teachers' Job Performance* (Unpublished doctoral dissertation). Yangon University of Education, Yangon, Myanmar.

編者略歴

關谷 武司（せきや たけし）──────（はじめに・第1章・終章・あとがき）
関西学院大学国際学部教授
専門分野：国際教育開発／プロジェクト計画立案／モニタリング・評価

[主要著書・論文]
Sekiya, T., & Ashida, A. (2017). An Analysis of Primary School Dropout Patterns in Honduras. *Journal of Latinos and Education, 16* (1), 65-73.
Sekiya, T. (2014). Individual patterns of enrolment in primary schools in the Republic of Honduras. *Education 3-13: International Journal of Primary, Elementary and Early Years Education, 42* (5), 460-474.
關谷武司編, 関西学院大学発行, 2016,『世界へ挑む君たちへ　実践型グローバル人材教育論』関西学院大学出版会.

開発途上国で学ぶ子どもたち
マクロ政策に資するミクロな修学実態分析

2018年9月30日初版第一刷発行

編　者　關谷武司

発行者　田村和彦
発行所　関西学院大学出版会
所在地　〒662-0891
　　　　兵庫県西宮市上ケ原一番町1-155
電　話　0798-53-7002

印　刷　株式会社クイックス

©2018 Takeshi Sekiya
Printed in Japan by Kwansei Gakuin University Press
ISBN 978-4-86283-263-4
乱丁・落丁本はお取り替えいたします。
本書の全部または一部を無断で複写・複製することを禁じます。